教育・権力・社会

ゆとり教育から入試改革問題まで

大内裕和

青土社

目次

教育・権力・社会

ゆとり教育から
入試改革問題まで

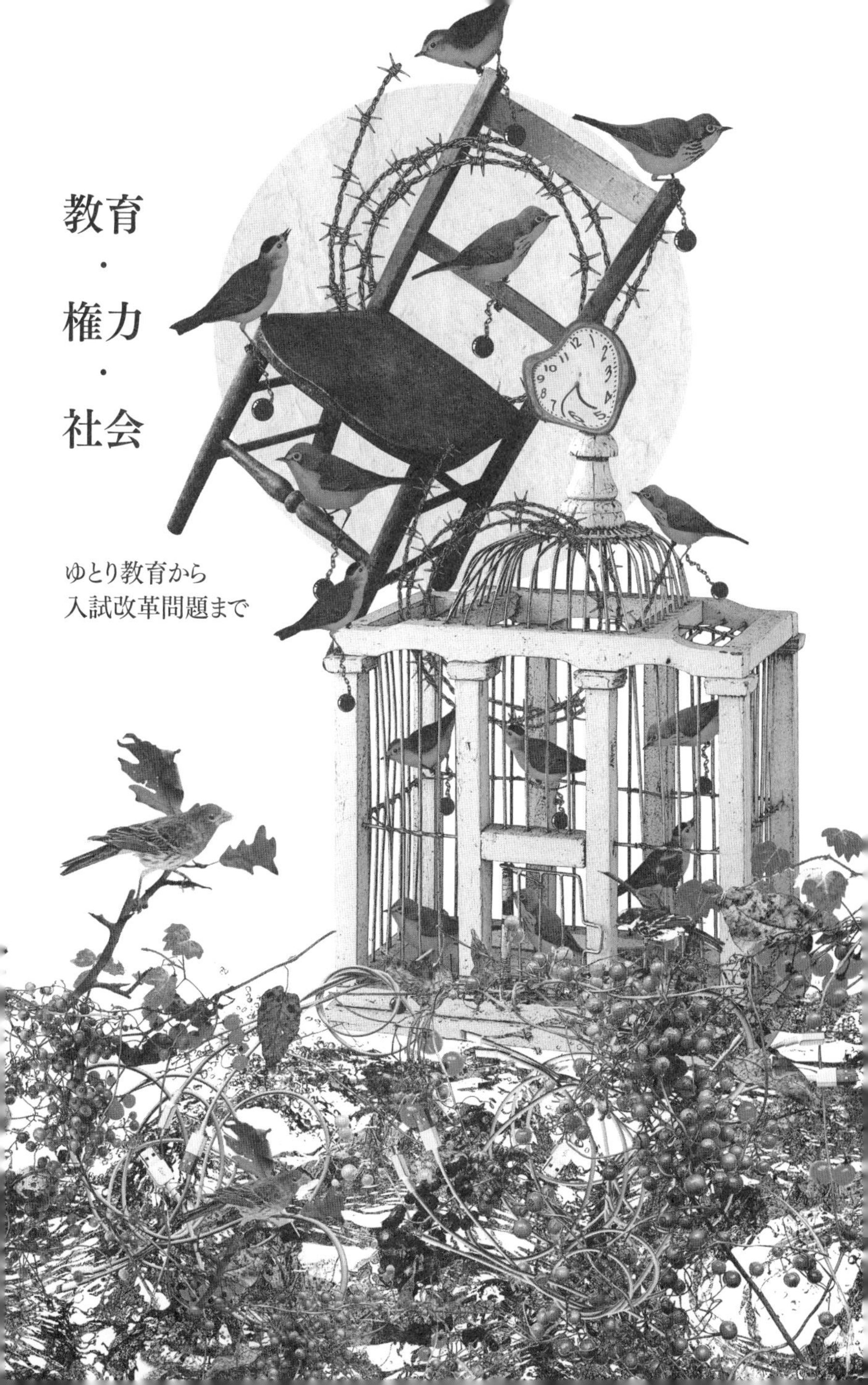

はじめに

本書に収められた諸論文は、いずれも一九九九年以降に雑誌『現代思想』に掲載されてきたものです。一九九〇年代に入ってから、教育の新自由主義改革が本格化し、教育現場に深刻な悪影響がもたらされる状況を予感した私は、一九九九年の「『卓越性』の支配」を皮切りに、教育改革を対象とする論文を書き始めました。

第一部には、「ゆとり教育」や公教育の市場化に対する考察から、「教育の憲法」と呼ばれる教育基本法「改正」問題までを扱う文章が掲載されています。第二部には、民主党政権による教育政策転換への期待とその挫折、第二次安倍政権後に浮上した「格差と貧困」問題についての文章がまとめられています。そして「長めの〈あとがき〉」では、二〇一九年に大きな話題となった大学入学共通テスト問題を論じています。

一九九九年~二〇一九年までの約二〇年間に渡って、教育問題についての「時論」を書き続けたことになります。「時論」であることからその時々のトピックを取り上げていますが、読者の皆さんにはそこに通底する問題意識を読み取っていただけるとありがたいです。

一九七〇年代後半から始まった新自由主義グローバリズムは、教育領域にも着実に浸透しました。新自由主義グローバリズムは、教育領域あるいは教育と社会の接合領域における権力の多大なる変容をもたらしました。本書の諸論文での考察は、その変容した権力をいかにして解読するかに向けられています。このことが、本書のタイトルを『教育・権力・社会』とした理由です。

本書の完成までには多くの方にお世話になりました。山之内靖先生は、学部時代から大学院時代にかけて私に社会科学の基礎を叩き込んでくれました。経済学・歴史学・思想など幅広い分野の教養をもち、スケールの大きな社会科学者であった山之内先生との出会いがなければ、私が現在のような研究者になることはなかったでしょう。

また、東京大学大学院教育学研究科の教育社会学研究室の天野郁夫先生、藤田英典先生、苅谷剛彦先生、広田照幸先生からは、教育社会学の基礎と教育に関わる事実やデータとの向き合い方を教えていただきました。

本書の内容との関連では、一九九〇年代後半から二〇〇〇年代初頭に「八〇年代研究会」を主宰していただいた『現代思想』元編集長の池上善彦さんとその研究会のメンバー、特に三宅芳夫さん（千葉大学）、酒井隆史さん（大阪府立大学）、渋谷望さん（日本女子大学）に感謝しています。社会思想や社会理論の分野において卓越した能力をもつメンバーとの討論は、私にとって極めて有益でした。この「八〇年代研究会」での議論によって私は、現代社会の支配的イデオロギーである新自由主義グローバリズムを、明確に対象化することができたと思います。

そして、『ブラック化する教育 2014―2018』に続いて、本書の編集を担当した青土社編集部の足立朋也さんには、手際良い編集作業によって本書の誕生を支えていただきました。

本書が一人でも多くの方に届いて、現代の教育を捉えるための視座となれば、著者としてこれほど嬉しいことはありません。

第一部　新自由主義と国家主義

——ゆとり教育と教育基本法　1999—2008

「卓越性」の支配——「選択・責任・連帯の教育改革」批判

現代思想 1999 年 6 月号「特集＊大学改革」

「『卓越性』の支配」

「選択・責任・連帯の教育改革」の内容を具体的に取り上げて徹底批判。それまで戦前・戦時期の歴史研究をしてきた著者が、初めて現代教育を対象として取り上げた。尊敬する歴史家・安丸良夫氏からほめていただき、とても嬉しかった思い出のある論文。

一　はじめに

教育改革の論議がかまびすしく展開している。またそれに伴って教育改革が様々な領域で進展しつつある。思いつくままに挙げてみても、義務教育段階における個性化・自由化の推進、高校教育の多様化、大学における設置基準の大綱化、大学院重点化政策の推進などがある。

こうした展開のきっかけとなったのは、一九八四年に中曽根内閣によって設置された臨時教育審議会（臨教審と略）での論争であったと言える。ここで臨教審の第一部会の香山健一を中心とする中核メンバーは教育自由化論を展開する。現代の教育の混迷状況は教育の画一性にあるのであり、その打開のためには教育の自由化が不可欠であるという論旨であった。ここで画一性をもたらした元凶として、国家主義に基づく官庁統制を行なっていた文部省と戦後民主主義的な平等主義を推進してきた日教組の双方が批判の対象となっていたことに注意を払う必要があろう。その実際の機能はともかく、臨教審の教育自由化論は戦後教育における中心的な対立項であった文部省 vs. 日教組のどちらにも距離を置く言わば、「第三の道」という言説の位置をもっていたのである。

この臨教審の自由化論は、高等教育レベルについては文部省の合意を得ることに成功し、その後カリキュラムや入試の多様化、民間活力の導入などの改革が進行した。しかしそれに対し、初等教育については教育の機会均等の必要と格差拡大の懸念などから、大方の提言はこの時点では実現しなかったと言える。

この臨教審による教育の自由化論は一九九〇年代に入って以降、一層の進行を遂げることになる。一九九一年に大学設置基準の大綱化が行なわれ、各大学ごとの設置科目が自由化された。また一九九五年四月に第一五期中央教育審議会が発足し、完全「学校五日制」による学校のいわゆる「スリム化」や教育の個性化を提言した。臨教審が示した教育の個性化と規制緩和の方向は現在までの教育改革の基調を作り上げたと言える。

そして一九九八年七月二二日、社会経済生産性本部より教育改革に関する中間報告書が発表された。「選択・責任・連帯の教育改革――学校の機能回復をめざして」というタイトルのこの報告書はマスコミを通じて大々的に発表され、それ以後かなりの反響をもたらしている。

橋爪大三郎を中心として複数の研究者が作成に関与したこの報告書の内容は、臨教審以来の教育の個性化・自由化路線の総決算と言える。報告書の「改革の基本的な考え方」には次のようにある。

……今回は、緊急提案であるため、改革の範囲を限定した。まず、現行の六・三・三・四制は、基本的にそのままとした。理想から言えば、これも見直すべきだろうが、それには時間がかかる。一年でも早く改革を実施するため、本質的で最小限の制度変革に絞ることにした。同じ理由で、教育基本法もそのままとした（堤・橋爪 一九九九：九）。

このように「最小限の制度改革」とことわられているが、ここで提言されている改革は、現在の教育制度を初等教育から高等教育にいたるまで実質的に大転換する内容を含んでいる。この報告書はそのイデオロギーの点でも、またそれが現実に実施された場合の教育に与える影響の点でも、多くの重大な問題性をもっている。本論ではこの報告書の内容を検討することで現在の教育改革の方向性を批判的に検討したい。

二 小中学校の改革――「選択」による階層化の進展

まずは小中学校の改革である。報告書ではまず「学区制の廃止」を提言している。

公立小中学校の学区制が、学校教育を窒息させている。

学区制は、家庭（親・生徒）から、学校を選択する自由を奪っている。一方、学校にも生徒を選ぶ（入学を断ったり、退学させたりする）権限がない。互いに選んだわけではない教師と生徒が、仕方なく教室で対面する。このような出会いからは、教師と生徒の間、学校と家庭の間の信頼が育ちにくい（堤・橋爪 一九九九：一〇）。

ここでは小中学校における「学校選択の自由」が現在存在していないということに、教師と生徒間、学校と家庭間の信頼が育ちにくい原因を見出している。そこで「学区の枠を取り払い」、家庭（親・生徒）が自由に学校を選べるようにすることを主張している。「選択の自由」が可能となることにより、親は「より良い教育」を求めて、学校を選択する。そして学校の側でも親の信頼に応えようと、教育について一層の努力をする。これで公立学校の間に「一種の競争」が働き、家庭と学校、生徒と教師の間に互いに選びあった信頼の関係を生み出すことができるというのである。

まず最初に「選択の自由」が「信頼関係の醸成」にそのままつながるという点に、重大な誤りが存在する。確かに「選択の自由」によって親が学校を選ぶことは可能となる。「どの小中学校を選ぶか」という点では意志を発揮する場を得ることができるだろう。しかし、そのことと各学校において「信頼関係の醸成」がなされることとは全く別である。学校における信頼関係とは、自分の選んだ学校に入るということだけで自動的に形成されるものでは全くない。それはその学校における日常的な教育活動が、親や子どもにとって有効なものであることが感知された時にこそ形成されるものである。もしその教育活動に対して否定的な印象をもてば、たとえ「選んだ学校」であっても、信頼関係は消滅してしまうに違いない。そのことは現在、「選択の自由」がすでに行使されている私立の小中学校や高等学校の現実を見れば明らかであるだろう。報告書の執筆者たちは、それらの学校においてはどこでも信頼関係が生み出されているとでも言うのだろうか。

二つ目はこの「学校選択の自由」が、小中学校における生徒の競争を激化させるという問題性である。「選択の自由」が実現すれば、当然「より良い教育」をもとめて、特定の学校への入学競争が激しくなることであろう。学力の入学試験をたとえ行なわないとしても、各学校の定員は常識的に考えてある範囲では必要だろうから（定員について報告書では言及はない）、そこには必ず選抜が生じる。その結果、様々な場所で公立の「名門小学校」や「名門中学校」が出現することが容易に予測される。それは現在都心部やその周辺部で激化している有名私立・国立小中学校の入試競争を、全国規模に拡大することとなるだろう。報告書では次のように述べている。

実際問題として、小学生がわざわざ遠くに通学することは少ないだろう。中学生も大部分は、地元の学校を選ぶはずである。結果として、八〜九割の生徒が、学区制のときと同じ学校に通うに違いない（堤・橋爪 一九九九：一二）。

この認識にも納得しがたい。現在の私立小中学校進学の広がりを見れば、かなり遠方の学校も含めて選択の範囲は広がることが予想される。また選択が積み重ねられて、公立小中学校間の序列が顕在化してくれば、地元以外の学校を選ぼうというモティベーションはさらに強まるだろう。こうして現在有名私立国立と公立学校との間に存在するレベル格差は、公立学校の間にも明確に存在するようになり、公立小中学校の序列化が進行するであろう。そしてそのことはその序列をめぐる入学競争（学校「名」競争）を激化させる。「学歴信仰」や「受験競争」の打破を主張している報告書の主張とは、全く矛盾する結果になる可能性は極めて高い。

第三にこの「選択の自由」は教育における機会の不平等化、社会の階層化の促進、小中学校教育の荒廃をもたらすと考えられる。小中学校の段階における学校の選択は子どもの年齢上からも親が行なう可能性が極めて高い。親による「選択」能力は決して平等ではない。教育への関心度やそれを支える文化資本・経済資本の質と量がその能力を決定的に規定している。良い学校についての情報を収集し、そこへ進学するための準備を行なうという各家庭の「教育戦略」が、子どもの低年齢の段階から展開することとなる。そこでは出身階層による格差が、高等学校以上の教育段階より大きく反映するだろう。こうした競争が導入され小中学校の序列化が進むと、学校ごとの教育レベルの格差が広がる。階層の低い家庭の子どもはより低いレベルの学校へ小中学校から通う率が極めて高くなり、それは現在の義務教育段階から同一レベルの教育を受ける機会を不平等化することになる。またさらに学校の序列化はエリート校を生み出すばかりでなく、学力の相対的に低い「底辺校」をも生み出す可能性が高い。そうした学校では困難な教育活動を強いられることとなるだろう。

第四にこの改革は報告書の主張とは異なり、学校の連帯の可能性を奪い、地域社会をさらに解体する可能性が高い。報告書は次のように言っている。前の引用部分の続きである。

しかしこの結果、教育の質が変化する。親は、ある学校を選択することで、その責任を自覚する。生徒には、その学校に来たくて来ているのだという自覚が生まれる。教育に不満なら、いじめが嫌なら、転校する自由もある。学校は宿命的な運命共同体から、互いに選びあった連帯の場に生まれ変わる。

行政が与えた枠にすぎない学区の代わりに、学校に自由に通う生徒と親たちのネットワークができあがる。これが、学校を核とした地域社会（コミュニティ）再建の出発点となるだろう（堤・橋爪 一九九九：一二）。

「その学校に来たくて来ているのだという自覚」は、すべての学校に希望通り入ることが可能な場合に初めて持てることである。この報告書には、希望者が全員入学できることを保障するだけの施策が準備されていない。選抜が生じれば、この逆の不本意入学が大量に生じることだろう。そこに「連帯」は形成されない。むしろ有名校に入学できた生徒たちの「エリート意識」と底辺校に通う子どもたちの「劣等意識」をもたらすのではないか。また「地域社会再建の出発点」ということには全く納得できない。選択の自由によって、今までより遠方の学校へ通う可能性も拡大する。この改革は小中学校の地域社会とのつながりを一層切り離すことにつながるに違いない。次に提起されているのが「学校経営権を校長に」という主張である。現状の問題性について次のように述べている。

教育委員会が校長・教師を各学校に割り当てる現行の方式は、教師の連帯（チームワーク）を育てない、よくない方式である。
校長は本来、学校を経営・管理する専門の職能のはずである。しかし現状は、教諭から教頭へと勤めあげた教師が、退職前の数年をあわただしく過ごす「名誉職」と化している。リスクを覚悟で改革や新しい試みに取り組むより、問題が起こらなければいいという消極的な姿勢になりがちだ。新任の校長と元からいる教師は、ともすればぎくしゃくしがちである。教師は教師でよその教室（授業）に口を出せない不文律があり、教育能力や人格によほど問題がある教師がいても、チェックするのはむずかしい。熱心に教育をしても手抜きをしても同じなら、教育現場に無気力が蔓延しても当然だ（堤・橋爪 一九九九：一二―一三）。

以上のように現状認識をした上で校長のリーダーシップの重要性を説き、校長に人事、予算、教育カリキュラムなど学校経営の全般にわたる権限をもたせることを主張する。

確かに教育の画一性が進んでしまっている現状を考えれば、校長のリーダーシップを強めることにより、個性ある校長が多数登場することを促進し、そのことで各学校ごとの特色を生み出せるという可能性をもっているだろう。ただしそのことだけで適切な対策となるであろうか。

第一に「個性ある教育」のためには、校長の権限ばかりでなく各教師の自律性の拡大が図られなければならない。授業をはじめ、日々の教育実践を行なっているのは一人ひとりの教師である。その一人ひとりの教師の教育実践が多様に生き生きと展開しない限り、充実した教育はありえない。現在の教育における画一性の問題は、校長ばかりでなく各教師の存在のあり方や教育実践のあり方にも及んでいるのである。学習指導要領をはじめとした一連の文部省による統制を緩め、各教師の個性を生かした教育実践を可能にする社会的条件を整える必要がある。校長の権限強化ばかりでは、こうした「教師の個性」が抑圧されてしまう可能性も存在する。各学校の特色が必要であると同時に、各学校の内部にも多様性が存在することが重要ではないか。教師の自律性の確保について言及がないことは、重大な欠落と言えるだろう。

第二に親と住民、子どもの学校参加が各学校の連帯を形成する上では不可欠であるということである。これは「教育において権利の主体とはいったい誰なのか？」という問いともつながる課題である。戦後この「権利の主体は子どもである」ということが無視され続けてきたことに、現代教育の混迷の原因があるのだと筆者は考えている。文部省もそれに対抗してきた日教組も、これまでこのことを実質的には抑圧し続けてきたと言ってよいだろう。ここでは簡潔に述べるに止めるが、戦後教育における最大の教育論争の一つは、教育権がいったい誰にあるのかをめぐる「国家の教育権」と「国民の教育権」との対立であった。国家に教育権があるとする政府の見解においては明白であるが、「国民の教育権」を唱える教育研究者や教師においても、教育権の主体を子どもであると設定してきたとは言い難い。一九五〇年代の「逆コース」に伴う教育の国家統制に対して、教育専門職としての教職員と教育研究者らによって、「教育の自由と自律性」を確保する運動が展開された。さらに一九六五年以降家永《いえなが》教科書訴訟を支援する運動の展開の中から、国家の教育内容統制への批判を、「子どもの学習権」とそれを保障する「教育的価値」、そしてそれらを踏まえた「教師の教育の自由」を獲得するための「国民の教育権」理論が展開された。現在の理論的水準から見れば「国民」というカテゴリーの排他性を問い直さなければならないのは言うまでもないが、ここで重要なのは「子どもの学習権」が教師の教育の自由、つまり「教師の教育権」と等置されていたことである。そこでは教師の専門職としての指導性は絶対視され、親と子どもはその教育権を教師に委ねるという論理関係になっていた。この教育権把握は、その後の日本における教育の展開に大きな影響を与えた。一九六〇年代後半において教育の管理主義に対する様々な批判運動が世界各地で展開された。この批判運動以後アメリカやヨーロッパ諸国では教育における官僚統制と専門職支配が問題となり、子どもの教育権やそれを支える親の教育参加、さらには「地域における学校」という意識の広がりから住民参加の道が開かれた。それに対して日本ではこれらの運動は、生徒の自治的活動の未発達や指導不足として把握され、生活指導や自治会活動に対する教師の指導性を一層増す方向に教育活動が展開されてしまった。(1) こうしたことが、一九七〇年代後半以降の学校における過剰な「管理主義」や「生活指導」という問題を生み出す背景にあったのである。そこでは「権利の主体としての子ども」という発想は希薄であったと言えるだろう。

報告書では校長の選任・交代において公選による教育委員会に決定権を与えることや、PTAによる公聴会を行なうという方法で親・住民の学校参加の道が開かれているが、それだけでは不十分である。学習指導や生活指導など日々の教育実践に対しても、親や住民の意向が尊重されなければならない。現在の教育病理を生み出している教育の専門職支配（校長及び教師）に対して適切なコントロールを行なうためには、子どもを権利の主体として認め、親と住民の学校参加を広げることが必要不可欠なのである。

第三にこの校長の権限強化が、学歴主義の促進や学校内部の問題を隠蔽することにつながるのではないかという危惧である。報告書には次のように述べてある。

この、校長を中心とする教師のチームが一丸となって、五年なら五年の約束で全力で教育にあたり、効果が上がれば続投、効果が上がらなければほかの校長と交代する。校長に権限と責任を与えて、リーダーシップを存分に発揮してもらう（堤・橋爪 一九九九：一二）。

ここで問題なのは「効果」を何で測るのかということである。報告書の中では「校長の実績を評価する場合には、子どもの学習到達度、親の満足度、などに基づく」とある。最初に考えられる問題としては、「学習到達度」を高めるためにそのための指導をひたすら強化してしまう可能性である。学習到達度をある程度客観的に測るためには、何らかの基準となるようなテストを行なうという選択が予想される。各小中学校がそのテストに向けて競争を強化するようなことになれば、画一的な競争が広がるに違いない。またこの「効果」を短期間のうちに上げようとして、優秀な生徒集めを行なおうとする校長が出現してもおかしくない。そうなると優秀な生徒集めのための入学試験が行なわれることになる。また学校に難易度の序列が出来てしまった場合、たとえば卒業時点での生徒の学習成果を客観的に比較することができるのであろうか。いずれにしても「学習到達度」によって校長の実績を測るという方針は、様々な弊害や困難をもたらすだろう。

また顕在化しやすい教育「効果」としては、学業成績以外に、学校における様々な問題行動の有無が挙げられるだろう。これを校長評価の基準として用いると自己保身のために学校内で起こった問題を表に出さず、隠して処理してしまおうというインセンティブが強まる可能性がある。現在のいじめ問題や体罰事件への対応を見ても、学校を閉ざそうとする意識は依然として強い。このことが学校における「連帯」を阻止しているのである。内申書をはじめとして、学校の情報公開を求める市民運動は大きく広がっている。やはり親や住民による学校参加を強めることが学校における連帯の形成にとって不可欠である。

次に「成績の相対評価をやめ絶対評価に」という提起がなされている。これについては賛同する点が少なくない。成績の相対評価が子どものやる気を削いだり、生徒同士の連帯を阻害しているという側面があるからである。ただし相対評価についての現状認識については異論がある。報告書では次のように述べてある。

相対評価が広まった理由のひとつは、絶対評価に対する反感であろう。絶対評価は、生徒の学力を「絶対的に」評価する。低い評価を与えれば、「絶対的にだめ」という烙印を押すことになる。それは避けるべきだ、という感覚が生ずる。これは、「絶対」という言葉の語感にまどわされた誤解である。学力を評価しても人格を評価したことにはならない（堤・橋爪 一九九九：一六）。

ここで相対評価が絶対評価に対する反感にあると述べられている。教師の主観的意識としてどうだったかはともかく、相対評価が特に強い意味をもっているのは、中学校における学業成績が高等学校の入学選抜の際に使用されるということにある。各中学校が絶対評価でそれぞれ違った割合で成績段階をつければ、それは高等学校の入試において客観的基準として使用できないものになってしまう。このことを解決しない限り、相対評価を絶対評価に変えることはできない。報告書の高等学校の部分では、高等学校進学の際に内申書を用いないことが明記されているが、志願者の出願資料の一つとして「中学の成績」が挙げられている。相対評価でなく絶対評価の成績で、高等学校の出願資料として用いることが可能だろうか。この問題をクリアしない限り、絶対評価制はうまく行かないだろう。

三　高等学校の改革——入試廃止は問題を解決するか？

次に高等学校の改革についてである。まず最初に「高校の経営権を校長に」とある。小中学校とやや位相を異にしている部分もあるが、基本的な批判点は小中学校と同様である。続いて「高校入学は原則として無試験に」という提起がなされている。

高校では入試を原則として、行なわないことにする。高校進学率が九六パーセントを超え、ほぼ全員が高校に進学する現状では、高校入試を行なう意味がない。

現在の高校入試は、多くの生徒にとって、人生で最初に経験する試練である。しかも失敗は許されない。そのため中学生は、大きな精神的負担を強いられている。進学の材料となる内申書や偏差値も、教育を歪めてきた。また本来、内容的には連続したカリキュラムであるはずの中学高校が、三年ずつに分断されていることのマイナスも大きい。競争はあってよいが、それは大学（専門教育）の場で行なうべきである。基本教育の場には、入試・選抜の負担がかからないようにする（堤・橋爪　一九九九：一八—一九）。

このように高校入試を廃止することによって現在の中学校における問題を解消しようというのがこの報告書の主張である。確かに高校入試の現在のあり方が中学生に、程度の差はあれ精神的負担を強いているという現状認識には筆者も賛同する。ただしこの入試廃止が果たしてうまく行くであろうか。

第一の疑問点としては、この改革は私立高校の入学選抜制度の廃止をも意味するものなのであろうか。これは報告書全体にわたる大きな疑問点なのであるが、教育システムにおける公立と私立の各セクターに配慮した説明が、大学についての一部を除いて全くなされていないのである。些末なことにこだわっているのではない。現在の日本の教育システムにおいて、この二つのセクターの違いはとても大きく相互に影響を与えている。この二つの違いを無視して教育改革の議論はできない。たとえばこれまで高等学校の入試については、都立高校の学校群制度をはじめ公立セクターについては、入学競争や学校間格差を緩和するための政策は各地で盛んに行なわれてきた。しかしその政策の帰結の多くは選抜度の高い私立高校の増加をもたらし、入学競争はおさまらず、また高い教育費負担に伴う教育達成の階層間格差を広げてきたことは周知の事実である。この改革も公立高校のみに行なわれれば、私立高校の一層の優位をもたらすに違いない。それを避けて私立学校にも強制しようとすれば、私立学校の「教育の自由」との間に鋭い葛藤を生み出すだろう。いずれにせよこの報告書における改革が私立セクターも含めて、どの範囲で行なわれるのかということが明示化される必要がある。

第二に当然のことであるが、入試を廃止した場合、一部の学校への混雑現象をどう緩和するのであろうか。また選抜はどのように行なうのであろうか。報告書では次のように述べている。

1　高校ごとの入学定員を弾力化して、希望者をなるべく多く受け入れる。若年人口は減少しつつあるから、施設の余裕はある。

2　志願者は、出願資料（中学の成績、学外機関の行なう到達度テストの成績、高校の要求する課題、その他）を複数の高校に送り、入学許可の返事が来た高校に手続きを行なう。この場合、内申書を進学の資料に用いないこと、中学の成績は絶対評価であることが大事である。また高校は、入学許可の返事を出すタイミングを、入学手続きの具合をみて調整する（堤・橋爪 一九九九：一九）。

1の入学定員の弾力化であるが、それにしても限界がある。人気のある学校は入学選抜をせざるを得ないであろう。またその場合2の中学の成績は絶対評価では使用することは困難であろうし、「学外機関の行なう到達度テストの成績」ならば、これまでの業者テストとどこが違うのであろうか。

第三にこれが最大の疑問であるが、この報告書に述べられた改革のみで高校間の格差がなくなることが可能なのであろうか。現在の高等学校の階層構造は、歴史的に構築されてきたものである。各高校は戦前以来の歴史をもつ学校から最近新設されたものまで、また普通科から職業科までの多様性をもち、それが入学の難しさの基準で序列化されている。入試の廃止や入学定員の弾力化程度で、その階層構造が崩れるとはとても考えられない。この状態のまま入試がなくなれば、それは中学校の成績争いを激化させることにつながる可能性が高い。

この高等学校の改革においてもう一つ重要なのが、「高校の学力認定のため、統一の学部試験を」という提起である。ここで報告書は高校進学率の高まりに伴い、高卒の資格が空洞化し、急速な学力低下が起こっていることを問題にする。そこで高等学校の卒業に相当する学力を認定する、「高等学校学力検定試験（高検）」を創設するというのである。(2)

この高検のメリットは報告書がいうには、当の学校がそれぞれ卒業資格を認定するとどうしても「お手盛り」になり、学力が追いつかなくても卒業してしまう。そして高卒という資格が信用できなくなるから、世間は学校名で子どもの学力を判断しようとし、学校差が実質的な意味を持ってしまう。そこで外部基準として高検を導入することによって、それに客観的な意味を持たせようというのである。これは各学校の教師と生徒に共通の目標をつくり出すことにもつながるという。

しかしこの高検も様々な問題を孕《はら》んでいる。報告書では高検は「十分にやさしい必要」があり、大多数の生徒にとってはすぐ合格できる程度の基礎的なことがらに限定するとしている。もしここで述べられているようにやさしい程度に限定するとすれば、この高検は大学入学資格になるというから、大学進学へのハードルをとても低く設定してしまうこととなる。それは大学入試も廃止するこの報告書の方針上、高等学校より高度なレベルの大学教育との接続を困難にするであろう。現在においても大学生の学力不足がマスコミ等で取り上げられているが、その傾向を一層助長させるのではないか。また誰もが合格できるほどやさしい基準で、学校名の意味を薄めるとも予想しがたい。高検の基準値が低ければ、あまりそれは社会的な意味を持たないから、学校差の実質的な意味を減らすことにはつながらないのではないだろうか。

それでは実質的に外部基準として意味を持たせようと高検のレベルを設定すると、それは大学進学の可否に関わるから、今度はこの高検の合格率をめぐって高等学校が競争することになるだろう。高検という基準が学校差を決める指標になりかねない。

おそらくこの高検の制度はフランスのバカロレアやドイツのアビトゥーアなどの中等教育卒業資格を念頭において考えられたものと予想される。そうなれば相当難関ということではないが、かなり（二〇―五〇パーセントの間くらいだろうか）の生徒が不合格になるレベルに設定される可能性が高い。だとすれば学業成績の良い生徒にとってはともかく、そうでない生徒にとっては厳しい基準となる。合格率をめぐる高校間の競争はある程度起こるであろうし、また高校差のある場合、底辺校では高検へ向けての学力指導に重点を置かざるを得なくなるだろう。高検を目指して高等学校教育の画一化が進行する。さらに高検によって現在より相当多くの生徒が高等学校の卒業資格が獲得できなくなる。報告書は高検を「産業社会に出るためのライセンス」と呼んでいるが、この改革が「ライセンス」を持たない生徒を増加させ、失業者の増加をもたらし、若者の「棄民化」を進行させるだろう。

四　大学の改革――入学定員の廃止は大学教育の混乱を招く

さて大学の改革である。最大のポイントは、「学生定員を廃止して、入試をなくそう」という提案である。報告書では次のように定員制の問題を述べている。

国立大学にとって、学生定員は、教員の人数や建物の面積、予算など、大学運営の基礎になっている。私立大学の場合も、大学設置基準や私学助成金を通じて、この数字は大きな意味をもっている。

学生定員の運用は、大変に硬直的である。入学者は学生定員より多くても少なくてもいけない。入学者が定員に満たなければ、原則として二次募集をしなければならない。さらに重大なことは、「入学者＝卒業者」、すなわち、定員のまま全員が卒業することが原則とされていることである。留年は望ましくないとされ、中身は例外的な扱いである。

この結果、大学教育は空洞化した。入学すれば、よほどのことがない限り卒業できる。となれば、学習意欲が低下する。卒業生に対する社会的な評価も、入学時の学力（受験偏差値）によって決まり、本人が大学でどういう教育を受けたかによっては決まらない。この根本のところを変えないと、他をどう改革してもだめである（堤・橋爪 一九九九：二三―二四）。

確かに学生定員が大学にとって重要な影響力を持っていることは確かである。また大学の卒業率が、諸外国と比べて極めて高いということもその通りである。そこで入試地獄を改善するために定員制を廃止し、キックアウト制（入学者のうち、成績が基準に満たない者を留年・中退させる制度）を採用すべきであるという主張を展開しているのであるが、このことが大学教育の改善をもたらすであろうか。

第一に定員制の廃止であるが、このことにより一部の大学に学生が集中する「混雑現象」が起こるのではないかということがすぐに頭に浮かぶ。

報告書によればそれに対しては大学はカリキュラムを公開し、各学年の期末試験の過去問題や合格点について事前に公表するという。それによって単位の取得が難しいと考える学生は入学しないというのである。

しかし定員制の廃止は大きな弊害を生むと考えられる。まず学生数の「混雑現象」は教育における多大な困難を招くだろう。すでにフランスやドイツの大学で現実化している事態であるが、収容能力をはるかに超えた学生が集まり教育不能の状態に陥るであろう。日本の大学の多くは人員的にも施設的にもそれほど余裕をもっているわけではない。現在の定員よりかなり多くの学生が入学したら、対応能力は脆弱であるように思われる。特に現在でもマスプロ教育の傾向の強い私立大学においてはそのことは顕著に起こるであろう。たとえ報告書の言うように何年かのちに解消したとしても（そううまくいくとはとても思えないが）、それが引き起こす大学教育の混乱や社会的コストは甚大なものとなることが予測される。

第二に入学試験の廃止は、必然的に学生の学力の格差を飛躍的に拡大する。高等学校までの教育において学力格差が相当是正されるということのない限り、その格差は大学における教育レベルの設定をほとんど不可能にするのではないか。学生の学力を念頭において教育カリキュラムを構築することもできなくなる。多くの学力格差のある学生を集めて、ほとんど教育不能の状態のなかでキックアウト制の導入によって卒業率が低下したとしても、それが教育を充実したことになるのであろうか。それは適正な競争ではなく、単なる「切り捨て」である。定員制の廃止は教育の充実どころか、大学の教育能力低下と学生の切り捨てを進行させる危険性が高い。

第三にキックアウト制は、現在の日本の大学システムでは現実的に機能しない。それは日本とアメリカやヨーロッパ諸国との私立大学の比率の違いにある。アメリカにおいては学生定員の約八割が州立大学に所属し、私立大学は約二割に過ぎないのに対して、日本の学生は逆に約八割が私立大学に所属し、国公立大学の学生比率は約二割に過ぎない。また多くのヨーロッパ諸国には私立大学が存在しない。日本では戦後、大学の大衆化のほとんどを私立大学の増加によって支えてきた。そして高等教育の階層構造のより下の部分の多くを私立大学が占めている。アメリカやヨーロッパ諸国の大学が学生を卒業させないことが可能なのは、多くの大学においてその財政に占める学生納付金の比率が少ないからである。それに対して日本の私立大学の財政はその大半を学生納付金に依存している。学生の中退はその財源を失うことにつながる。国公立大学や学生を大量に集めることが可能な一部の有力私立大学を除いて、大部分の私立大学はその財政構造の大幅な変更が行なわれない限り、このキックアウト制を円滑に実施することはできないのである。報告書はこの私立大学の現状に対する認識を欠落させている。むしろ定員制の廃止は、特に私立大学において学生を過度に多く獲得させることになりかねない。学生が多ければ多いほど経営の改善につながるのであるから、教育の質ということとは関係なく学生を入学させる。大学の学生獲得競争は現在以上に激化する。そして有力大学に学生が集まるのに対して、競争力のない大学は学生が全く集まらなくなり、倒産や経営危機に陥る大学が続出することであろう。キックアウト制は現状において導入は困難なのである。

続いて次のような提案がなされている。「学費制度を改革し、奨学金を充実させよう」ということである。報告書では次のように述べてある。

前項の改革に加えて、学費をある程度高くする一方、奨学金を充実させることが必要である。入試をなくせば、原則として誰でも入学できることになる。これは、教育の機会をすべての人びとに開く意味で大事なことだ。ただ同時に、大学教育のコストについても考えなければならない。(中略)

学費をこのままにして入学基準をゆるめれば、社会が必要とする以上の教育サーヴィスを提供するコストを社会が負担する不合理が生まれる。そこで、無条件で入学を認められる者の支払う学費は、限界費用に等しいものである必要がある。学費は現在の数倍になるだろうが、それでも、貯金さえすれば誰でも大学教育を受けられる。教育を人生の喜びとして享受する社会人や高齢者が、自分で学費を負担して入学する自由は、保証されるべきだ。

そのうえで、大部分の学生が何らかの奨学金を受けられるように、制度を充実する（堤・橋爪 一九九九：二六）。

ここでは学費の値上げと奨学金の充実が提案されている。まず疑問に思うのは、報告書の執筆者たちは現在の学費の状況を正確に把握しているのだろうか。

入学金や授業料など入学初年度の学生納付金は上昇の一途をたどっている。私立大学の場合は初年度平均一二四万円（一九九七年文部省調べ）に達している。国立大学でも近年毎年のように値上がりが続き、一九九七年度には入学金二七万円、授業料四六万九二〇〇円の総額七三万九二〇〇円となっている。学費を含めた年間生活費用となると約二〇〇万円、私立大学で自宅外の場合だと二五〇万円を超えるという調査結果も出ている。

こうした中で「現在の数倍」も学費が増大した場合、どれくらいの人々がその負担に耐えられるであろうか。経済状態の低迷が続いている現在、率直にいってこの学費負担は相当な割合の家計にとって限界に達しているように思える。「現在の数倍」も学費の増大が行なわれれば、奨学金の増額が行なわれてもかなりの学生が進学をあきらめざるを得ないであろう。現在大学進学の易化状況が続くなかで、「進学するか否か」を決定するのは学力ではなく、家庭の経済力である比率が年々高まっている。学費の値上げはその傾向を一層助長するであろう。「教育の機会をすべての人びとに開く」という報告書の内容とは、全く矛盾する結果になる可能性が高い。

二番目に「入学基準をゆるめれば、社会が必要とする以上の教育サーヴィスを提供するコストを社会が負担する不合理が生まれる」というのが学費値上げの理由となっているが、これにも納得しがたい。むしろ大学進学がエリート段階からマス・ユニバーサル段階になったということは、高等教育への進学者が「一部の特権層から大衆へ」と広がったということであり、「多くの人々にとっての社会的必要」から、その教育をより多くの公的な資金によって支える根拠となると考えることもできるだろう。また彼らが学んだ成果が社会的に生かされれば、それが社会にとって一種の「公共財」の役割を果たすという想定も可能である。日本の高等教育予算は他の先進諸国よりもそのシステムの巨大さに比して非常に少ないのであり、そのことが教育と研究の基本条件を脆弱なものとしているのであるが、報告書はこの事態を認識していないようである。

三番目にこの改革は、大学における学問の商品化や学位取得を就職とつなげる志向を進めるであろう。入学試験が廃止されてこれまで以上に学費を値上げすれば、大学は学費負担の可能な個人にとって進学有利な場となる。それは学位資格を「金で買う」という傾向を増すことになるだろう。いわば「学位の商品化」が進むことになる。また多額の奨学金の返済が必要となるならば、卒業後の就職が一層重要な問題として学生に認識されることになる。学位取得と就職を余りにも強く結びつける志向が、大学における教育内容を空洞化させた一つの原因であるが、「受益者負担」の一層の進展はその問題を解決するどころか、教育の私事化による弊害を深刻化させることだろう。

五　「選択・責任・連帯の教育改革」のイデオロギーと機能

以上ここまで「選択・責任・連帯の教育改革」の検討を行なってきた。主要な論点についてはほぼ触れることができただろう。

個々の論点について批判をしてきたが、さらにこの報告書全体を通しての批判を行ないたい。まずは「選択・責任・連帯の教育改革」が教育の国家主義を批判する姿勢を見せながら、実は新しいナショナリズムを立ち上げているということである。この報告書で貫かれているのは「選択というイデオロギー」であり、この改革によって実現するのは「卓越性の支配」である。ここで批判の対象となっているのは、これまでの官庁統制に基づく「教育の画一性」であり、またそのことによってもたらされてきた「教育における平等」であった。国家による「画一性の押しつけ」を批判するというのは、戦後の教育運動のなかで盛んに行なわれてきた論理と軌を一つにしている。この報告書にいたる臨教審以来の「教育の自由化論」に対して有効な批判が展開できないのは、それが戦後の教育学や教育運動のロジックを流用しているからである。

しかしその「選択」の中身については慎重な検討が必要だろう。小中学校の改革の部分で検討したように、それは「学校選択」という領域のみに限定されてしまっている。学校の教育実践や運営に対する選択権が保障されているわけではない。この「選択」というイデオロギーは、小中学校における進学競争を激化させるばかりでなく、現在広がっている学校批判のエネルギーを学校内部への関心から、「どこの学校を選ぶか」という関心へと水路づける機能を持っている。学校に対する批判や改革の動きを新たな「学歴競争」へと転換する条件をつくり出しているのである。

また各小中学校は強い権限をもった校長をリーダーとする経営体としての性格を強め、生徒獲得へ向けて激しい競争を始めることになるだろう。各小中学校は教育「効果」について説明責任(アカウンタビリティ)を求められる。親・子ども＝消費者の意向に沿えない学校は自然淘汰される。そこでは「卓越性」こそが至上の価値とされ、すべての生徒にとっての「平等性」は犠牲にされる。

「選択」や教育の自由化を問題にできないのは、国家管理主義と自由主義とを対置してしまう戦後教育学が慣れ親しんだ思考法にある。しかし両者のそのような二分法では現在の状況を掴まえることはできない。「選択」というイデオロギーの基盤にある新自由主義は、国家管理主義と矛盾するものでは全くないからである。グローバリゼーションと市場主義の中で進行したのは「国家の衰退」ではなく国家機能の転換である。「選択・責任・連帯の教育改革」とはそのことを教育制度のレベルで展開したものである。小中学校における学区制の廃止は、各学校に「責任主体」として他の学校を上回るだけの「卓越性」を目指して競争することを事実上「強制」している。そこにはコンシューマーリズムを利用した国家による新しいタイプの「統制」が機能しているのである。

高等学校における高検の導入はさらにそのことをはっきりと示している。教育の内部過程についての規制を緩和するが、その最終結果については国家によるチェックをこれまでよりも厳密に行なう。各高等学校はその基準を超えるための努力を要請される。国家は財政削減を行ないながら、最小限度の力で各学校の教育活動を「統制」することが可能となるのである。このことはイギリスの教育学者アンディ・グリーンの言う「品質保証国家」(3)への移行と考えることができる。「小さな政府」とは「国家の衰退」ではない。「小さな政府」となることは現在財政赤字を抱える国家にとって自らがその権力を維持するために不可欠な方向なのであり、また自らの支配を円滑に機能させるための有効な手段なのである。「選択・責任・連帯の教育改革」は「小さな政府」によるナショナリズムに基づく改革案なのである。

二つ目としては、この報告書は「国民」のための教育改革を唱えながら、一部の階層上位の人々にとってのみ有利な改革であるということである。小中学校の改革について述べたように、この改革は出身階層の「選択」能力による教育機会の不平等を確実に進行させる。各学校は「卓越性」をめぐって激しい競争を行なうことから、そこで与えられる教育の質の不平等も拡大することだろう。豊かな出身階層の生徒を集めた学校とそうでない階層の生徒を集めた学校では、卒業時点では明確な格差が生まれるに違いない。教育による階層化は中学校卒業時点でかなり決定的なものとなるだろう。

このように階層化が進展した上での高検の導入は、低階層の生徒たちの高等学校卒業資格を奪うことに直結する。卒業と中退との差異は、学校名による差異以上に生徒を差別化するシグナルとして社会的に機能するだろう。中退した生徒たちは社会の「底辺層」へと組み込まれることになる。

教育の自由化や個性化あるいは「選択の自由」という改革は、すべての人々に等しく与えられるものでも、また同じ影響を与えるものでも全くない。「国民」という戦後教育学で重用されてきたカテゴリーは排他性をもつと同時に、「国民」内部の階層差を隠蔽する機能を果たしてきた。そのことが形式的平等主義を社会的公正と混同する誤解を生み出してきたのである。学歴主義批判への対応として度重なる入試改革を行ないながらも、その結果として私立学校や民間教育産業（塾・予備校）が盛んとなり、学歴競争の激化と教育を通した階層化が更に進行するという悪循環をもたらしたのは、「国民」概念による階層的視点の弱さにある。橘木俊詔が正当に指摘しているように、所得分配のジニ係数が一九八〇年代以降急速に上昇し、日本は先進諸国の中でも最高の不平等度を示している。また資産格差もバブル経済以後大きく拡大した（橘木 一九九八）。日本が「平等社会」とか「一億総中流」であるという言説には全く根拠はなく、むしろ現在急速な階層化が進行しているのである。この状況下でここで問題にした方向での教育改革が行なわれれば、社会の階層分化は取り返しのつかない所まで進み、社会不安と排外主義を引き起こす要因となることだろう。教育制度についてはこの階層的視点の導入が急務である。それを行なわない限り、「教育の平等」をめぐる議論はからまわりを続け、社会的支持をさらに失い、「卓越性」優先の方向にブレーキをかけることはできない。

三点目はこの教育改革の目標が実際の改革とずれている点にある。報告書の「問題の背景と基本認識」の部分では次のように述べている。

義務教育の考え方を見直すと同時に、産業社会に奉仕してきたこれまでの教育を、人間中心の教育に作りなおさなければならない。明治以降の日本は、急速に近代化を進めるため、産業社会に役立つ人材を産みだすことを、教育の主な目的にしてきた。しかし今日、日本が新たな発展をとげるためには、経済的な繁栄とならんで、文化、科学技術の創造的な成果を追求する必要があろう（堤・橋爪　一九九九：四）。

このように「産業社会に奉仕してきた教育から人間中心の教育」が改革の目標とされている。しかしこれまで論じたようにナショナリズムを立ち上げ、教育の階層化を進展させるこの改革の目標が別にあることは明白であろう。堤清二は橋爪大三郎との対談で次のように述べている。

社会経済生産性本部・社会政策特別委員会は数年前から『ポスト産業社会への提言』（岩波ブックレットNo. 358）、『日本型経済システムを超えて』（岩波ブックレットNo. 429）、あるいはこれは経済同友会の関係ですが、「新しい国家像はどうあるべきか」という報告書を折りにふれ、出してきました。ところが、いろいろと検討してみると、どうも教育の問題が基本にあるようだということがわかってきました（堤・橋爪 一九九九：三九）。

ここにこの「選択・責任・連帯の教育改革」を提起する目標がはっきりと示されている。それは「ポスト産業社会」を目指す新たな国家構築のための教育プランなのである。『ポスト産業社会への提言』の中では「脱工業化社会」や「情報化社会」の到来が唱えられ、日本におけるサービス産業、情報産業、ソフトウェア産業などの国際競争力がきわめて弱いことが問題とされている。ハードなモノ作りを得意とするが、ソフト作りを苦手としている。その原因は教育の「画一性」によって「個性」が抑圧されていることにあると論じられている。この文脈で考えれば臨教審から「選択・責任・連帯の教育改革」にいたるまで推進されてきた「教育の自由化・個性化」は、「ポスト産業社会」とここでは呼ばれる新たな経済社会の要請に教育制度を適合させようとする改革に他ならない。知識の共有よりは個別化が求められるという一見「教育の自由化」を進めるように見える「新しい学力観」とは、ポスト産業社会にとって必要な能力なのである。「選択」や「自主性」を求める教育も多元性を志向する情報社会で新たな富を生み出し、またそれを効率良く消費する「主体」を形成することにつながるだろう。階層化を進行させるという教育改革の帰結も経済社会の変化に対応しているように考えられる。現在進行している年功序列や終身雇用制の解体、給与体系における実力主義の導入や年俸制の導入は、これまでとは異なった不安定で格差ある労働市場を作り上げつつある。それは一部のエリートを生み出すと同時に、多数の低所得層を創出する。この教育改革はそうした労働市場の変容とも見事に対応しているのである。ここ数年の大学院重視の教育政策も、教育制度全体の中でエリート重視の資源配分という方向性を示している。

この教育改革で推進される個性化・自由化は、そこで一見標榜されている「競争の是正」では実はない。むしろ「選択」や「個性化」の強制は、情報化社会に対応できるよう、絶えず個々の子どもたちの能力に対する働きかけを強化する。最近のボランティア推奨の動きは子どもの「参加」意識をも「動員」することによって、社会の効率化を進めようとする性格を強くもっている。「入試」を廃止するというのがこの教育改革の目玉であるが、小中学校においてはこれまでにない「競争原理」が導入され、高等学校の卒業時点でのチェック機能が強化される。また「大学全入時代」が近づきつつあるにもかかわらず、あえて入試を廃止して、キックアウト制の導入によって卒業を厳しくする。実はこの改革は競争や選抜の抑制ではなく、少子化が進むなか入試による競争が緩和され、その選抜機能が低下している傾向に対して、新たな教育制度によって選抜機能を再建することを目指しているのである。そのことは実は報告書の中で明確に述べられている。「大学の改革」の部分で次のように述べられている。

大学入試に代わる、新しい、より合理的で機能的な競争と人材選抜のシステムを作り出す。そのためには、大学の学生定員を廃止することが不可欠である（堤・橋爪 一九九九：二三）。

「選択・責任・連帯の教育改革」は、新たな合理的・機能的な競争と人材選抜のシステムを提言している。これでは競争や選抜圧力によって現在生じている教育問題の多くは全く解決へとは向かわない。さらにこの改革は、「不登校」や「中退」といった問題を「選択」によって引き受けなければならない「自己責任」の領域へと囲い込むことになるだろう。それはこれらの病理を社会的に顕在化させることを困難にするに違いない。これが果たして「人間中心の教育」を目指す改革と言えるだろうか。

六　ポスト戦時動員体制を目指す教育改革――近代教育の「究極の完成」

ここまで「選択・責任・連帯の教育改革」について論じてきた。この改革案がどのようなイデオロギーをもち、現在の教育に対してどのような影響をもたらすのかを明らかにできたと思われる。

この臨教審から「選択・責任・連帯の教育改革」にいたる一連の教育改革は、日本の教育における歴史的展開の中で位置づけることが重要である。

日本の教育において中等教育の大衆化・普遍化、そして高等教育の大衆化が始まったのは、第一次世界大戦期中の一九一七年、臨時教育会議にさかのぼる。この臨時教育会議で中等教育の量的拡大が進み、私立大学の認可や専門学校の大学昇格など高等教育の本格的な大衆化のスタートが切られた。そしてそれを実質的に大きく進めたのが、一九三〇年代から第二次世界大戦期にかけての時期であった。この時期私立大学は普及し、専門学校の格上げも盛んに行なわれる。また中等教育のレベルでも、教育科学者阿部重孝は「すべての者に中等教育を」という主張を教育科学運動の中で行ない、それは戦時動員体制の教育政策の中で実現されていった。一九四一年には義務教育延長を伴う国民学校制度が始まり、一九三五年から一九三九年にかけて夜間の初等後教育機関であった実業補修学校と青年訓練所が統合され青年学校が義務化（男性のみ）される。青年学校は小学校教育卒業後七年間の教育課程とされ、現在の高校までを含んでいた。このように中等教育期間の延長と普遍化が進行したのである。また阿部重孝は教育制度として「六・三・三」制度を構想していた。このように見てみると戦後確立した六・三・三体制は総力戦の必要による戦時動員体制の中で構想されたものであり、戦後の義務教育の延長、高等学校・大学への進学率の増大は、戦時動員体制を基礎とし、その延長上に設立された制度と見ることができる。戦時動員体制は総力戦への広範な参加を支える国民平等の教育システムを構築した。教育システムは総力戦の生産力体制と深くリンクされ、国民は戦争遂行のための人的資源として育成・配分されることとなった。戦後においてその目的は戦争から経済成長へと切り替えられるが、教育システムと生産力体制との深い結びつきは存続した。

戦後の高等学校・大学の進学率の増大と経済成長との密接な関連はそのことを物語っている。その教育は官僚的な画一性を特徴とし、形式的な平等性を維持しながら内部に序列化と選別をもたらした。公的な資金の投入によって教育の整備が進み、進学率はほぼ順調に伸びていったのである。そこでは教育の大衆化・平等化と卓越化という二つの方向が同時に進んでいったと言えるだろう。進学率の上昇とより高いランクの学校への競争とが同時に進行していった。

しかしこの方向が微妙な変化をし始める。高等学校進学率の上昇はやがて、高校全入運動の成果もあって一九七〇年代には九〇パーセントを超え、ほぼ全入を達成する。そのことは高校進学の社会的意味を大きく転換させた。この時期から高等学校への進学は、「主体的な目標」から「あたりまえの通過点」へと変化した。そのことは一つには進学することが権利から義務へと転換し、進学しないことはその生徒にとってスティグマとなるという事態をもたらした。進学を希望しなかったり、成績の悪い生徒にとっては高校入試は平等主義に基づく進学圧力として機能するようになった。同様の圧力は「全員を進学させなければならない」とする中学校にも重くのしかかることになった。一九八〇年代以降の中学校における教育病理（校内暴力や登校拒否）や管理主義の問題はこのことを抜きには考えられないだろう。もう一つの影響は「高校進学が当たり前」になることにより、大学進学率の向上とも結びつきながら、「どこの高校に行くか」ということがそれまで以上に重要な意味をもつようになったということだろう。偏差値がなぜあれほどの影響力をもったのか。それは高校進学のもつ意味の転換と人々のまなざしの変化が深く関わっているのである。

ここで起こった変化は教育の画一性に対する批判を生み出すと同時に、教育の「卓越性」を求める価値意識の増大をもたらした。特別のカリキュラムを組み大学進学率の高さを売り物にする私立の中・高等学校が多数登場し、「より良い学校」を目指す進学競争が激化することになる。塾や予備校などの民間教育産業は莫大な量的発展を遂げた。オイル・ショックから早期に立ち直った経済成長による家計所得の増大という状況が、それを支える基盤となった。こうした中で教育の「私事化」は進展し、教育を「自分のためのもの」と考える意識は広く人々に定着することとなったのである。一九七〇年代以降教育の「平等性」と「卓越性」のバランスは徐々に後者へと比重が移っていったのである。

臨教審以来の教育の自由化・個性化はこうした教育の私事化という社会意識の変化を基礎として、「平等性」を放棄し、市場競争での「卓越性」をその原理として教育制度を運営することを目指している。戦時動員体制が「平等性」と「卓越性」を均衡させることでその秩序を維持してきたのに対して、この改革は「卓越性の支配」による秩序の再編をもたらすだろう。それは財政再建を目指す行政改革という政府の目標とも連動している。もはや人々は公的な制度の支えがなくても「主体的」に「受益者負担」で教育を受けることを希望するのであり、そのことを前提に改革が構想されている。「よい教育を」という価値を内面化して自ら進んで「自己負担」で教育の市場競争に「参加」し、その失敗をも「自己責任」として引き受ける「主体」……。近代教育はここに「究極の完成」を見るのであろうか。

註

（1）この教育権の問題については（中西・乾 一九九七）を参照。

（2）これはその後、高校在学中に受ける共通テストへと引き継がれた。二〇一七年に文部科学省は「高校生のための学びの基礎診断」の実施方針を策定し、民間業者に委託することとなった。

（3）この「品質保証国家」については（Green 1991）を参照。アンディ・グリーンはその後の研究においては「契約国家」という用語を使用している。

象徴資本としての「個性」

現代思想 2001 年 2 月号「特集＊ブルデュー」

「象徴資本としての『個性』」

雑誌『現代思想』の「特集＊ブルデュー」に掲載された論文。「個性」という教育改革のキーワードを取り上げ、それがもたらす教育の「私事化」や「階層化」を批判。学部時代以来、熱心に読んできたピエール・ブルデューの理論を自分なりに生かした試み。

一　はじめに

「これまでの画一的な教育を打破し、今後は一人ひとりの個性を尊重する教育を行なうべきだ」という掛け声が、マスコミ・学校現場など社会のあらゆる領域で広がっている。近年、教育界で個性という象徴資本が急速に価値増殖している。「個性」あるいは「個性教育」ということが唱えられたのは近代日本の教育において繰り返し行なわれてきたことであり、今回が初めてではない。しかし現在推し進められている教育の個性化は、グローバリゼーションの進行に伴う社会の新自由主義的改革の中核を担っているという点で特別な意味をもっていると言える。本論ではこの「個性」が、教育あるいは社会の「象徴資本」として機能している現状を批判的に考察したい。

近年における教育の個性化を検討する際にはそれがいつ頃から進行し、どのような質の転換を行なっているのかについての歴史的な考察を必要とする。戦後の高度成長の絶頂期であった一九七〇年一月に来日したＯＥＣＤ教育調査団（ロナルド・ドーア、エドウィン・ライシャワーらが参加）の報告書は日本の教育の画一性、中央集権的な統制、入学試験のための激しい受験競争と大学の序列化を強く批判し、多様化の方向と選択の自由の必要性を強調している。たとえば以下の部分はそのなかでも受験競争に関するＯＥＣＤ教育調査団の主張のエッセンスを示している。

すでにのべたように、日本の入学試験は特定の社会的圧力の原因となり同時に結果にもなっているが、それがもたらすもっとも重要なゆがみは、社会それ自体にかかわっているといえよう。一般の人々からみると、大学には社会的評価によるきびしい上下の序列がつくられており、高校は高い評価をもつ大学にどれだけ多くの生徒を送りこむかによって順位づけられている。また雇用主の多くは卒業生を、彼らがどのような知識や能力をもつかでなく、入試の結果どのような大学のどの学部に入学したかによって判断する。一八歳のある一日に、どのような成績をとるかによって、彼の残りの人生は決ってしまう。いいかえれば日本の社会では、大学入試は、将来の経歴を大きく左右する選抜機構としてつくられているのである。その結果、生れがものをいう貴族主義（aristocracy）は存在しないが、それに代る一種の学歴主義（degree-ocrasy）が生れている。それは世襲的な階級制度にくらべれば、たしかに平等主義的であり、弾力性にとんでいる。しかし他の制度――つまり長期間にわたる個人的業績が人々を適切な職業・地位へと振分ける尺度とされ、また意欲のあるものは必要に応じて教育を受け、さらには能力の発達に応じてその地位もあがっていくといった機会が用意された制度にくらべれば、学歴主義は弾力性を欠いた、専制的な制度である（ＯＥＣＤ教育調査団　一九七二：九〇―九一）。

この報告書では日本の教育における受験競争の激化、中央集権的で管理統制の強い教育制度の要因を日本社会の近代化・産業化の特質に求めている。しかしこれは筆者の視点からすれば、戦時動員体制を基盤として形成された戦後の教育システムの特徴として捉えることができる。戦時期に準備され戦後確立した単線型で平等な教育制度のもとで、義務教育の延長（六・三制）が実現し、さらに経済成長に伴って急速な高校進学率と短大・大学進学率の上昇が行なわれた。教育の機会均等を通して教育・知識水準の向上と均質な労働力が形成されたのである。ただし義務教育は別として、後期中等教育及び高等教育においては多様化（＝差別化）を図ろうという試みがなかったわけではない。一九五一年の政令諮問委員会答申以来、経済界は高校における職業教育重視の多様化政策を繰り返し提言していた。また一九七一年の中教審答申においては、中等教育の多様化と大衆化した高等教育機関の種別化が提起されている。この多様化への試みは、高校全入運動をはじめとする様々な反対運動の展開によって一九七〇年代中葉には破綻した。

しかしこの状況を大きく変化させたのが、一九八四年の臨時教育審議会の発足であった。香山健一の属した第一部会はそれまでの中央集権的・画一的な教育行政・慣行を批判し、教育の自由化を強く主張した。これは自由化に反対する第三部会との間で激しい自由化論争を展開することとなる。教育産業による自由競争と消費者主権の原理を主張する自由化論は、この論争の過程で個性化論へと変容することになる。

この変化を教育社会学者の藤田英典は以下のように適切に整理している。

臨教審における自由化論争は、市場の自由化論に対して、〈無責任な個人主義と無秩序な競争〉を是認するのではないかという、国家派や人権派の危惧と反論がなされ、自由化論から個性化論（個性主義、個性重視の原則）へと変容するのだが、この変容は、自由化論に日本文化論的色彩と教育学的視点を持ち込んだ。日本文化論的色彩は主として国家派の危惧と反論とに対応したものであり、そして、教育学的視点は主として人権派の期待と理想に応えたものである。（中略）かくして、この変容により、自由化論の基本的主張は後退させられたというより、むしろ、それが受容される基盤が拡大されることになった（藤田 一九九三：一〇─一一）。

このように教育の個性化が臨時教育審議会のキーワードとなった。臨教審第一次答申は「個性重視の原則」を改革の中心的な柱として設定し、個性の重視が繰り返し唱えられた。以下はそれを典型的に述べた部分である。

今次教育改革において最も重要なことは、これまで我が国の教育の根深い病弊である画一性、硬直性、閉鎖性、非国際性を打破して、個人の尊厳、個性の尊重、自由・自律、自己責任の原則、すなわち個性重視の原則を確立することである（臨時教育審議会 一九八五）。

この臨時教育審議会第一次答申以降、個性重視は教育改革の中心的理念となった。一九八七年の臨教審第四次答申（最終答申）でも個性重視は確認され、一九九一年の中央教育審議会答申においても継続して提唱されることによって、現在にいたるまでの教育改革を主導してきたといってよいだろう。

二　「教育の個性化」はなぜ受け入れられたのか――個性をめぐる界（champ）の政治

まずここで考えなければならないのは、なぜ「教育の個性化」がこれだけスムーズに受け入れられたのか、である。繰り返し政府による答申が出されたということはあるが、それだけの理由で現場を含めた教育界全体で浸透するということにはならないからである。ピエール・ブルデューのいうように、社会を構成する各界（政府、経済界、教育界、マスコミなど）はそれぞれ相対的自律性をもっているのであり、各界の内部構造と相互の関係を読み解いていく必要がある。

教育界全体への浸透の原因としては、臨教審答申をめぐる議論の配置がそれまでのものとは大きく異なっていたということがまず挙げられる。戦後教育のスタート以来、特に政府・文部省の教育政策が冷戦構造の枠組みのなかで展開するようになって以降は、政府による審議会答申に対して、日教組をはじめとする革新陣営が強力に反対するという対立構図が確立していた。しかし臨教審答申をめぐる議論は、そうした文部省vs.日教組という対立関係をつき崩す形で展開されたのである。臨教審の自由化論が批判したのは、戦後における教育の画一性と過度の平等性であるが、それをもたらしたものとして文部省の教育政策と日教組をはじめとする教育運動の両者を挙げている。しかも現在の管理的・画一的教育状況を成立させたという点では、その対立しているかにみえる両者が、共犯関係にあるという論理を提出しているのである。このことによって文部省vs.日教組というそれまで固定的であった対立構図を相対化し、臨教審が新たな論争状況を設定することが可能となった。また議論を巻き起こす手法も、それまでのあり方とは大きく異なっていた。臨教審を設置した当時の中曽根首相は、強力な官僚機構を飛び越えて直接国民に訴える政治手法をとった。国民を教育サービスを受ける消費者として設定することで、文部省vs.日教組＋国民という抗争関係を文部省＋日教組＝「教育の供給者」vs.国民＝「教育の消費者」へと変換することに成功したのである。二項対立を相対化した「新鮮な」印象を与える議論が、国民に訴えかけるというポピュリズムの手法を通して伝えられた。このことが「教育の個性化」という新自由主義イデオロギーの浸透に貢献したことは間違いない。

国民＝「教育の消費者」という設定が受け入れられる素地も多く存在していた。一九七〇年代に高校段階までの量的拡大はほぼ普遍化のレベルに達し（一九七四年に高校進学率は九〇パーセントを超える）、高校進学への機会はほぼ国民全員に開かれたものとなった。その一方で学歴秩序の制度化や大学進学の増加のなかで、「どこの高校へ行くか」ということの重要性が高まっていたのである。高校進学は「みんなと同じように高校に行く」＝「平等へ向けての進学」よりも、「他人より上位の高校へ行く」という「卓越へ向けての進学」という意味を強くもつものとなった。こうしたなかで一九七〇年代、後に述べる公教育の量的縮小と入試制度改革による公立高校のレベルの平準化などが行なわれたことにより、進学への要求は受験体制を整えた私立学校と塾などの民間教育産業へと向かい、それらは莫大な発展を遂げたのである。こうして教育の商品化は進み、より良い進学のために教育費用を自ら負担するという消費者意識は一般化していった。進学指導へ向けてのサービスの良くない供給者として公立教育は位置づけられ、エリート教育における私高公低という序列が定着したのである。

また一九七〇年代以降の教育問題の噴出も、こうした消費者意識の形成に深く関わっている。教育の大衆化と学歴主義秩序の定着のなかで、校内暴力やいじめ、不登校、学校の管理主義という問題が噴出した。これらの問題の浮上は教育論の焦点を文部省vs.日教組という教育の管理者と実践者の関係から、教育の実践者と教育の受け手(生徒・親)の関係へと移すこととなった。教育問題の噴出は新たな教育運動の展開を生み出し、親・子どもの教育権という認識の深まりは学校・教育への参加意識の拡大へとつながった。しかしその動きは主流を占めるにはいたらず、多数派は教育の権利者としてではなく、消費者としてこの事態を受け止めることとなった。(3) マスコミの報道などを通して「学校たたき」と「教師たたき」が広範に行なわれ、教育病理は教育の実践者(=供給者)の親・子ども(=消費者)に対するサービスの低劣さの問題として認識されていったのである。こうしてそれまで教育において主要な争点となってきた勤務評定問題や教科書検定といった教育の管理者と実践者との間の教育権の所在をめぐる政治的対立は、この時期以降不可視化され、教育問題を捉えるフレームは「教育権」から「教育サービス」へと移行したのである。

教育の消費者意識を生み出し、支える思想潮流も登場した。臨教審の設置と同年（一九八四年）に出された山崎正和『柔らかい個人主義の誕生』（中央公論社）は、その代表的なものであると言える。山崎はここで、一九七〇年代を一九六〇年代までとは異なる時代として位置づけている。「黄金の六〇年代」とも呼ばれる一九六〇年代は大量生産と大量消費に代表される高度成長（＝近代化）の絶頂期であり、七〇年代はそれまでの近代化の一〇〇年の転換点であると論じられる。強い国家と生産原理を担う強固な主体が存在し、家族や職場に強い帰属感情をもっていた時代の終焉を山崎は論じている。そこでも特に重視される論点は「新しい個人主義」と「消費」である。

山崎は一九七〇年代以降の「消費への志向」について、次のように述べる。

もちろん、この生産の優位は今日も基本的には変ってゐないが、しかし、この十数年、社会の価値観にその点で微妙な変化が始まってゐることも、事実であらう。その大きな背景は社会の豊かさであり、六〇年代に「消費は美徳だ」といふ標語が生まれたのもその徴候であったが、より直接的には、七〇年代のエネルギー危機と、産業のエレクトロニクス化が引金になったと考へられる。エネルギー危機は、一応は消費にたいしても節約を求めるものであったが、それ以上に、むしろ大量生産をめざす生産至上主義に冷水を浴びせる効果を見せた。それまでの消費の奨励は、じつは生産を拡大するために企てられたものであったのにたいして、これ以後は、より賢明な消費、いいかえれば、ものの生産を過度に刺戟しない消費が奨励されることとなった(山崎 一九八四:四七―四八)。

このように山崎は、「生産から消費へ」の移行を「消費の優位」や「消費の生産からの自立化」として説明しているのである。さらにこうした消費への志向は「文化サーヴィスの興隆」をもたらしているという。「文化サーヴィスの興隆」の中身として山崎が挙げるのは、外食産業、ホテルや旅行業者、スポーツ・クラブや生涯教育講座、新興宗教団体などである。これらの「なま身のサーヴィス」への転換を文化史上の重大事件として山崎は位置づける。山崎は次のように文化サービス史を整理する。まず第一の段階は、少数の人間のみが多数の人間による奉仕を受けている時代である。一定の財産をもつ人々のみが衣装や美食、教養や芸術を享受していた。こうした「前産業化」の次に産業化の進展によって文化サーヴィスはより多数の人間が享受することになる。しかしそのとき提供されるもののなかみは多数の消費者を満足させるために急速に「複製品」に変わっていった。文化は大量生産になじむ商品のかたちで翻訳され、なま身の提供者はさまざまの機会的媒体の背後に後退することになったと山崎は述べている。それらに対して「なま身のサーヴィス」を求める一九七〇年代以降を文化サーヴィスの歴史の第三段階として捉え、以下のように論じている。

それにしても、この変化は人間の意識の歴史によって革命的な節目であって、考へ方によっては、いはゆる大衆化社会の成立、あるいは政治上の民主主義の成立をもうは廻る大きな変化の始まりかもしれない。なぜなら、いまやこの社会では、大多数のひとびとがたんに豊かで平等な生活を求めるだけでなく、ひとりひとりが異質な個人としての処遇を受け、かけがへのないただひとりの人格として、具体的に他人の注目と気配りを探求し始めた、と見ることができるからである（山崎 一九八四：五五）。

山崎の議論の特徴は、こうした生産から消費への転換、文化サーヴィスの歴史的転換といった社会的変化を、個人の生き方の変化と結び付けて論じた点にある。一九六〇年代までの近代化を主導した生産原理が目的志向的で硬直的な個人主義をもたらしたのに対して、一九七〇年代以降の消費原理の台頭は、より柔軟で多元的な「新しい個人主義」を生み出したという。この議論は「近代化の行き詰まり」を突破する可能性を積極的に提示したものとして、新たな「解放感」とともに人々に広く受け入れられた。それは同時代の「近代的（＝固定的・一元的）主体の解体」や「価値の分散化・多元化」を尊ぶポストモダンの思想とも共振しつつ、一つの時代思潮となっていったのである。臨教審以降の個性化がスムーズに受け入れられた原因として、こうした時代思潮の影響は無視できない。

このことは経済界と教育界との社会的位置関係にも変化を与えた。臨教審以降、とりわけ経済界から多くの教育アピールがなされ、教育政策・改革は経済界（財界人・経済学者）が主導している。前述したように、経済界による教育界への要求はそれまでにも数多くあった。それは一九七〇年代中葉の高校多様化の挫折に見られるように退けられるか、影響力の多くを削がれてきたのである。しかし臨教審以降、経済界に対する「教育界の自律性」の力は大きく減退している。経済界と教育界の社会的位置関係は、財政当局との距離が近いという点からも、歴史的に経済界が優位であった。教育界はその自律性を擁護するためには、国民の教育要求という力を外部から導入する必要があった。戦後たびたび提出された経済界からの教育を多様化（＝複線化）しようという政策は、国民の平等な教育要求を妨げる傾向をもっていたのであり、それへの批判を通して教育界の自律性は保たれていたのである。しかし、一九七〇年代以降その状況は大きく変化していた。教育の量的平等はほぼ完成し、教育要求の多様化が進んでいたのである。この多様化の要求を教育界は調達することに成功しなかった。[4] むしろこの多様化の要求は経済界の市場原理の推進とフィットしたのである。[5] 教育の商品化の進展や消費者意識の増大、学校病理の拡大に伴う教育不信の増大、教育の大衆化に伴う教員・教育界の相対的地位の変化なども「教育界の自律性」を弱め、経済界の要求を人々に受け入れやすい土壌を形成することに貢献したと言える。

こうして臨教審の議論の設定、国民＝教育の消費者という意識の増大、一九八〇年代以降の「新しい個人主義」思想の台頭、経済界の影響力の増加などによって、「教育の個性化」は人々に広く受け入れられることとなったのである。

三 個性化への序奏――再生産のメカニズムと転換点としての一九七〇年代

この急速に広がった教育の個性化は、多くの問題を孕んでいる。ここではその代表的な論点について検討を行ないたい。ただしこの「教育の個性化」の影響については、現在進行中のことでもあり、その結果を実証的・分析的に検討できる時期にはまだない。したがってここでは、個性化のもたらす結果を推測するという方法を取らざるを得ない。しかしこれまでの歴史的経緯と教育の再生産のメカニズムに着目すれば、教育の個性化が社会の階層化を急速に推し進めることはほとんど間違いない。

日本社会の階層分析をこれまで最も詳細に行なってきたのはSSM（Social Stratification and Social Mobility 社会階層と社会移動）調査である。これは実証的階層研究であり、一九五五年に第一回の全国調査が尾高邦雄を中心に実施されて以来、安田三郎、富永健一、および直井優ら社会学者によって一〇年ごとに大規模な調査が繰り返されてきた。教育と社会階層との関連に絞って、この調査・分析を振り返ってみると興味深いことがわかる。第一回SSM調査（一九五五年実施）では教育と地位達成との関連はほとんど分析の対象となっていなかったが、一九五〇年代後半から始まった高度成長は高校進学率と大学進学率を急速に押し上げていき、それは第二回、第三回のSSM調査分析の方向に影響を与えた。第二回のSSM調査（一九六五年実施）における分析の関心は社会移動に置かれ、どのようなルートで社会移動が行なわれるのか、そして社会的地位を決定しているのは何かということが検討された。生育環境である家族から個人が学校を通して学歴を獲得し、職業的地位につくという移動パターンが認識枠組みとして設定された。そこでは戦後教育は社会移動の可能性を切り開くものとして、強い期待を寄せられていたのである。第三回のSSM調査（一九七五年実施）では職業的地位の決定因として教育の重要性が高まっていることが賞賛されており、出身家庭の影響による格差は依然として残っているものの、それは社会の近代化の推進につれて解消していくものとして了解されていた。こうした近代化論や産業化論はしかし、これ以後一転して懐疑されることとなる。一九七〇年代半ば以降の高度経済成長の終焉と低成長への転換は、社会移動の可能性への信頼を揺るがすものとなった。実際高校進学率は飽和状態に達し、また高等教育抑制政策の影響もあって大学進学率も停滞を強いられた。受験競争は激化したが、教育の地位達成の機能は人々に疑われ始めたのである。また一方でピエール・ブルデューを代表とする「教育の再生産論」の導入は近代化論の立場からの教育を見る認識枠組みを大きく変化させた。ブルデューは、教育は社会的な不平等を是正し、社会移動を促進する機能を果たすのではなく、出身階層の格差を学歴へと変換し、次世代の階層構造を再生産する装置であるという。さらに教育によって獲得される学歴はメリトクラシーの神話と結びついて出身階層の影響を隠蔽し、本人の獲得した社会的地位と成立した社会秩序を正当化すると論じた（Bourdieu & Passeron 1970）。第四回のSSM調査（一九八五年実施）における分析は、一九七〇年代後半以降の閉塞した時代状況とブルデューの再生産論の影響を受けて、近代化論の仮説を否定する論考が多く発表されることとなった。第五回ＳＳＭ調査（一九九五年実施）を含めて社会移動の趨勢分析を行なった原純輔は、「近代化とともに階層間格差は次第に平準化していく」という、階層研究をリードしてきた産業化論の主張は、移動格差に関するかぎりは誤りだったと述べるなど（原 二〇〇〇）、近代化仮説は明確に否定されている。ここで注意しなければならないのは、「近代教育が階層の再生産装置である」というブルデューのテーゼは、過去四〇年間以上の日本における社会学研究によっても論証されているということである。取り上げる事例や対象に着目することで、ブルデュー理論の特殊フランス的性格を強調する一部の誤った理解は棄却されなければならない。

そのことを踏まえた上でここで考えたいのは、第三回のＳＳＭ調査以後見出され、第四回のＳＳＭ調査で確認された階層格差の拡大である。佐藤俊樹はＳＳＭ調査のデータの分析を行ない、専門・管理職のホワイトカラー層（最も上位の階層）の世代間継承に着目する。佐藤は出生年代別に「明治のしっぽ」（一八九六—一九一五年生まれ）、「大正世代」（一九〇六—二五年生まれ）、「戦中派」（一九一六—三五年生まれ）、「昭和ヒトケタ」（一九二六—四五年生まれ）、「団塊の世代」（一九三六—五五年生まれ）というカテゴリーを設定し、本人四〇歳職と父主職との関連性を分析した。それによるとオッズ比（なりやすさの格差）で見ると「明治のしっぽ」ではオッズ比がとても高かった（つまり世代間継承が強い）のに対して、「大正世代」「戦中派」「昭和ヒトケタ」とその値が順調に下がってきた（つまり世代間継承が弱まった）が、最後の「団塊の世代」で大きく反転上昇しているのである（佐藤俊樹 二〇〇〇）。この結果は戦後における平等化の進行が「団塊の世代」において転換し、階層化の傾向を強めていることを示している。ここでは出生年代は範囲として設定されているので厳密なことは言えないが、「昭和ヒトケタ」の中間点が一九三五―三六年生まれ、「団塊の世代」の中間点が一九四五―四六年生まれである。ということは「昭和ヒトケタ」の中間点の本人四〇歳時は一九七五―七六年であり、「団塊の世代」のそれは一九八五―八六年である。一九七〇年代中盤以降から階層化の方向があらわれていることを推測させる結果となっている。

また一九七五年のSSM調査の分析において話題となった論文に、今田高俊・原純輔「社会的地位の一貫性と非一貫性」がある。ここで今田らは日本社会における社会資源の配分が必ずしも（学歴が高い人間は収入も多く、職業威信も高いという）一貫性をもっていないということを論じた。この論文は、諸外国と比較して日本社会の階層固定化が弱く、社会的平等性が高いという特徴を示す知見として影響力をもった。特に上層一貫（一二・六パーセント）、非一貫（六五・二パーセント）、下層一貫（二二・二パーセント）と分類した場合に、非一貫の比率が全体の六割を占めるという点にその根拠を求めていた。しかし、一九九五年SSM調査の分析（原 二〇〇〇）によると、一九七五年には一二・六パーセントしかなかった上層一貫は一九八五年には二〇・〇パーセントに増加し、一九九五年にはさらに二二・九パーセントに増大していることがわかる。学歴と収入と職業威信が一貫して高い人々が増加していることがわかる。また一九九五年には一九八五年に比べて非一貫が減少し、下位一貫が増大する傾向も生まれており、全体的にも階層が分化する傾向があらわれている。

経済学者の橘木俊詔もこの問題にアプローチしている。日本社会の所得分配の不平等度を示すジニ係数（数字が高いほど不平等度が高い）は一九八〇年代以降、課税前所得・課税後所得ともに急速に増大しており、一九九〇年代に入ると先進諸国の間でも最高度の不平等を示しているという驚くべき分析結果を提出している（橘木 一九九八）。

これらの分析から言えることは、一九七五年以降、階層上位の固定化を中心に社会移動の閉鎖化、社会秩序の再生産が進行しているということである。この社会秩序の形成・維持に最も関わったのが学校という教育装置であった。社会的地位を獲得するルートは、一九六〇年代の学歴社会化の進行によって学校へと一元化されていった。こうしたなか一九七〇年代前半に塾ブームが始まる。より良い進学先を目指すために公教育とは異なる学校外の教育機関を利用する動きが始まった。こうしたなかで行なわれたのが、一九七七年の「ゆとりの時間」を導入する学習指導要領の改訂であった。これは一九六〇年代の「詰め込み教育」や「過熱する受験競争」の是正を目的として導入されたものであるが、この改訂がもたらしたものは競争の是正ではなく、教育の私事化・商品化とさらなる競争の激化であったことは、現在の視点から明らかであるように思われる。一九六〇年代の学歴秩序の成立、高校間格差の拡大という（6）「格差」状況のなかで、「ゆとり」を導入すればそれを埋め合わせるための行動が起こるのは必然であった。実際にこの学習指導要領の改訂は、塾通いと私立学校の地位上昇に拍車をかけることとなった。莫大な受験産業の拡大は教育費用の増大（＝商品化）と教育の私事化（privatization）を促進したのである。

学習指導要領を改訂した文部省に加えて、競争を忌避し、「国民」にとっての平等な教育を目指した日教組・教育運動の側もこの状況の成立に荷担した。競争主義を是正するために「ゆとり」を必要とするという主張とそれに即した運動は、公立学校における知識量・水準の低下を推進する学習指導要領の改訂と軌を一にするものであった。公立学校の教育課程のみでは上級学校への入試に対応できないという状況は、私立学校や塾をはじめとする民間教育産業の台頭を招いたのであり、それは学歴競争の一層の拡大と教育費負担の増加を招いたのである。受験競争の非人間性を批判するヒューマニズムが、皮肉にも競争の激化という状況をもたらしたと言える。さらに都立高校の学校群制度の導入に代表される公立高校の格差是正策は、都市部において私立、とりわけ中学校入試を行なう六年一貫校へのエリート集中という現象を生み出した。入試選抜を行なうと同時に公立中学・公立高校とは異なるカリキュラム（受験教科の時間数を多くすることなど）によって、エリート大学選抜において圧倒的に優位を占めるようになったのである。

一九六五年の東京大学合格者はトップの日比谷高校から二位の西高校、三位の戸山高校まではいずれも都立高校であり、五校の都立高校がベストテン入りしている。しかし一九八一年になると都立高校はベストテンには一校も入っていない。一〇位の県立浦和高校一校を除いて、すべてが六年一貫の国立・私立高校である。一九九三年、六年一貫の国立・私立高校の独占状態は継続していることがわかる。さらにベストテンばかりでなく全体の入学者に占める私立高校出身者の比率も、一九八一年の三六パーセントから一九九三年には五〇パーセントに増大している（苅谷 一九九五）。

東京大学が現在においても、官公庁の世界をはじめ社会のエリートを輩出する高等教育機関であることは、多くの人が認めるところであろう。言わば「国家貴族」（ピエール・ブルデュー）へのルートが、六年一貫校の出身者によってその多くを占められることとなった。このことは戦後確立した六・三・三制という単線型の教育制度が、エリート選抜において優位な六・六制の登場により、事実上複線化（＝階層化）したことを示しているのである。

このように「ゆとり」という公教育の縮減が、教育における階層化を推し進めたことがわかる。臨時教育審議会での論議の後で提示された一九八九年の学習指導要領の改訂も、一九七七年の「ゆとり」や「学習内容の削減」という方向をさらに進めるものであった。

四　ゆとりによる個性化――予想される急速な階層化

現在進んでいる教育の個性化は、こうしたゆとり教育のもたらした結果には全く注意を払うことなく、学校における画一的な「詰め込み教育」こそが子どもの個性を奪ってきたという認識にもとづき、さらなる「ゆとり教育」＝「公教育の削減」を推し進める役割を果たしている。小中学校で二〇〇二年度、高校で二〇〇三年度より実施される今度の学習指導要領は教育内容を三割削減するというプランである。二〇〇二年度から学校週五日制の完全実施も始まることが決定されている。

教育内容の削減は、公立学校とは異なったカリキュラムを組むことが可能な私立学校への進学志向を一層強める可能性が高い。また学校週五日制の影響もあって、塾など学校外の教育機関を存分に利用できる階層とそれ以外の人々との間での格差がさらに顕在化するだろう。

私立学校があまり存在しない地域ではあまり影響がないと考えられるかも知れないが、現在全国各地で公立の中高六年一貫校の設置が進んでいる。学習指導要領の制限はあるが、選抜を通してエリートが登場しつつある。また受験の早期化と学校格差の拡大で重大なのは、東京都品川区を皮切りにして始まった学校選択の自由化である。これも個々の生徒・親が「主体的」に「自己責任」で学校を選択するという理念で実施されたが、実際には公立小学校において「有名校」と「底辺校」との序列化を引き起こす可能性が高い。小学校段階での選抜という「受験の早期化」は出身階層の影響をさらに拡大する。この方式は導入を決定すれば私立学校が存在しない地域でも実施が可能であり、全国規模で拡大することもありうる。現在私立中学校ブームが起こっているといっても二〇〇〇年度の全国の中学校在学生四一〇万三七一六人に対して私立中学校の在学生は二三万四六四七人であり（文部省「学校基本調査」二〇〇〇年度）、私立中学校の在学生比率は全体の六パーセント弱に過ぎない。公立小学校・中学校における学校選択の自由化は、現在都市部を中心に起こっている私立中学受験ブームの状況を全国化する危険性を孕んでいる。

階層化が進行する可能性が高くても、「教育の個性化」によって生徒・学生の個性がこれまで以上に尊重されるならばよいではないかという意見も存在しているが、筆者は「教育の個性化」が現在の学校教育で成功することは困難であると考えている。注意しなければならないのは、個性という人格や内面と関わる問題を学校という教師－生徒の権力関係が避けられない場で教育することの問題性である。「個性」を誰が、どのように評価するのかという問題をそこで外す訳にはいかない。実際に学校教育において「個性化」が推進される以上、それは実践としては教師から生徒へと個別的・集合的に行なわれ、その結果が教師によって評価されるという一連のプロセスを経ることになる。教育として行なわれる限りは、「望ましい」個性のあり方が当然設定され、評価の段階ではそれを基準としてそれぞれの個性のあり方を採点（序列化）することになる。学校評価に親和的な個性（当然それは出身階層との密接な関連が存在する）を持つ生徒・学生は有利となるし、そうでない生徒・学生は「望ましい」個性へと自らを訓育し、しかもそれを絶えず表明しなければならないという状況に置かれることとなる。ここに望ましい個性へ向けての主体化＝従属化が行なわれる。知識習得と評価以上に「個性教育」は、個々の生徒・学生の人格に介入する「内面管理」を行なう危険性が高い。「教育の個性化」によって、「個性の一元的序列化」という事態が教育の場で推進されているのである。「教育の個性化」は多様性を生み出すのではなく、個性による階層化と個性自体の階層化を通した一元的支配をもたらすのではないだろうか。知識的能力ばかりでなく、個性という多様な生徒の能力を尊重しようという「教育の人間化」が、学校・教育による人格や内面の管理という「非人間的支配」を推し進めるというパラドックスがそこには存在している。教育の「文化的恣意の押し付け」という象徴権力（ピエール・ブルデュー）がここではいかんなく発揮されることとなる。

また学習者ばかりでなく、各学校の個性化が推進されているが、こちらも今の状況ではマイナスの危険性をもっている。各学校の個性化がいかなる事態をもたらすのかという点については、教育機関が置かれている界（champ）の構造に着目する必要がある。教育機関が置かれている界は、現在少子化の進むなか強力な市場競争的構造となっている。各教育機関は生徒集めという競争に勝つための行為者（agency）としてその界に参加することを余儀なくされている。学校選択の自由が広がれば、この傾向はさらに強まることとなろう。各学校は教育市場の消費者（＝親・子ども）から絶えず評価を受けるサービス提供者となり、市場評価に耐え得ない個性は周縁化される。各学校の個性は一元的な基準で序列化されることとなる。これでは各学校の多様化は進まない。各教育機関は経営体としての性格を強め、競争力のある資源をもつ機関とそれ以外との格差が広がっていくことが予想される。個性化によって学校の階層化も推し進められることとなる。

ここまで見てくると、教育の個性化が深刻な二極化社会の形成をもたらす危険性が極めて高いことがわかる。「ゆとり」を通して「教育の個性化」を実現しようとするのは、文部省や教育関係者の非現実的なロマン主義的ユートピアであるように思われる。このロマン主義的ユートピアの問題は、それが現実的でないということと同時に、「個性」をめぐる階層間の政治を隠蔽する機能を果たしているということにある。臨教審における教育の自由化や個性化をめぐる論争も、実際には階層による利害対立があったことを見逃してはならない。「個性化」推進のための「ゆとり」＝「公教育の縮減」によっても、その影響を私的な教育サービスを手に入れることによって容易に解消できる階層と、そのことによって教育へのアクセスが困難となる階層が存在する。ロマン主義的ユートピアも、国民教育という形で「国民の一体性」を強調する教育学言説もこの階層による利害対立を開示してこなかった。これらの言説のありようが、教育の個性化によって自らの利益・権利を失う低階層の人々の声を周縁化し、かき消してきたのである。彼らは現在の「個性化」によって推進される教育改革によって、教育への平等なアクセス権を失いつつある。

こうしたことのもたらす結果は現在のグローバリゼーションとの関わりを考えると一層深刻なものである。経済のグローバル化は産業の空洞化を通して、「国民経済」という一体性を破壊しつつあり、多くの産業で国内の雇用労働力は過剰となっている。またＩＴ革命に代表される情報産業は、情報という付加価値を生み出すことのできる少数の個人を要求しており、これまでのような知識を共有する均質な大量の労働力を必要としていない。教育ルートにおける複線化は労働市場の分極化と結びつく。日経連一九九五年の報告書『新時代の「日本的経営」』は、日本における国民経済の終焉とこれからの格差社会の到来を予感させる内容をもっている。報告書は労働市場の柔軟化とリストラの正当化を推進する方向で議論がなされているが、さらに重要なのが従業員の三グループ化を提案していることである。長期蓄積能力活用型グループ、高度専門能力活用型グループ、雇用柔軟型グループの三つである。長期蓄積能力活用型グループを除く二つはいずれも有期雇用契約であり、不安定雇用と呼べるものである。長期蓄積能力活用型グループに対しても絶えず競争とリストラ圧力がかかることが報告書から予測される。不安定雇用者の急速な増大という事態をそれは物語っている。

実際に労働市場の分極化の予兆はあらわれている。進学も就職もせず、進路未定のまま高校を卒業して「フリーター」生活を続ける若者たちが急増していることが伝えられている（塚本 二〇〇〇）。一九九二年には一六四万人あった高卒の求人数は一九九八年には三七万人へと急減した。一〇代の失業率は一〇パーセントを超え、一五―三四歳のアルバイトの人数は一九九九年度には二五四万人に達しているという（佐藤学 二〇〇〇）。これまで戦後のナショナリズムを支えてきた「国民総中流幻想」は一九九〇年代以降、若年層の間で急速に失われていっているのである。

教育界で象徴資本としての価値を増している教育の個性主義は、こうした深刻な事態への対応能力を全くもっていないと言える。それは若干の「解放的」なイメージとともに、甘いナルシスティックな満足を一時的に人々に与えるかも知れないか、それは階層化や格差の進行といった深刻な事態を湖塗するか、せいぜい「癒し」を提供するに過ぎないだろう。さらにそれがもたらす個別化・私事化の傾向は、取り組まなければならない公共的な問題を特定し解決する力を生徒・学生から奪っていると言えるのではないか。

五　おわりに――個性化と新自由主義

ここまで「個性化」がいかにして教育改革の中心的な課題となってきたか、さらにそれがいかなる問題を生み出す可能性をもっているのかを素描してきた。個性化は戦後日本の画一的な教育を変革するという名目で登場し、一九九〇年代に本格的に導入されたが、それは実際には教育の私事化（privatization）をもたらし、社会の階層化を推し進める危険性が極めて高い。教育言説のあり方が「個性」をめぐる階層間の政治を開示することに失敗してきたことを指摘したが、これは見方を変えれば教育改革が「個性」という象徴資本を多く所有する人々によって、その主導権を握られたということを示している。それは戦後、国民の平等な参加に基づき、均質な労働力の形成を行なってきた教育機能の大幅な転換を示している。現在の様々なナショナリズムの噴出は、急速な格差の広がりが国民の分裂を招かないようにするための統合手段という要素を多分にもっている。

マクロな視点から考えれば、「個性化への序奏」となった一九七〇年代の漸進的階層化の進展は、戦後における戦時動員体制＝福祉国家の変容と関わっている。国民国家単位での均質な労働力と大量生産・大量消費をその特徴とするシステムは、石油ショックとドル・ショックを契機とする経済のグローバリゼーションによって大きく揺るがされることとなった。一九八四年の臨時教育審議会の登場とそれに基づく教育改革は、教育における福祉国家からポスト福祉国家への転換点と考えることができるだろう。ポスト福祉国家のあり方として採用された「教育の個性化」＝新自由主義は、社会の分裂と解体をもたらしつつある。新自由主義は公共サービスからの「国家の退却」をその特徴とするが、個性化を目指す「ゆとり教育」とは、教育という社会機能を国家が放棄しつつあることを示している。それはすでに述べたように教育を市場の合理性に従属させることであって、決してその「ゆとり」や「多様性」をもたらすものではない。「政治・経済的権力からの教育の自律性の擁護」（ピエール・ブルデュー）なしに、教育の個性化や多様化を実現することは不可能であるだろう。

象徴資本としての「個性」が、ヒューマニスティックで解放的な疑似《ぎじ》イメージを伴いながら、教育における新自由主義を推し進めている。この状況を批判的に捉え返す思想的・学問的営為が現在強く求められている。

註

（1） 戦時動員体制については（山之内・コシュマン・成田編 一九九五）を参照。
（2） この点については（大内 一九九五）を参照。
（3） 消費者意識の浸透は、一九七〇年代以降の教育を考えるうえで重要な論点である。戦後の消費社会の思想的考察については（日高 一九八〇）を参照。
（4） これには政府による中央集権的な教育政策はもちろん、日教組をはじめとする教育運動の側も対応が困難であった。その理由は、教育運動の理念としての国民主義にあったと考えられる。そこでは、教育権は国民という集合体のものとして設定されており、個人の多様性を受け入れる要素が十分にはなかった。そのことが平等主義と形式的画一主義とを混同させる原因となったと言える。重要なのは、平等主義と個々人の多様性・多元的価値をいかに結びつけていくかということである。

（5）経済界における新古典派の勢力拡大も、教育の個性化・市場化の要求に力をもった。一九七〇年代の石油ショックとドル・ショックによる高度経済成長の終焉、先進諸国における財政赤字の拡大は、それまで経済政策の担い手が依拠してきたケインズ経済学の権威を失墜させ、新古典派経済学の台頭という事態を生んだ。新古典派経済学の台頭は、一九八〇年代以降、経済にとどまらず社会全体への新自由主義の広がりと強く結びついている。フランスにおける新自由主義の台頭については（Lebaron 1998）を参照。

（6）戦後の高校三原則（小学区制・総合制・男女共学）の一つであった小学区制は、一九六〇年代にその多くは解体し、中学区・大学区制が成立した。小学区制の解体に伴う高校選択幅の拡大は、高校間のレベル格差をもたらした。

教育をめぐる対話——一九八〇年代から二〇〇一年

現代思想 2001 年 11 月号「特集＊ポストモダンとは何だったのか」

「教育をめぐる対話」

「架空の対話」形式で、「個性」「ゆとり教育」「自由化」など教育改革のスローガンの言葉を冷静に問い直し、一九八〇年代から二〇〇一年の日本の教育状況をリアルに伝える試み。教育費の問題にも言及している。教育費の問題はその後の重要な研究テーマとなる。

――いやあ久しぶり、元気かい?

――まあ何とかね。短い夏休みも終わって、早くも大学の講義が始まってしまったよ。この夏は「つくる会」教科書騒ぎが大変だったね。

――ぼくのいた地域でも近所で反対運動があったな。どうやら採択されなかったようだけど。

――公立学校では今のところ東京と愛媛の養護学校だけの採択となった。これからの状況はわからないが。ところで子どもは何年生になったっけ?

――いやあ小学校三年生になったよ。来年から大変だよ。

――何が?

――来年から学校が完全に週五日制になるだろ。君は教育研究をしているんだから知っているよな。それでつれあいから土曜日に子どもをどこに通わせるかで最近大激論だよ。ぼくはまだ小学校三年生だからそんなに塾に行かせたくないんだけど、つれあいが行かせたほうがいいって言うんだ。ぼくらの時は週一日だけの休みだったろ。何でこんなことになったんだい。

――それはまず社会全体の週休二日制への流れが公務員を含めてあるし、教育改革のスローガンでもある「ゆとり」も深く関わっているんだよ。休みが増えれば「ゆとり」ができるという考え方も単純だけどね。

――つれあいの仕事場が週によっては土曜日に休めないときがある。「塾に行かせないのだったらその時はあなたが面倒みなさい」って責められるんだよ。

――まあそうそう泣き言を言わないで。でも塾以外には選択肢はないの？

――それがつれあいが言うには「まわりは皆塾に通《かよ》っている」って言うんだ。近所の公立中学校の評判が悪いらしくてね。早めに通わせないと私立中学校に受からないって騒いでいる。公立中学校は問題だらけだし、私立中学校に入れないと将来の大学への進学が危なくなるってね。

――おい、それじゃ子どもに「受験だ、勉強だ」と追い立てることはしないって、前盛んに言っていたことはどうなるんだい。

――いやあ、自分の子どものことになるとどうもね（苦笑）。でも実際にはどうなんだい。

――マスコミなどでの「学校たたき」、「教師たたき」、「公立中学校たたき」がひどいからね。あれを見ていれば自然とそのような気持ちになるのも無理はないと思うよ。でもそれは多分に誇張されていると言っていいと思う。それに対して私立中学校がすべてうまく行っているわけではない。私立中学校は情報公開がされにくいので、悪評判が立ちにくいということもある。

――でも変な先生が頻繁にマスコミで話題になっているし、公立中学校は厳しい校則とか内申書、体罰などの問題もあるんじゃないの。

——確かに一部の問題教員はいるだろうけど、それに関する報道も少数の事件を一般化し過ぎているきらいが強い。また校則や内申書、体罰については学校の主体的な責任もあるけれど、それ以外の要素も大きい。校則、体罰については保護者や地域住民の要求もあるし、内申書については高校入試を含めた制度による拘束が大きい。

——おいおい、昔はあんなに学校批判が得意だった君がだいぶ変わったな。自分が教師になるとそうも変わるもんかね。

——いやいやそうじゃない(笑)。現在の学校に問題がないとは言わない。ただしそれは「学校たたき」や「教師たたき」を行なうだけでは解決しないということだ。学校は家庭、地域社会、企業などとの複合的な関係のなかで成り立っているのだから、その構造を考えないとまずいということだよ。学習指導、進路指導、部活動、生活指導と多様な教育要求に囲まれて今の教師の労働条件は悪過ぎるよ。最近、現役中学校教師の赤田圭亮『サバイバル教師術』(時事通信社、一九九八年)という教師の働き方の状況が書かれた面白い本を読んだけど、ああいう学校での現実を踏まえてマスコミも教育のことを書いて欲しいなあ。

——その本はぜひ読んでみよう。そうすると公立中学校でいいということか。その方がお金がかからないし、いいんだけど。

——公立中学校でいい、とはっきり言えないところが悩ましいよ。実は君のつれあいのいうことにも一理はあるんだ。今度の学習指導要領では学校で習う内容が大幅に削減される。それは公立学校ではほぼ完全に実施されることになるだろう。しかし私立学校の一部では、新しい学習指導要領によるのではなく、従来通り多くの学習内容を勉強させる可能性が高いんだ。

——えー、それは不平等じゃないか。

——そう思うだろ。しかしこれまでだってそうだったんだ。たとえばぼくたちが中一の時、英語の週当たり時間数は三時間だっただろ。でもその時でも私立中学の多くは五時間以上の時間を割いていたし、六時間以上のところもざらにあったんだ。私立中学の場合は入試で学力選抜まで行なっているのだから、これでは両者に学力差がつくのは当たり前だろ。今度の学習指導要領で中学校の学習内容が約三割減るけどそれが私立中学校との格差を広げる可能性は高い。この学習指導要領と私立学校との関係は問題にはなっているけど、私立の「教育の自由」との関係もあってまだ解決していないんだ。今後義務教育段階における平等との関係で本格的な検討をしなければいけないだろうな。

——そのような学習指導要領の内容を減らすというのはどういう理由で始まったの?

——それは審議会の答申などでは、「詰め込み」による画一的な「受験競争」によって子どもの心が歪《ゆが》んだり、いじめや不登校の理由にもなっているという理由からなんだ。

——それはよく聞く話だね。正しいように聞こえるけど。

——何となく聞いたことがあるし、少し納得してしまうだろう。しかしこれは教育社会学者の藤田英典も言っていることだけど、画一的な受験競争がいじめや不登校を生み出したという因果関係は、しっかりとした検証がこれまでなされてきたわけではない。十分な検証もなしに政策を立案することがまず問題だ。それから画一的な受験競争の功罪については、簡単には説明できない問題なのでここでは省《はぶ》くけど、たとえそこに問題があったとしても、現在の学習指導要領の削減や「ゆとり」では画一的な受験競争を変えることは難しいと思う。なぜかというとすでに一九七七年の学習指導要領改訂から、「ゆとり」の導入によって学習内容が削減されているからだ。でも君も知っているように、ぼくたちの受験競争に「ゆとり」はあまりなかっただろう。それはすでに競争が学習指導要領の内容によっては規定されていないからだよ。

——そんな前からすでに「ゆとり」だったとは驚いたな。それでどうして競争がおさまらなかったの？

——この時期になっても、受験競争を規定する大学入試や高校入試の問題が以前と比較して易しくならなかった。学校の学習内容が易しくなっても受験問題とのギャップがあれば、それを埋めるための勉強をしなければいけない。この隙間に塾や予備校などの受験産業は入り込むことになった。だいたいぼくたちの頃から、学校のなかで受験競争が激しいということは少なかったと思う。むしろ学校の外で競争が激化していたのではないかな。

——そうだね。学校が終わった後「さあ、本番だ」という友達も結構いたもんな。

——これは受験競争を緩和することに役立たないと同時に、学校外の教育費用を負担できる家庭とそうでない家庭の子どもに大きな格差をつけることになる。君のところはダブル・インカムだからまだいいけど、そうでないところは塾や私立といっても負担が重くて大変じゃないか。

――それはそうだね。ぼくの近所では土曜日親が休めないところもあって、来年四月からどうしようかと悩んでいるよ。

――そこが大事な問題だよ。義務教育の学校にはすべての階層の出身者がいるのだから、あらゆる状況を考えて制度設計を行なわなければいけない。週休二日制だって社会に完全に普及しているわけではない。教職員を週休二日にしても、学校を週一日にすることは定員を増加すれば可能であるわけだし、もっと他の選択肢もあったはずだよ。「ゆとり」と呼ばれる教育改革が、人々に「ゆとり」をもたらさない可能性が高いことはこれだけでも明らかだろう。

――そういう改革はいつ頃から始まったの？

――大事な問題に入ってきたね。そのポイントはやはり、一九八四年に発足した臨時教育審議会（臨教審と略）だと思うんだ。このときに第一部会の香山健一によって教育の「自由化」論というのが唱えられた。それまでの画一的な教育制度や慣行のあり方が、様々な教育問題を生み出しているので、それを変革することが重要だといってね。これはそれまでの教育の議論を一新させるものだった。政府の審議会が、文部省の教育政策のあり方を正面から批判したんだからね。

――香山健一って人は反体制的な人なの？

――昔はそうだったかも知れないけど、当時は全くそうではないよ。彼自身は一九七〇年代後半に大平政権のブレーンだったんだ。しかも彼の画一性批判は文部省にとどまらない。文部省と対立してきた日教組の平等主義ももう一つの画一主義だといって強烈に批判した。

——それは「第三の道」っていうこと？

——今のヨーロッパで言われている「第三の道」という意味とは全く違うよ。むしろ教育における対立図式を相対化する方向から、「財界からの教育要求」をストレートに主張したものだと言っていいだろう。同時期の経済団体の教育改革案も「自由化」や「多様化」を強く主張していたからね。人々のそれに対する反応は、それまでの中教審をはじめとする審議会の答申に対するものとはかなり違っていた。明確な反対が出にくい感じだったね。熱狂的に支持をしたというわけでもないけど。

——それはどうして？

——「自由化」という言葉のもつイメージだろう。文部省の国家統制を「教育の自由」という視点から批判するのがそれまでの教育運動のあり方だったから、「自由化」というのはそれまで自分たちが依拠してきた「自由」と近いニュアンスをもっていて問題にしにくかった。体制の側から文部省批判が出た新鮮さや意外さもあっただろう。また教育現場における校則や管理教育など、「画一性」に対する批判が市民運動においても盛んで、そのこともある種共振した可能性が高い。でも実際には全く違う概念であったのを批判側が取り違えた感じだ。

——どこが違っているの？

——「自由化」というのは何といっても「市場による自由」を意味していて、国家からの「規制緩和」や「民営化」ということになる。規制緩和といってもあらゆる規制を緩和するのではなく、特に学校間の競争を規制しているものを取り払うことに重点が置かれている。公共部門という非市場的領域を縮小することが第一の目的になっているんだ。

——それをどうしてやりたがったの？

——それが重要なポイントで、一九七〇年代の石油ショック以後、経済が高度成長から低成長に入る過程で一九七〇年代半ばから建設国債の増加、一九七六年度からは赤字国債の発行が始まって、財政収支が悪化する。一九七九年度は当初予算で国債依存度は三九・六パーセントに達していた。それに加えて政府が導入しようとした一般消費税が選挙の大敗北で挫折して、増税が困難となった。そこで一九八〇年代前半に「臨時行政調査会」を組織して、財政赤字の削減のために歳出抑制を始めた。「増税なき財政再建」というその時のスローガンがそのことを良く表現している。一九八四年発足の臨教審もこの政策的軌道のなかにある。教育の自由化とは、「公的部門の縮小」や「民営化」によって国家による教育支出を削減しようとする方向なんだ。実際一九八〇年から二〇〇〇年にかけて、一般歳出の伸びよりも文教及び科学振興費の伸びは少ない。私立大学への助成も含めて、教育予算は抑制されたと言えるだろう。

——でも財政赤字が大きいならしょうがないんじゃない。増税も困るし。

——そう思う気持ちもわからないではないけど、そのことによっておそらく平均的には世界随一の教育費を私費で負担しなければならないことになっている。国立大学の授業料もどんどん上がって、ついに二〇〇一年度現在四九万六八〇〇円になっている。入学金二七万七〇〇〇円と合わせると一年生の初年度納付金は七七万三八〇〇円だ。

――ええ、そんなに上がっているのか。ぼくのとき授業料はまだ三〇万円くらいだったのに。

――そうだよ。お互い年をとったということさ（笑）。授業料はどんどん上がっている。税金の話が出たけど、国立大学など大学に払う費用が高いのは何といっても高等教育へ税金が使われている額が少ないということにある。国内総生産（ＧＤＰ）に対する高等教育への公財政支出の割合はアメリカ一・一パーセント、フランス一・〇パーセント、ドイツ一・〇パーセント、カナダ一・五パーセント、スウェーデン一・六パーセント、イギリス〇・七パーセント、日本はそれに対して〇・四パーセントと圧倒的に低い割合でしかない（『ＯＥＣＤ教育インディケータ集』より、一九九九年の値）。実は初等中等教育の公財政支出も欧米主要先進国がだいたい四パーセント水準にあるのに、日本は二・八パーセントでしかない。つまり教育への公財政支出は全体としてとても少ない。教育支出が原因で財政赤字になっているわけではないんだよ。税金の使い道を注意深く見ていかないといけない。それにこの間の税制改革によって法人税の減税や累進課税の緩和が進行している。税金の集め方も強者に甘く、弱者に厳しい傾向がどんどん強まっている。

――そんなことが進行しているとは知らなかった。でも日本はヨーロッパなどの「階級社会」と違って「平等社会」と言われていたよね。それがいつからか変わってしまったのかな。

――うーん。ヨーロッパが「階級社会」で日本が「平等社会」であったという見方も妥当なものとは言いがたいのだけれど、日本社会が様々な意味で階級差の顕在化《けんざい》しにくい社会であったことは間違いないだろう。それに所得の再分配や地域・職業間の格差を是正する政策がかなりの程度なされてきたのも事実だと思う。しかしそれを支えてきた平等意識の変化が起こったと思う。

——それはいつ頃なの？

——おそらくその点でも重要なのは一九八〇年代の転換だと思う。これを考える時参考になるのが、一九七一年に出された中央教育審議会（中教審と略）の答申とその反応なんだよ。このときの答申では中等教育の「多様化」と高等教育機関の「種別化」などの多様化政策が打ち出された。戦後における教育の大衆化・平等化が一定程度進んだ段階で、これからは新たな社会のニーズに適応できる教育制度の多様化を推進するという方向だった。しかしそれに対しては大きな反発が起こった。

——どんな反発があったの？

——当時強かった日教組はすぐに見解を出して、平等主義の視点から多様化が教育における差別・選別を促進する点で問題であると主張した。さらにこのような多様化は、戦後における機会均等の理念と教育民主化を推進した単線型教育体系を崩すものだといって強く批判した。日教組以外の教育団体も反発を示していたところが多かった。一九七一年の中教審答申の是非は別として、ここで注意したいのはそれがこれだけ批判された意識のあり方なんだ。一九五〇—六〇年代も財界を中心に中等教育を多様化、あるいは複線化しようという方針は何度も出されてきた。しかし、そのたびに国民の平等な教育要求によってその方針は覆《くつがえ》されてきたんだ。一九七一年の中教審答申も同様の過程をたどった。人々に多様化＝複線化・差別化という認識が強かったからだろう。それが一九八四年の臨教審の時とは全く違っていた。

――それはどうしてだろう？

――いろいろな理由があるけど、その前に注意しておきたいのが、この臨教審の「自由化」論を主張した香山健一が、一九七一年の中教審答申の作成に間接的に関与していたということだよ。彼はこの時の答申の方針とその挫折の過程を良く知っている。その経験が臨教審において生きたということは言えるだろう。何といっても違うのは、中教審の答申が「多様化」という表現が行なわれながらも、やはりケインズ主義的福祉国家の枠組みで、政策のイニシアティブが中央集権国家にあるというかたちを取ったということだ。これは「多様化」であっても国家によって「上から」行なわれるという性格から、教育運動や国民の批判を受けやすい。また一九七三年以降の高度成長のストップによって、この答申がその前提としていた豊かな財政的基盤を失い、挫折を余儀なくされるということにもつながった。しかし臨教審の「自由化」論は、国家が主導して教育運動や国民がそれに対応するという形ではなく、国家と教育を担う学校・教師を「教育の提供者」として同一化すると同時に、その議論のなかに「消費者」という新たな主体を導入した。臨教審の「自由化」論は、国民＝「消費者」がその自由意志によって学校を「選択する自由」を行使することによって、教育の供給者側の競争を促進するという狙いをもっていた。この「自由化」論は、改革の担い手として国民を「主体化」するという内容をもっていたんだ。これでは中教審に反対した時のロジックは通用しにくいだろう。また人々の教育に対する意識の変化も大きい。私立大学への進学者の増大、塾や予備校の拡大などによって、教育を私費負担によって購入することに慣れた人々が、一九七〇年代を通して急増していた。消費者意識の定着が「自由化」論を支えた一因だろう。画一的な公的サービスにはあき足らず、「より良い」サービスを受け取りたいという消費生活で培われた意識が、教育に対する意識にも影響を与えていた。

——それが現在の教育改革の方向をつくったということ？

——そう言えるだろう。一九九〇年代以降の制度面での改革は原則的にはこの時の方向で進んでいる。その点で「多様化」から「自由化」への転換は大きい。ただもう一つ重要な転換が、臨教審のなかで起こっていることに注意する必要がある。実はこの香山健一の「自由化」論は臨教審の内部でも批判があり大論争になった。当時それは「自由化」論争とも呼ばれていた。その「自由化」論反対の代表的論者が第三部会の有田一寿だけど、そうした論争を経て、第一次答申が出る時「自由化」という言葉は消えて、「個性化、個性重視の原則」という言い方に変化することになるんだ。

——それがどうして重要なの？　「自由化」と「個性化」でそんなに違いがあるのかな？

——それが教育においては重大なんだ。まずこの「個性化」は有田らのそれまでの教育制度のあり方を良しとする人々と衝突した上での協調・妥協の産物であるんだ。有田らが「自由化」論を嫌ったのは、それが何よりも彼らが愛する日本的共同体の「美風」を解体する危険性があったからだろう。「個性」という言葉は自由化という言葉と違い、共同体や団体の性格を示す表現でもある。国家の個性、企業の個性、地域の個性、日本人の個性という形でね。ここでの「個性化」は「個人主義」とは全く異なっている。「自由化」から「個性化」への転換は、共同体への対抗からそれとの調和への変化を物語っている。「個性化」とナショナリズムはここでは容易に結びつくことに注意しなければいけない。またもう一つは、「自由化」がやはり「自由市場」や「規制緩和」という経済や制度の変革を第一に連想させるのに対して、「個性化」はより人間的、内面的、心理学的なコノテーションをもっているということだろう。このことによって、教育改革のいわば「人間化」が起こったと思う。その後一九九〇年代に、「生きる力」とか「こころの教育」というモラル言説が教育改革であふれることになる。「多様化」から「自由化」、そして「個性化」という順番で教育改革のキーワードが推移しているのを見ることが重要だと思う。

――それがどういう問題を生んでいるの?

――まずは集団主義がもたらす画一性や多様性を認めない共同体のあり方が、たとえばいじめの構造を生み出しているのに、「個性化」が団体への「調和」や共同体における「共生」をもたらすのでは、ではちっともその問題は解決しないだろう。また「個性化」という人間的・心理学的スローガンは、ある種の「善意の」教育学者や実践者をひきつけていて、政府とともにその改革を積極的に推進してしまうという問題もある。「善意」で子どもの「こころ」や「生きる力」を学校で教育することの強力な抑圧性に気がつかなければいけないのだが、そのことに対する意識が弱い。さらにこの「個性化」はそのヒューマニスティックな表現によって、推進されている教育制度改革によって生まれる差別や選別、不平等を覆《おお》い隠す機能をもっている点も危険だと思う。

——大変だね。どうしたらいいんだろう。

——まずはこの「個性化」がどのような問題をもっているかを皆が理解することから始めるしかないだろう。だから今年の『現代思想』二月号に「象徴資本としての『個性』」という論文（本書に収録）を書いたんだけど、読んでくれたかな。

——まだ読んでいない。そこまで言われたら読むしかないな。それで今後の教育改革はどうなるの？

——来年の新学習指導要領の実施とその影響が最大の話題になっているけど、それを別にすればまず義務教育段階における「学校選択の自由」が広がっていく可能性があるだろう。これまで行なった代表的なところでは、東京都品川区で昨年度から小学校の「学校選択制」、今年度から中学校での選択制を開始している。すでに東京都内では豊島区、日野市でも始まっているし、足立区や墨田区でも導入の動きが出ているようだ。さっき私立中学入試の話題が出たけど、場所によっても公立学校、しかも小学校段階から「選択の自由」が始まっているし、それが広がる可能性があるんだよ。

——公立なのに選択とは驚いたなあ。どうして導入されたの。

——それは臨教審の「自由化」論の理屈と同じさ。消費者の「選択の自由」の行使によって、学校＝「教育の供給者」の創意工夫に基づく競争が起こることで、これまでとは異なる多様な学校教育が行なわれるようになるということだよ。

——なんだかまるで店で商品を買うときの話みたいだね。

——その通り。教育の「商品化」だよ。これは明らかに「市場原理」の導入であって、義務教育段階から「格差」を広げることになる。「人気のある小学校」に行っている生徒とそうでない生徒の間でね。また地域と学校との関係も絶ち切られる可能性が高いだろう。税で運営されている義務教育段階で「不平等」が公認されるというのは、恐ろしいことだと思うよ。

——問題は私立ブームだけではないということか。

——そうだね。都内でこの動きが強いのは私立中学校ブームが影響しているということはあるだろうけど。ただしこれが「優れた」教育政策として、全国に広がるとその影響は甚大《じんだい》だろう。階層化、二極化が全国で明示的に進むのではないかな。

——それでは競争が強まるばかりで、ちっとも「ゆとり」が進まないじゃない。

——その通り。「ゆとり」と唱えて「ゆとり」がなくなるのが今回の教育改革のポイントなんだ。またこの「ゆとり」による階層化で「社会の分裂」が強まれば、最初に話題に出た「つくる会」のようなネオ・ナショナリズムを支持する裾野も広がる可能性が高い。

——なんだかぼくらはだまされていて、しかも危険な動きが進んでいるね。あとは何があるの。

――もう一つは国立大学の独立行政法人化だよ。これも要するに新自由主義や行政改革の路線のなかで出てきた改革案で、実際には政府による高等教育のリストラ策になる可能性が高い。また「独立」といっていながら実際には各法人の「自律性」が高まらず、「学問の自由」という観点からいっても問題が多い。

――なんだか難しい話だね。ぼくらにはどんな関係があるの。

――大学教員にとっては教授会自治や研究・教育の自由、待遇の変化などが重要だけど、それ以外の人々にとっては何といっても大学の授業料だろう。もしも独立行政法人となって授業料で採算を取ろうとすれば文科系では年間百数十万円、理科系で二百数十万円、医学系で四〇〇万円くらいかかるだろうと言われている。今すでに高い授業料がさらに高くなる。

――ええ！　そんなの払えるわけがないじゃない。

――全くその通り。中谷巌のように「国立大学は授業料を三〇〇万円にしてハーバードと競争せよ」と書いている人もいるけどね。高等教育における機会の平等の問題やアメリカ社会と日本社会との相違点などを考慮に入れているんだろうか。もしそうなったら相当多くの人が現在の国立大学での教育を受けることが不可能になるだろう。究極の階層社会の到来だね。

――そんなこと初めて聞いた。驚いたよ。誰か反対していないの。

――反対しているグループはあるよ。ただし授業料の問題については、マスコミなどでもまだあまり十分には取り上げられていないね。早く議論を起こさなければいけないと思う。それに授業料を上げなければ、今度は教員のリストラや学生定員の増加など教育条件の悪化が待っている。これも通う学生にとって、良いこととは言えないだろう。

――何とかならないかな。ぼくの子どもが大学に行けないよ。

――自分の子どものこととなるとさすがに真剣だね。でもそこから出発してくれればいいんだ。「個性」や「ゆとり」、「生きる力」、「心の教育」といったスローガンに幻惑されるよりも、リアルな視点から教育にかかる費用について考察することが大切だ。それを行なうことによって、現在進行している新自由主義の恐ろしさはかなりはっきりわかるだろう。休みの日に子どもを塾に行かせるかどうかを議論するより、この問題を考える方が重要なんじゃないかな。

――家に帰ったら早速話してみるよ。今日はありがとう。それじゃまた。

――それじゃ近いうちにまた。

近代教育への問い直し

現代思想 2001 年 11 月臨時増刊号「総特集＊現代思想を読む 230 冊」

「近代教育への問い直し」

雑誌『現代思想』の臨時増刊号「総特集*現代思想を読む二三〇冊」の「教育」コーナーに掲載された文章。「近代教育」を批判的に考察した本を計五冊紹介。

社会のより良い発展を希求して次世代の再生産を担った近代教育はこれまで、急速な量的発展を遂げてきた。近代学校制度が確立して以降、先進諸国においては初等教育が普及し、第二次世界大戦後の経済成長とともに中等・高等教育の大衆化も進行した。このことは万人に教育の機会を拡大するという〈近代〉の理想を現実化したものであると言ってよいだろう。しかしそうした理想がほぼ達成されたかに見えた一九六〇―七〇年代頃から、近代教育に対する問い直しが始まることとなった。ここではその代表的な研究を紹介することとしよう。

産業社会の発展に伴う学校教育の制度化によって、学習内容ではなく学校を卒業したという称号（学歴）が、社会的に大きな意味をもつこととなった。試験によって選抜が行なわれ、学歴が人々を序列化する機能を果たすようになったのである。ロナルド・ドーア『学歴社会――新しい文明病』（松居弘道訳、岩波書店、一九九八年）は、この学歴について社会学的に考察した研究である。学歴が社会において大きな意味をもち、教育が「学歴稼ぎ」の手段となる状況を近代社会共通の問題として捉えている。ドーアは一九七〇年にＯＥＣＤ教育調査団のメンバーとして来日した代表的な日本研究者であり、本書においても日本への詳しい言及がある。イギリス、日本、スリランカを比較しながら、近代化を遅れて開始した社会ほど学歴社会の病理が重いという「後発効果」というテーゼを提起している。日本の固有性への着目がその特殊性の強調につながっていないところに、比較研究として特に優れた点があると言えるだろう。「学歴社会の終焉」が様々なところで繰り返し唱えられるが、グローバリゼーションとIT革命による情報化社会の進展によって、知識の経済的価値は増大している。デジタル・デバイドが社会的格差の問題として取り上げられる現在において、本書は時代遅れとなるどころか繰り返し参照する価値をもっていると言えるだろう。

近代教育に対する問い直しは、学歴のもつ社会的機能にとどまらなかった。一九六〇年代までは、学校において人々がその出身と関わりなく教育達成を行なうことによって、その社会移動を促進するという考え方が広く認められていた。しかし一九七〇年代に入ると教育による学歴達成自体が平等には行なわれず、出身階級、文化、ジェンダーによって大きく異なることが次々と明らかとなった。この転換をもたらした代表的な研究にブルデューの再生産論があるが、さらにもう一つ重要な研究がポール・ウィリス『ハマータウンの野郎ども』(熊沢誠・山田潤訳、ちくま学芸文庫、一九九六年)である。これは英国の典型的な労働者階級の町であるハマータウンにおける男子中学生の日常生活をエスノグラフィの手法で描くと同時に、その事例を通して近代教育のメカニズムについて理論的考察を行なった研究である。「野郎ども」の実践する反学校文化による抵抗が、まさにそのことによって労働者階級の文化に自らを適応させ、資本制社会の秩序の安定に貢献してしまうという逆説、そこに存在する教育と文化の重層的な関係を鮮やかに描き出している。日本に紹介された当初は、階級・文化の再生産の機能に着目する教育社会学研究者・社会学研究者のみが関心をもつ傾向が強かったが、一九九〇年代後半にカルチュラル・スタディーズが注目されると、その先駆的な研究として幅広い分野で脚光を浴びることとなった。文化・権力・イデオロギーの関係を扱ったものとして第一級の研究成果と言えるだろう。

こうした不平等や再生産といった批判に続いて、教育に対する私たちの眼差しを一新させたのが、何といってもミシェル・フーコー『監獄の誕生』(田村俶訳、新潮社、一九七七年)だろう。フーコーのこの研究は学校教育そのものを主たる対象としたものではない。彼が扱ったのは監獄と刑罰制度の変化のプロセスである。一八世紀半ばから一九世紀前半にかけての監獄における「身体刑から監禁刑へ」の移行が、人々の身体を対象とする「政治技術」のいかなる変化を意味していたのかを考察し、近代社会における権力のあり方を分析している。罪人を「規律・訓練」し、社会に有用な存在へと「主体化」する「一望監視方式」が、学校、病院、工場などへ波及していくとフーコーは指摘する。この研究は近代における教育行為を規律・訓練型権力として批判的に捉える視点を提供し、教育研究に大きなインパクトを与えた。言説的な秩序の領域ばかりでなく、身体を扱う政治技術や建築的装置といった非言説的な領域にまで分析の焦点を広げたことによって、教育における身体管理や装置としての学校を批判的に捉える視点が提供されたと言える。また重要なのは、規律・訓練型権力は抑圧ではなく、生産・活用と結びつくという権力観の転換にある。このことによって一九世紀の教育によって促進された規律・訓練的な知・技術の発展が、資本主義経済の成長と結びつくという見方が可能となった。さらに規律・訓練型権力という認識は、学校や会社などの制度と組織の内部での権力装置の微細な分析を可能とした。二〇世紀に先進諸国で広がった福祉国家は学校、福祉施設、病院などの拡大・充実を行なった。この福祉国家が国民の権利の平等や社会的弱者の救済を実現すると同時に、官僚制の肥大化や管理社会化をもたらすという両義性をフーコーはすでに認識していた。狭い意味での教育という分野に限定されずに、資本主義や福祉国家といったマクロな領域とも接続可能な点にこの研究の優れた点があると言えるだろう。

一九七〇年前後には、大学もその存在意義を問われることとなった。全世界的に大学への異議申し立てを行なう学生運動が広がることとなった。ポスト・モダンと呼ばれる知の地殻変動もフランスにおける一九六八年の五月革命を抜きにしては考えることができない。まさに知の生産・流通が行なわれる場である大学が問われたことの思想的重要性は、再考される必要があるだろう。この社会変動の現場ともなった大学という高等教育自身を対象とし、分析を行なった研究としてピエール・ブルデュー『ホモ・アカデミクス』(石崎晴己・重松秀雄訳、藤原書店、一九九七年)がある。『再生産』において教育が階級的再生産の手段であることを明らかにしたブルデューは、その問題意識を教育システムの頂点にある制度・機構(=大学)と人間集団、ならびにその人間集団の再生産の分析と解明に向ける。ブルデュー独自の概念を駆使して、大学という社会的世界についての社会学が十分に実践されている。学部間や教授団の利害対立の構造、大学人たちの政治的意志決定を支える権力の分布構造が明らかにされている。それらは内幕《うちまく》を暴露するということでは全くなく、大学界の構造を行為者間の力関係を明晰に把握することによって捉える視点が貫かれている。「フランス現代思想」を支えるインフラや下部構造を知ることのできる極めて興味深い書物である。また学生数の増大による大衆化や大学の抱える矛盾がいかにして五月革命を招来《しょうらい》したのかというメカニズムも考察されている。現在日本において進行しつつある大学改革についても、ここで行なわれているような高等教育研究の視点が欠かせないだろう。

以上ここまで教育の〈近代〉を批判的に捉え返す作業を紹介してきた。しかし現在の教育状況を考えるとき、もう一つ重要な論点があると言える。それは批判の対象となっている近代教育自体が現在、十全に機能しなくなっているのではないかということである。いじめや不登校、さらには青少年の暴力現象や学級崩壊といった状況は、一九七〇年代以降日本ばかりでなく、様々なヴァリエーションをもちながら先進社会全体に広がっている。これらの教育問題の浮上は、近代教育の機能不全状況を人々に強く意識させるまでになっている。こうした問題の発生原因を一義的に突き止めることは不可能であるが、その要因の一つに、近代教育を成り立たせていた基盤自体が掘り崩されているという状況があるだろう。この問題を取り上げたのが、ニール・ポストマン『子どもはもういない』（小柴一訳、新樹社、一九九五年）である。ポストマンは近代教育の基盤の一つであった子ども期と成人期の成立が、印刷技術と結びついた活字文化によって起こったという。活字によって「知識・情報の格差」が生じ、子どもは「大人になる」ことを要請された。そのために学校教育が必要とされたのである。その状況を変化させたのが、電信に代表される電気コミュニケーションの発達である。とりわけアメリカの家庭にテレビが普及した一九五〇年に、ポストマンはその画期を見ている。テレビは情報収集を容易にし、大人と子どもとの知識の格差を抹消してしまう。子ども期の維持は、管理された情報と発達段階別の学業という原理に依存しているが、電気コミュニケーションは家庭と学校から情報の管理をもぎとっていく。そのことは秘密に依存していた大人の権威と子どもの好奇心を重大な危機にさらすこととなった。教育的コミュニケーションの危機はここに由来するのである。こうして大人の情報や市場からそれまで保護されていた子どもは、消費主体・性的主体として振る舞うことを強いられ、子ども期は消滅しつつあるというのがポストマンの見解である。子ども期の消滅の要因を活字文化から電気コミュニケーションへの移行に求めるという大胆な提起であるが、教育的コミュニケーションが情報化社会における消費市場の力によって翻弄されているかのように見える現状において、多くの示唆に富んでいると言える。イヴァン・イリイチの「学校化」=「専門化」社会批判やフィリップ・アリエスの「近代における子どもの発見」の議論と比較して読むと有益だろう。ポストマンの書物はグローバルな情報資本主義の展開のなかで、「教育や世代の再生産はいかにして可能か」という問題提起を行なっていると言える。この課題に対する本格的なアプローチについては、今後の教育研究の成果を刮目して待つこととしよう。

教育を取り戻すために

現代思想2002年4月号「特集＊教育の現在」

「教育を取り戻すために」

情報メディアの発達による「子ども期の消滅」というニール・ポストマンの議論を参照した上で、情報市場や消費主義の現実が「子ども」や「教育」を危機に追い込んでいることを考察。ハンナ・アーレントのエッセイ「教育の危機」を参考にして、教育の「市場化」を根源的に批判する試み。『現代思想』二〇〇二年四月号の「特集＊教育の現在」に掲載され、文芸評論家・斎藤美奈子さんに『朝日新聞』の論壇時評で紹介していただいた。この後、『現代思想』はほぼ毎年「教育特集」を組むこととなり、二〇一九年現在まで続いている。

二〇〇二年四月、新学習指導要領の下での小中学校教育がスタートする。教科内容・授業時間の大幅削減、学校週五日制の完全実施など、「ゆとり」・「個性化」を標榜する新自由主義的教育改革が本格化することとなる。戦前・戦時期に準備され、一九七〇年代に確立された均質的・画一的な戦時動員型の教育システムの改編が急ピッチに進んでいる。

教科内容・時間数の削減が、教育の「ゆとり」につながるということには決してならないであろう。内容の削減と同時に時間数が削減されるのだから、授業のスピードを落とし、「ゆとり」をつくることはできない。部分的には改善が行なわれているが、一学級あたりの人数は原則的には大規模なままであるので、教師の負担は重く、生徒一人ひとりへの配慮を行なうこともままならないであろう。さらに重要なのは、現在の子どもたちの学習に最も大きな影響力をもっているのは、大学入試を頂点とする入学試験なのであり、学習指導要領ではないということである。(1) 学習指導要領の削減は、公立学校における学力低下、私立学校志向、塾通いの増大、そしてそれらに伴う教育達成の階層格差の拡大をもたらすという議論が、筆者も含めて多くの教育研究者によって行なわれてきた。これらに対する説得的な反論は、筆者の見る限りこれまでなされていいない。つまり政策担当者はこのことを理解せずにか、あるいは半ば承知の上で改革を行なっていると考えるのが妥当であろう。肥大化した学校をスリム化し、家庭と地域社会の復権を唱える議論はあるが、それも空虚に響くだけである。高度経済成長以後における企業中心社会の成立によって、すでに弱体化してしまった家庭や地域社会の再興を促すための有効な政策(たとえば労働時間の大幅削減など)は、ほとんどなされていないのだから。

「個性化」のスローガンによって推進されているのが、「特色ある学校」づくりである。特色を出すための施策が「校長の権限強化」であり、校長がその個性を発揮することが奨励される。学校選択の自由化を含めた競争政策は、各学校の経営体としての性格を促進し、教育委員会と生徒・親=顧客による評価が行なわれる。それと同時に教員の資質向上策として、管理職による人事考課の導入が始まっている。(2) それらによって生じる校長の方針または生徒・親の要求への同調圧力は、教師の個性を抑圧する可能性が高い。また人事考課の導入による競争圧力は、教師の同僚性の解体や人間関係の悪化、過剰労働の一層の深刻化(3)をもたらし、学校現場の荒廃を促進するだろう。

こうした「ゆとり」も「個性」ももたらさない教育改革は、今後のグローバル経済への対応を目指して行なわれている新自由主義政策の一環として推進されていると見ることができる。ＩＴ革命によって到来する情報化社会を支える一部のエリート養成へ向けて、教育改革は進められている。ノン・エリートにとっての平等主義的教育政策は、次々と放棄されているのが現状である。

階層化は着々と進行している。しかし今回の教育改革によってエリートが養成できるのかというと、それは非常に疑わしい。市場というものがセイフティー・ネットなしでは有効に機能しないのと同じように、十分な教育予算と適切な評価システムの導入がない現状では、新自由主義の効果は発揮されないであろう。少子化の進行によって、教育システムにおける従来のような選抜競争は起こらない。また経済成長のストップによって、これまで学力を支えてきた塾などへの学校外教育費負担の増加も見込みにくい。この状況下で現在の改革を行なえば、学力上位者も含めた全体的な学力・能力低下が現出《げんしゅつ》する可能性が極めて高い。エリート養成という目標も含めて、改革は失敗に終わる可能性が濃厚である。

政策側の意図を見抜くだけでなく、こうした多くの人々にとって利益をもたらさない改革が、大きな反対もなくスムーズに推進されてしまった原因を考察する必要がある。「ゆとり」や「個性」といった改革の言葉に幻惑されているという点は否めないものの、やはりこうした市場化を受け入れる人々の意識の広がりを捉えなければならない。この社会において、教育は私的に購入できるサービスとして現在広く了解されている。新自由主義改革が受け入れられているのは、これが教育＝サービスであることを前提に行なわれており、そのことを人々が疑問に思わないからである。

教育がサービスとして受け取られるようになったのは、おそらく一九六〇年代の高度経済成長以降、高校進学が普遍化しつつあった時期からだろう。学歴社会の定着に伴って、「高校に進学するか否か」ではなく、「どの高校に入るか」が人々の切実な関心となり、「より良い学校」をめざして家族が子どもの進学に大きな費用を投資することが、一般的となっていった。ベビーブームによる進学競争の激化はそれを促進した。学歴を私的な費用負担で獲得することによって、教育は〈私事〉として受け入れられるようになったのである。政府による教育予算が、国民の教育要求に比して低く抑えられたことも、この意識を助長した。戦後高等教育の大衆化を担ったのは主として私立大学だったのであり、量的には私学中心の高等教育の構造が成立した。私立大学の教育は主に授業料収入によって賄《まかな》われており、高い費用負担が必要とされる。私学を中心とする高等教育の大衆化という現象は、同時期のアメリカ・ヨーロッパ諸国には見られない。一九七七年学習指導要領改訂以来の「ゆとり」教育の推進も、教育の私事化に貢献した。公立学校の内容削減は、大学入試に有利な私立六年一貫中学ブームを生み出し、私立中学入試へ向けての塾通いが増大した。公立から私立、そして塾・予備校へと、より競争的な教育セクターへ人気が集まり、そのサービスを私費負担で購入する人々が増加していったのである。

一九八四年に設置された臨時教育審議会は、それまでの教育制度の改革を目指し、「自由化」そして「個性化」を目標として掲げた。そこでは親と子どもを教育の消費者として設定している。国家による教育を、消費者に向けてのサービスへと転換したのである。これは戦後教育において革命的な変化であったと言ってよい。戦後教育における政治的対立は、教育権は国家と国民のどちらに存するかということを中心に展開してきた。臨時教育審議会の議論は、それまでの行政と教師・国民との間でその権利の所在をめぐって行なわれてきた教育における政治的対立を、サービスの供給者と消費者という市場における交換関係へと置き換えたのである。この消費者の論理は教育の領域ばかりでなく、社会の多様な分野において影響力をもった。それは一九八〇年代以降の臨調政治の政策と親和性を持ち、国家による公共サービスを次々と民営化する圧力となった。豊かさを背景とする消費の論理は、それまで公共部門において保持されていた労働者の権利や平等で普遍的なサービスの必要性の論理などを次々と突き崩していったのである。国鉄、電電公社の改革に代表されるように、交通・通信部門の民営化が行なわれ、それがさらに教育部門へと広げられようとしている。

もう一つの論理が、今回の教育改革がこれまでの教育問題を解決する手段として受けとめられているということである。改革は教育問題の発生の原因をそれまでのゆとりのない受験競争と教育の画一性に求め、その解消を唱えている。しかしそれは問題の処方箋にはなり得ない。そのことを考えるためには、改革の前提となった教育問題についての歴史的考察が必要だろう。一九七〇年代以降の「校内暴力」、「不登校」、「いじめ」などに代表される教育問題の噴出は、国民動員体制の失敗ではなく、逆にその成功によってもたらされたものであると見なければならない。

戦時期にその基盤が整備された教育システムは、戦後急速に教育の量的拡大（大衆化・平等化）を実現した。一九七四年には高校進学率が九〇パーセントを超え、中等教育の普遍化がほぼ達成される。こうした教育の大衆化・平等化は当時の急速な経済成長とも密接に結びついていた。経済成長・教育の拡大という量的側面においては、諸外国と比較しても「国民動員」は未曾有《みぞう》の成功を収めたと言ってよいだろう。しかしそのことは子どもにとって、または学校教育にとってユートピアをもたらしたわけではない。高校教育の大衆化は、エリート校と底辺校との格差に見られるように高校の序列化を不可避とした。教育における機会の平等は、結果の平等を決してもたらさない。子どもたちの学習能力が同一でない以上、不平等を根絶することは原理上不可能であるからである。こうして教育を受けたい人々の願望を実現する場所として捉えられていた学校が、子どもたちを選抜し、序列化する機関としての役割を果たすこととなった。また教育システムの肥大化、普遍化は職業ルートの画一化をもたらさずにはいない。「誰もが進学できる」という夢は、「誰もが進学する以外にない」という現実へと転化した。高等学校、大学を経由しない職業ルートは一九七〇年代以降、激減した。学校社会とは異なる労働世界・職業世界が存在するという社会の多元性は失われていったのである。こうしたシステムのレベルでの問題性に加えて、人々の主観的な意味づけの変化も重要である。豊かさの増大に伴って、進学したいという人々の欲望が実現し始める。「より高い段階の学校へ」、「より高いレベルの学校へ」と欲望は際限なく拡大するが、それは決して満足することを知らない。進学可能性が増し、そのことがさらに欲望を増大させるという循環の連続を通して、人々は教育の虜《とりこ》となっていったのである。教育熱の非常な高まりと家計における膨大な教育支出は、これなしには説明できないであろう。より良い教育を目指すという夢や願望が、イデオロギーとして人々の意識を強く拘束するようになった。

一九七〇年代以降の教育問題の噴出は、それまで大きな可能性として見えていた学校教育が、むしろ人々を抑圧する存在として意識されるようになった転換に由来すると見ることができるだろう。

もう一つは子どもを取り巻く文化の変容である。この点についてはニール・ポストマンが重要な提起をしている。ポストマンが注目するのが、子ども期を解体させた文化的条件の変化である。彼はアメリカを主に参照しながら、一八五〇年から一九五〇年にかけては子どもの絶頂期だったと位置づける。彼は次のように述べている。

アメリカだけを見ても、この期間に、すべての子どもを学校に入れて工場で働くのをやめさせ、子どもだけの服装をさせ、子どもだけの家具を使わせ、子どもだけの読み物を読ませ、子どもだけの遊びをさせ、子どもだけの社会生活をさせるいろいろな試みがおこなわれ、いずれも成功した。多くの法律で、子どもは大人とは質的にちがうものとしてあつかわれることになった。多くの慣習で、子どもは優先的な地位をあたえられ、大人たちの生活の気まぐれな変化から保護されることになった（ポストマン 二〇〇一：一〇三）。

ポストマンはこの子ども期の絶頂期に、じつはそれを生み出した記号環境がゆっくりと解体し始めたと考察している。そこで重大な変化をもたらすのがモールスによる電信の発明である。電信のもつ決定的な意味は、人間のコミュニケーションの次元としての時間と空間の両方を一挙に省略し、手書きや印刷の領域をはるかにしのぐまでに情報の空間を拡大したことであるとポストマンは論じる。この電信に代表される電気コミュニケーションは、情報の流通を管理不可能とした。情報は時間・空間を超えて、世界にあふれることとなった。電気コミュニケーションの発達による情報環境の変化が、子ども期に重大な変化をもたらしたとポストマンはいう。

私が示そうとしてきたように、子ども期は、大人たちによってひとり占めにされていた特定の情報形態が、心情的に同化されうると考えられる方法でいろいろな段階に分けて子どもたちに利用されるようになった環境の副産物だった。子ども期の維持は、管理された情報と発達段階別の学業という原理に依存する。だが、電信は、家庭と学校から情報の管理をもぎとる過程をとりはじめた（ポストマン 二〇〇一：一一〇）。

こうして子ども期の成立を可能にした情報の管理はもぎとられはじめる。一八五〇年から一九五〇年の間、読み書き能力を維持しようとする学校と、電気コミュニケーションや映像の発達という情報環境がせめぎあった後、一九五〇年を決定的な転換点としてポストマンは位置づける。これはテレビがアメリカの家庭に普及した年である。テレビの発明は、二〇世紀後半の文化に巨大な影響力をもったが、それは子ども期を消滅させるとポストマンは論じる。

テレビは情報のヒエラルキーを解体してしまう。読み書きがその上達のためには、習熟と努力を必要とするのに対し、テレビを見るのに技能はいらず、その映像はどの年齢の人にも見ることが可能であるという点で、排他性のないメディアである。テレビは近づきやすさの点で視聴者を選ぶことなく情報を提供する。テレビには「子ども」と「大人」という区別をつける必要がないのである。またテレビは公開するメディアである。それは常に秘密をばらし、以前は私的だったものを公開する。成年期が世俗的な知識の独占や子どもには接近困難な秘密によって成り立っていたのに対し、テレビはその知識や秘密を平等主義に基づいて徹底的に暴露した。そのことによって成年期の権威と子ども期の好奇心が衰えたとポストマンは警告するのである。

ポストマンはテレビの登場に着目しているが、その後の情報化社会の進展によるテレビゲームやインターネット、携帯電話の普及は、こうした事態をますます促進しているといってよい。成年期と子ども期の境界は限りなく曖昧となっていったのである。こうした子どもを取り巻く文化の変容は、大人／子ども、教師／生徒の区別を前提とし、自制心と努力によって読み書き能力の育成を目的とする学校教育と鋭いコンフリクトを生み出した。さらに情報メディアの発達は、子どもの価値と感受性を形成する上での家庭の役割を減退させた。それは子どもが成長する上での安定的基盤としての家庭を大きく揺らがせたのである。これらの状況が一九七〇年代以降の学校・家庭における教育問題の背景にあると言えるだろう。

これまで述べたように巨大化した教育システムと「子ども期」を解体するテレビを代表とするメディア文化の変容が教育問題の背景にあるとして、今回の改革はそれらに対応したものとなっているると言えるだろうか。

現在の新自由主義的改革は、教育システムについて変更を行なうものであるものの、それは一九七〇年代以降確立した教育に対する人々の消費者意識を積極的に承認し、それを前提として設計されている。消費者の選択・決定を尊重し、それに対応するサービスを供給するということが基本的な枠組みとなっている。これは教育の大衆化・平等化の進展のなか肥大化した「より良い教育を受けたい」という欲望を積極的に公認し、システムにそれをビルトインさせたものだと言ってよい。しかしこれでは教育の大衆化自身が生み出した学校制度による序列化・一元化の問題の解決にはならないであろう。学校への志向性は強いままであり、序列化や一元化を解決する手だては何も考慮されていないからである。また意識のレベルにおける教育熱の増大のもたらす問題性については、それをさらに悪化させる可能性が高い。より良い教育へ向けての欲望をさらに煽《あお》り立てる方向へと改革は進んでいるからである。テレビを含めた情報メディアの発達のもたらす弊害についても同様である。消費者意識の承認はこの事態を加速し、これまで成立してきた学校文化を一層危機に陥れる傾向をもっている。学校教育における情報化社会への積極的な対応も唱えられており、それは学校が伝統的に重要視してきた読み書き能力（リテラシー）の育成と矛盾し、容易には両立しない。以上述べたように、今回の教育改革はそれが対処しようという問題を何ら解決せず、むしろ学校教育の困難を増す結果をもたらすであろう。

今回の改革は教育問題の解決をもたらさないということに加えて、その本質から人々の目をそらす弊害をもっている。教育システムの巨大化、情報メディアの発達などによって起こった教育現象、それは具体的には、学校に適応できない子どもや意欲をもって学習しない子どもの増大となってあらわれた。そのことは戦時動員体制の確立という形で近代教育や学校制度が十分に発展した段階において、それらの自明性が揺らぎ始めたということを示している。近代教育はその自己展開自身がつくり出した問題に直面したのであり、自らを問うことが求められているのである。新自由主義的改革による教育における市場原理の導入は、近代教育の自明性の揺らぎに対して市場における生産性・効率性という評価基準を強引に持ち込むことによって、揺らいでいる正当性を人為的に再建する試みとして捉えることができる。しかしそれは現在教育現場や子どもの世界において揺らぎや亀裂という形で開示されつつある根源的な問題性を糊塗《こと》し、隠蔽することに他ならない。

現状に対して何ができるのかということを考えるとき、前述したようにこうした改革を受け入れてしまう人々の意識を考慮する必要があるだろう。私は市場主義的改革を容認する大人・教師たちに、すでに述べた消費者意識の広がりとともに、子どもたちに対して自らの世界像を提示できない権威の喪失を見る。ハンナ・アーレントは卓抜なエッセー「教育の危機」において、子どもに対する教育者・大人の権威の重要性とその喪失に対する批判を行なっている。アーレントは学校を、家族から世界への移行を可能にするためにわれわれが家庭の私的領域と世界の間に挿入した制度であるという。そこでの教育者の役割について彼女は次のように述べている。

子供がまだ世界を知らないならば、かれは徐々に世界に導かれねばならない。子供が新参であるならば、この新しいものが現にある世界に照らしてその真価を発揮できるように配慮されねばならない。しかしいずれにしても、この場合教育者は、若者に対して世界――自分自身が作ったものでもなければ、さらには秘かにせよ公然とであれ、別様であったらと望んでさえいるのに自らが責任を負わねばならぬ世界――を代表する立場にある。この責任は、教育者に恣意的に押しつけられたものではない。この責任は、若者は絶えず変化する世界へと大人によって導かれるという事実に含意されている。世界への共同責任を負うことを拒否する人は、子供の教育に参加することは許されない（アーレント 一九九四：二五四―二五五）。

アーレントは以上のように論じた上で、世界へのこの責任は権威の形式をとるという。つまり権威の喪失とは、子どもに対して世界への責任を放棄することに他ならない。彼女における大人・教育者の権威の重視は、子どもを「小さい大人」として見なしてきた近代教育に対する批判として行なわれている。近代社会とは現世の生とそれを維持し豊かにすることに関わる活動様式を私的領域の隠蔽性から解放し、それを公的世界の光にさらしたのであり、これが労働者と女性の解放の意味であった。アーレントはこの解放が労働者と女性にとって持つ意味と子どもにとって持つ意味の対称性を論じている。

労働者と女性とは、たんに労働者であり女性であるばかりでなく人格でもあることから、公的世界への要求、すなわち公的世界のうちで見たり見られたり、語り聞かれる権利を主張した。しかし、子供の場合には、つまり人格性の要因よりもいまだ生命と成長の単純な事実の方が重要となる段階にある者の場合には、このように労働者と女性にとって真の解放を意味した事柄そのものが、見捨てられること、曝されることを意味した。近代社会が、私的なものと公的なものとの区別、隠されることによってのみ生育できるものと、公的世界の全き光のもとにすべてをさらす必要のあるものとの区別を完全に捨て去れば捨て去るほど（中略）子供にとって事情は悪化する。子供は、妨げられることなく成熟するために、安全な隠れ場所を本性上必要とするのである（アーレント 一九九四：二五四―二五五）。

アーレントによれば、労働者と女性にとっての公的世界への解放が、子どもにとっては安全な私的世界の隠れ場所から見捨てられることを意味するというのである。このことは前述したポストマンの議論と照らし合わせると興味深い。情報メディアの発達による子ども期の消滅とは、子どもが成熟するための私的時間・空間を奪われたことを意味しているのである。アーレントにおける権威とは、大人と子どもとの分離を前提とし、世界にすでに存在する大人がこれからそこに迎え入れる子どもに対して、世界へと適切に導く責任のことを意味している。権威や伝統、歴史との結びつきを強調するアーレントは教育行為の保守的性格を強調しているが、それは政治的な意味での保守主義ではない。なぜなら子どもの成熟を支え、大人として世界の一員に迎え入れることによって、絶えず世界は新しくなるからである。アーレントは教育によって世界を新しくすることができるかどうかが、それを破滅から救済できるかどうかの分岐点であるという。彼女においては教育は世界を救済する行為として捉えられている。

教育は、われわれが世界を愛して世界への責任を引き受けるかどうか、さらに、更新なしには、つまり新しく若いものが到来せぬかぎり、破滅を運命づけられている世界を救うかどうかが決まる分岐点である（アーレント　一九九四：二六四）。

「ゆとり」や「個性化」を推進する現在の教育改革は、子どもの個性や選択を尊重するという進歩主義思想と結びつきながら、グローバル化した情報市場という過酷な公的世界へと子どもを無防備に曝すことに他ならない。それは「子ども期」と「大人の権威」をさらに解体し、教育を無効化していく危険性が極めて高い。子どもに対して「共通世界を新しくする使命への準備」（アーレント）を実践するためには、教育を市場の手に売り渡してはならない。

註

(1) 一九七七年と一九八九年、学習指導要領の改訂により、二度にわたって学習内容の削減が行なわれたが、どちらも「ゆとり」にはつながらなかった。企業中心社会と結びついた学歴社会の強固な構造の下、激しい受験競争が行なわれていた。

(2) 東京都では、教職員を対象に二〇〇〇年から「人事考課制度」が始まっている。管理職である校長・教頭や教育委員会が五段階で評価を行なう。校長・教頭がそれぞれの教員について、「学習指導」「生活指導・進路指導」「学校運営」「特別活動・その他」「研究・研修」の五項目を、S(特に優れている)、A(優れている)、B(普通)、C(やや劣る)、D(劣る)という五段階で絶対評価し、その評価が地区の教育委員会に送られ、最終的には相対評価される。

(3) この問題については(赤田 一九九八)を参照。教育労働の現状についての優れた報告となっている。

民主から愛国へ——教育基本法改正論批判

現代思想 2003 年 4 月号「特集＊教育改革」

「民主から愛国へ」

二〇〇二年に教育基本法の見直しの視点や方向を示した「中間報告」を取り上げ、その内容を考察した論文。グローバル世界において生き残るための、「新自由主義と国家主義の結合」として教育基本法「改正」問題を捉えている。その後の教育基本法「改正」批判の原点となった論文。

一　はじめに

二〇〇二年一一月一四日、文部科学省の諮問機関・中央教育審議会（中教審と略、会長＝鳥居泰彦・前慶應義塾長）は、教育基本法の見直しの視点や方向を示した中間報告を遠山敦子文科相に提出した。そのなかでは「郷土や国を愛する心」、「『公共』の精神」などを重要な理念として新たに規定することが提案されている。二〇〇三年度に入ってから審議会での議論は進み、三月一日に最終答申の素案が明らかになった。新たに法に規定する理念として「社会の形成に主体的に参画する『公共』の精神、道徳心、自律心の涵養」、「日本の伝統、文化の尊重、郷土や国を愛する心と国際社会の一員としての意識の涵養」など八項目が確定されたのである。最終答申は今月下旬にまとめられる予定となっており、この論文が発表される時点ではすでに出されている可能性が高いであろう。素案からわかるように、それはほぼ中間報告に沿った内容であることが予測される。現在の与党特に自民党は今期通常国会において、中央教育審議会の答申に基づいた教育基本法「改正」案の提出、成立を目指している。教育基本法「改正」が国会に上程されれば、それは戦後はじめての事態となる。成立した場合には、それは戦後教育理念の根幹を支えてきた教育基本法の実質上の大転換であり、教育や社会に与える影響ははかりしれない。後にも述べるように、この「見直し」＝「改正」は新自由主義（ネオ・リベラリズム）と国家主義（ナショナリズム）によって貫かれている。ここでは今回の教育基本法「見直し」の経緯と背景、それから最終報告に強く反映されるであろう中教審の中間報告についての検討、それが教育・社会に与える影響について批判的に考察することとしたい。

二　教育基本法の意義とその「改正」を目指す「中間報告」

敗戦後の一九四七年三月三一日に公布施行された教育基本法は、戦後教育の成立において画期的な意味をもっていた。教育基本法の意義・特徴は大きく三点に渡る。そして今回の中教審の「中間報告」はその三点にすべて関わるものであると言える。

一つ目は、教育基本法が教育勅語の否定という意味をもっていたということである。一八九〇年に制定された教育勅語は、戦前の教育理念の中心に位置づいていた。教育の根本は天皇の徳化と臣民の忠孝を基礎とする国体にあるとし、次に臣民の遵守すべき徳目を列挙している。徳目の中心は「常ニ国憲ヲ重シ国法ニ遵ヒ一旦緩急アレハ義勇公ニ奉シ以テ天壌無窮ノ皇運ヲ扶翼スヘシ」というところにあらわれている。それは天皇中心の国家至上主義的理念であった。天皇制国家にすべてを捧げる臣民の育成こそが教育の目的だったのである。この教育勅語はその後、実践を強要された奉読やその徳目に準拠した修身教科書を通して学校現場に強力に浸透していったのである。

この教育勅語に対する批判として教育基本法は成り立っている。それはまずその前文の一部から読み取ることができる。

> われらは、個人の尊厳を重んじ、真理と平和を希求する人間の育成を期するとともに、普遍的にしてしかも個性ゆたかな文化の創造をめざす教育を普及徹底しなければならない（傍点：筆者）。

また第一条（教育の目的）に掲げられた条文も重要である。

> 教育は、人格の完成をめざし、平和的な国家及び社会の形成者として、真理と正義を愛し、個人の価値をたっとび、勤労と責任を重んじ、自主的精神に充ちた心身ともに健康な国民の育成を期して行われなければならない（傍点：筆者）。

天皇制国家に忠誠を強いた教育勅語に対して、「個人の尊厳」や「個人の価値」、「自主的精神」などの言葉にも見られるように、個人の価値や自主性を尊重し、教育を国家に対する忠誠や義務ではなく、個人にとっての権利として捉える画期的な意味転換が行なわれていることがわかる。

教育基本法の制定に中心的な役割を果たした教育刷新委員会において、天野貞祐から「奉公」、羽渓了諦から「忠孝」といった伝統的価値を入れようという意見が出されたが、務台理作や森戸辰男による批判によって削除された。また今回の中教審「中間報告」で導入されている「伝統」についても、教育刷新委員会で羽渓了諦委員から提案があったが、これも多くの反対によって削除された。このように教育基本法の作成において教育刷新委員会は強い決定権と独立性をもっていたのであり、教育基本法が占領軍の「押し付け」であるという一部の「改正」論者の議論は誤りである。もう一つは教育勅語がイデオロギーとしてそれを支えていた天皇制国家がアジア・太平洋戦争という惨禍《さんか》をもたらしたことに対する反省として、教育の目的に「平和的な国家及び社会の形成者」が明記されていることである。これは戦前の戦時教育からの明確な転換を示している。しかし中教審の「中間報告」では「国家、社会の形成者」、「国家や社会の構成員」となっており、「平和的な」という言葉が削除されている。「伝統」という言葉の導入や「平和的な」という文言の削除など、教育勅語から教育基本法への転換を否定する方向で「改正」が進められていることがわかる。

二点目は日本国憲法との深い関連性・一体性である。それは教育基本法の前文に明確にあらわれている。

われらは、さきに、日本国憲法を確定し、民主的で文化的な国家を建設して、世界の平和と人類の福祉に貢献しようとする決意を示した。この理想の実現は、根本において教育の力にまつべきものである。（中略）
ここに、日本国憲法の精神に則り、教育の目的を明示して、新しい日本の教育の基本を確立するため、この法律を制定する（傍点：筆者）。

ここで日本国憲法の理想が「根本において教育の力にまつ」と書かれていることからわかるように、教育基本法は日本国憲法の実効性を担保する最も重要な役割を期待されていることが読み取れる。また「日本国憲法の精神に則り」と明記されているように、憲法の理念を教育という領域において具体的に明示したものだと言える。このため教育基本法は「準憲法的」または「憲法保障法的」な性格をもつといわれてきた。こうした教育基本法と憲法との深い関連性・一体性は、今回の教育基本法「改正」が憲法「改正」の前哨戦として位置づけられる要因の一つである。

三点目は教育基本法が戦後における教育理念を明示すると同時に、戦後の教育法令の根本的な原則を占める位置にあるということである。このことは教育基本法第一条（補則）で言及されている。

この法律に掲げる諸条項を実施するために必要がある場合には、適当な法令が制定されなければならない。

この条項からわかるように教育基本法は、理念的であると同時に他の教育法令を統括する位置にある法律であることがわかる。教育基本法制定以後、学校教育法（一九四七年）、教育委員会法（一九四八年）、社会教育法（一九四九年）、義務教育費国庫負担法（一九五二年）など戦後の主要な教育立法が新設されていった。こうして戦後の教育法制は「教育基本法制」とも呼ばれることになる。一九七六年五月二一日の最高裁学力テスト事件判決でも、「他の教育関係法律は教基法の規定及び同法の趣旨、目的に反しないように解釈されなければならないのだから」と述べられており、教育基本法の法的地位の重要性を確認している。このことは現在進んでいる教育基本法「改正」が、教育法令全体に大きな変更をもたらすことを示している。中教審の「新しい時代にふさわしい教育基本法と教育振興基本計画の在り方について」（中間報告）の第二章「新しい時代にふさわしい教育基本法の在り方について」のなかの「教育基本法見直しによる教育改革の推進」という項目では、以下のように述べられている。

教育基本法の見直しについては、「教育基本法を改正しても教育現場が直面する課題が解決するわけではなく、改正する意味がない」等の意見もある。しかし、本審議会としては、教育の基本的な理念・原則を定める教育の根本法としての教育基本法の意義を十分に踏まえ、教育の諸制度や諸施策を個別に論じるだけでは取り上げにくい、教育の目的、学校教育制度の在り方、家庭教育の役割など、教育の根本的な部分について議論を行なうことが重要であると考える。今後、更に議論を深めることにより、教育基本法の諸規程を見直すとともに、それを受けて、学校教育法、社会教育法、生涯学習の振興のための施策の推進体制等の整備に関する法律などに定める具体的な制度等の在り方や学習指導要領など、教育諸制度等の見直しを行なうことが必要である。そして、これらの制度的改善は、さらに、個々の学校等における日常の教育活動や、家庭教育の在り方の見直しや改善につながっていくこととなるものである。

教育基本法「改正」をめぐる議論は抽象的・理念的なものであって、具体的な日常の教育現場とはあまり深い関係はないのではないかという認識が一部にあるが、引用にあるようにそれは全くの誤解であることがわかる。中教審の「中間報告」の答申は、教育基本法「改正」に合わせて、学校教育法、社会教育法などの個別法律や学習指導要領、個々の学校の教育活動や家庭教育の在り方の「見直し」を提起している。この「改正」が教育理念の転換を行なうと同時に極めて具体的なレベルまで教育を変えていく強い可能性をもっていることがわかる。

三　教育基本法の戦後における経緯

教育基本法について、戦後しばらくはそれをめぐる議論の構図は安定してはいなかった。(1)　しかし、一九五五年における左右社会党の統一と自由民主党の結成によって「五五年体制」が成立し、冷戦の激化によるアメリカの対日政策の転換に伴い、自由民主党が憲法と教育基本法の「改正」を打ち出すといういわゆる「逆コース」以降、保守・右派勢力が教育基本法「改正」を唱え、護憲・左派勢力が「擁護」するという対立構図が明確となった。一九五六年、鳩山内閣の清瀬一郎文相は、教育基本法に「日本国に対する忠誠」や「家族内の恩愛の感情」などを掲げていないと批判し、臨時教育制度審議会設置法案を国会に提出し、教育基本法「改正」を検討しようとしたが廃案となった。一九六〇年、池田内閣の荒木万寿夫文相も「日本人の誇り」が不十分であるとの不満から、再検討を主張したが実現されなかった。いずれも護憲を唱える革新野党や世論の強い批判によって「逆コース」が阻止されたのである。

こうして教育基本法の「改正」は実現しなかった。しかし保守政権は教育基本法の理念を裏切る様々な政策を実施していった。一九五六年には地方教育行政の組織及び運営に関する法律案を野党、日教組、世論の強い反対を押しきって成立させ、教育委員の公選制は任命制へと変更された。教育長任命にさいしては、市町村教委委員長は都道府県教委の承認を、都道府県教委委員長については文部省の承認を、それぞれ得なければならないというかたちで、教育行政における地方分権の原則は崩され、中央集権体制が整備された。戦前以来の画一的教育に対する反省・批判として戦後一九四七年から「試案」として出されていた学習指導要領は、一九五八年には「試案」という言葉が削除され、教科書など教育内容に対する拘束力が強化された。一九六六年、中教審によって「期待される人間像」という文書が、後期中等教育の理念を明らかにするために出された。第四章の「国民として」という項目には「正しい愛国心をもつこと」や「象徴に敬愛の念をもつこと」があげられ、「天皇への敬愛の念をつきつめていけば、それは日本国への敬愛の念に通ずる」とされている。ここでは、天皇中心主義に基づく愛国心の重要性が表明されていたのである。以上のように教育基本法の「改正」は実現しなかったものの、保守政権は個別法規や行政措置、答申などを通してその理念の現実化を妨げてきたのである。現在の「改正」論議を考える際に、教育基本法の理念を一貫して尊重せずに戦後の教育政策を運営してきた人々が、現在の教育問題の原因を教育基本法に求めて「改正」を主張するという倒錯した事態が起こっているということをおさえておく必要があるだろう。

しかし、教育基本法の理念は一方的に空洞化され続けてきたわけではない。特に第一〇条（教育行政）の教育に対する「不当な支配」を禁じた条文は、教科書検定裁判や一連の学力テスト裁判、教員の自主研修権をめぐる問題などにおいて国家・政府による介入から教育の自由を守る積極的役割を果たしてきた。特にこの点について争われたのは家永教科書裁判であるが、一九七〇年の東京地裁（裁判長・杉本良吉）において、文部省による教科書検定は国家による教育介入であるとして原告勝訴の判決が出された。そこでは教育行政は教育の内的事項（教育の内容・方法）については、権力的に介入することは許されないとする教育基本法第一〇条の趣旨が生かされている。教育行政に対して教育基本法は一定の法的拘束力をもち、また教育現場の自由を守ろうとする運動によって生かされてきたと言えるだろう。

「逆コース」の後に再び教育基本法「改正」が大きな議論となったのは、「大国主義的ナショナリズム」を唱えた中曽根康弘内閣の時期であった。中曽根は「戦後教育の総決算」の具体策として、一九八四年に臨時教育審議会（臨教審と略）を設置した。中曽根は教育基本法「改正」論者として知られているが、臨教審第一回総会における内閣総理大臣の挨拶においても、そのことは明確に表明されている。中曽根は近年における教育問題の発生、情報化社会の進展、国際化などの審議会諮問理由に言及した後、次のように述べている。

本日の諮問は、このような観点に立ったものでありますが、教育改革は、我が国固有の伝統的文化を維持発展させるとともに、日本人としての自覚に立って国際社会に貢献する国民の育成を期し、普遍的人間社会の生活規範を身に付けながら、高い理想と強健な体力、豊かな個性と創造力を育むことを目標として行われるべきものと考えます（傍点：筆者）。

このように「我が国固有の伝統的文化」や「日本人としての自覚」など教育基本法に対する批判が彼の念頭にあったことは間違いない。臨教審のなかには、教育の目的に「宗教心」、「国を愛する心」、「伝統文化の尊重」の三項目を付け加えるべきだと主張する有田一寿をはじめ教育基本法「改正」を主張する委員が多く参加していた。しかし、臨教審設置法におけるこの法律の目的には以下のように書かれていた。

社会の変化及び文化の発展に対応する教育の実現の緊要性にかんがみ、教育基本法（昭和二二年法律第二五号）の精神にのっとり、その実現を期して各般にわたる施策につき必要な改革を図ることにより、同法に規定する教育の目的の達成に資するため、総理府に、臨時教育審議会（以下「審議会」という。）を置く（傍点：筆者）。

この臨教審設置法に書かれた「教育基本法の精神にのっとり」という文言が、教育基本法「改正」に対する「歯止め」になった。この文言が入ったことは、当時の議会内外での憲法・教育基本法を擁護する勢力の強さを示していたと言ってよいだろう。臨教審はその答申において「個性重視の原則」、「国を愛する心」、「公共の奉仕」、「世界のなかの日本人」などを打ち出した。これらは教育基本法の内容と抵触する可能性の強いものであるが、いずれも教育基本法の枠内でという限定で、または教育基本法をより現代に生かしていくという形で提出された。これらの方針はすべて今回の中教審の教育基本法「改正」案とほぼ重なっており、現在の教育改革との関連性を強くうかがわせるものである。そして臨教審においては、設置法の「歯止め」によってかろうじて守られた教育基本法「改正」が、近年急速に具体化することになった。

四　教育基本法「改正」を導き出した教育改革国民会議

近年の憲法・教育基本法「改正」についての動きをまず年表で整理してみることとする。

二〇〇〇年一月　憲法調査会発足
二〇〇〇年三月　教育改革国民会議発足
二〇〇〇年一二月　教育改革国民会議最終答申
教育基本法の「改正」と教育振興計画の推進が盛り込まれる。
二〇〇一年一月　文部科学省二一世紀教育新生プラン
二〇〇一年七月　教育改革六法案成立
不適格教師の排除、問題行動児の停学処分、社会奉仕活動の導入など。
二〇〇一年一一月　文部科学省「新しい時代にふさわしい教育基本法の在り方」についての審議を中央教育審議会に一年をメドに諮問（戦後初めての諮問）。
二〇〇二年一一月一日　衆院憲法調査会が中間報告書を提出。
二〇〇二年一一月一四日　中央教育審議会（中教審）から中間報告が出される。
「たくましい日本人としてのアイデンティティ」、「郷土や国を愛する心」、「伝統、文化の尊重」、「『公共』の精神」、教育振興基本計画が教育基本法の「改正」として盛り込まれる。

これを見て気がつくのは、憲法調査会と教育改革国民会議の発足がほぼ同時であること、憲法調査会による中間報告と中教審の中間報告もほぼ同時であることなど、憲法「改正」と教育基本法「改正」が連動して進んでいるということである。教育基本法との関係でポイントになるのは、何といっても教育改革国民会議から出された答申であると言えるだろう。なぜならここでの最終答申が中教審の中間報告の基本路線をつくっているからである。

臨教審において提起された「ゆとり」と「個性化」をスローガンとする新自由主義的教育改革は、一九九〇年代に次々と具体化することになった。「ゆとり」という名のもとで行なわれた学校五日制の導入や新学習指導要領などの公教育のスリム化、推薦入試・AO入試の拡大や入試科目の削減などの入試の多様化、公立六年一貫中学の導入や義務教育段階での学校選択という「選択」を通した教育システムの「複線化」、大学設置基準の大綱化など高等教育の「個性化」と「規制緩和」などが矢継ぎ早に行なわれた。しかし一九九〇年代の初頭から始まった教育改革は、臨教審以上に徹底して日の丸・君が代問題や、道徳教育、いわんや教育基本法改正にはまったく触れずにスタートした（渡辺 二〇〇二）。一九九〇年代前半から中盤にかけては、「自由化」や「規制緩和」など新自由主義的政策が教育改革を主導していたと言える。二〇〇〇年に発足した教育改革国民会議で、「愛国心」など国家主義的内容の教育基本法「改正」が急に提起されたのはなぜだろうか。

そのためには教育改革国民会議発足の背景を考える必要があるだろう。一九八〇年代に噴出した教育問題への対応として、臨教審が設置され教育改革が推進されてきたが、一九九〇年代後半において、教育病理や教育荒廃は一層深まっている様相を呈していた。不登校の増加、いじめ・校内暴力の深刻化、また「学級崩壊」という言葉が登場し、学校現場における教育が一部機能不全に陥っているという状況がマスコミ報道を通じて伝わった。また「ゆとり」教育や入試の多様化によって、それまで激しい受験競争によって支えられてきた生徒・学生の学力が低下しているのではないかという議論は、いわゆる「学力低下」論として研究者、マスコミ、学校現場で広く受け入れられることとなった。このことは臨教審以降の「個性化」教育改革を推進してきた支配層・財界にも大きな不安や戸惑いを抱かせたり、一定の反省をもたらしたと言えるだろう。教育荒廃を解決しないばかりでなく、学力の低下をもたらしているという理由から、文部省の教育改革は批判されることとなった。こうした臨教審以来の教育改革による様々な矛盾が露呈し、それが「反発」や「批判」を受けるようになった状況において、小渕首相の私的諮問機関「教育改革国民会議」が設置されることとなった。教育改革国民会議が諮問機関として文部省の外側に設置されたことからも、これが少なくともそれまでの文部省の改革路線とは一線を画す意図によって推進されたのではないかということが予想される。

教育改革国民会議は第三回の全体会において三つの分科会に分かれて審議することとなった。

それは次のようなものであった。

第一部会　心美しい活力ある日本人を育む分科会（後に「人間性」という名称に変更）
第二部会　学校教育の充実を図る分科会（後に「学校教育」という名称に変更）
第三部会　競争力のある日本をつくる分科会（後に「創造性」という名称に変更）

このなかで最も注目されることとなったのが、第一部会の議論であったと言える。第一部会には浅利慶太、河上亮一、勝田吉太郎、曽野綾子、山折哲雄らが参加した。ここでは「自由化」、「個性化」を目指す教育改革に対する反対意見が大勢を占めることになった。第二部会、第三部会が新自由主義改革の推進を主張する委員が多数派を占めていたのに対して、第一部会のメンバーの多くはいじめ・不登校、学級崩壊などの教育問題や少年犯罪の発生を社会規範の衰退として捉え、それらの解決を教師や国家の権威の回復、国家主義、共同体への奉仕の精神などによって図るという志向性をもっていた。特に第一部会で現場教師として参加した河上亮一は、一九九〇年代の「ゆとり」や「個性化」を推進した教育改革に対する明確な批判意識をもっていた。河上は「『自由化』や『個性化』の教育改革が学校を解体した」と発言し、「学級崩壊を加速した」とも述べている（河上 二〇〇〇）。現場での経験に立脚し、盛んに執筆活動も行なっていた河上の発言は、分科会の方向に大きな影響力をもったと言える。河上以外のメンバーは、近年の教育改革に対する批判というよりも、戦後教育の理念そのものに反発をもっている者が多かった。山折哲雄は戦後失われた「祖国愛」や「国家への献身」を主張し、曽野綾子は「国家への奉仕義務」の重要性を述べている。河上が批判の対象として想定した教育改革における「自由化」や「個性化」と、他のメンバーが問題だと考えている戦後教育における「個人」や「人格」の尊重、「自由」の間には小さくない差異が存在していたのであるが、そのことについての深い検証はなされず、第一部会の議論は教育基本法「改正」へと向かっていった。(2) この二つの流れが統合されていったことは大きな意味をもっていた。このことによって単なる戦前回帰の反動的な動きとしてではなく、現代の教育荒廃や社会規範の衰退の原因を教育基本法の理念に求めるという議論の枠組みが成立したからである。教育改革国民会議の第二回全体会で森喜朗首相が提起した教育基本法の「見直し」は、これによって大きく援護されたと言ってよいだろう。

五　中教審「中間報告」――新自由主義改革推進のための「愛国心」

(一) 新自由主義改革による社会的格差の拡大

二〇〇二年一一月に出された中教審の中間報告は、教育振興基本計画の策定と教育基本法の「見直し」を二つの柱としている。「愛国心」や「伝統・文化の尊重」が単独で取り上げられ、戦前教育や復古への批判が行なわれる傾向が強いが、重要なのは教育振興基本計画という新自由主義改革と、「日本人としてのアイデンティティ」や「国や郷土を愛する心」という国家主義が深く結びついているという関係を読み解くことである。この点に着目しながら中教審「中間報告」の内容を考察することとする。
まず第一条（教育の基本理念）では次の規定を盛り込むことが検討されている。

個人の自己実現と個性・能力の伸長、創造性の涵養

これだけを見ると個人の自己実現や個性、創造性を伸ばすことに配慮した条文のように読めなくはないが、実際にどのような施策になるのかは、「教育振興基本計画に盛り込むべき施策の基本的な方向」に次のような事柄が挙げられている。

○才能を伸ばす機会の確保
○習熟の程度等に応じた補充的・発展的な学習の充実
○語学、理数、技術等、特定の専門分野に重点を置いた教育の推進
○将来の生き方や職業を主体的に選択・決定できるようにするためのキャリア教育の充実
○障害のある子ども一人一人の教育的ニーズに応じた教育の充実

このように「才能」に焦点を置く能力主義によって貫かれていることがわかる。習熟度別学級

の推進や特定専門分野の重点化は、生徒間の格差を助長する可能性が高い。将来進路の「選択」や「決定」も適切な教育的・社会的条件がなければ、将来の進路選択を制約してしまう。「障害のある子ども一人一人の教育的ニーズ」というが、障害者の健常者からの「分離」=「差別」主義的なこれまでの教育政策を考えると差別を固定化する方向となる可能性が危惧される。

さらにこの「個性化」とも関わる形で「柔軟な教育の仕組みの導入」が謳《うた》われている。

○学校選択の適切な実施
○就学時期の弾力化の検討

「学校選択」が義務教育段階で行なわれた場合、競争の激化、階層間格差の拡大、地域と学校とのつながりの解体という結果がもたらされる危険性が高い。「就学時期の弾力化」が学力や「障害者の一人一人のニーズ」によって行なわれたら、学校教育に強力な能力主義的差別を持ち込むことになるだろう。このように「個性の尊重」や「個人の自己実現」という理念によって、新自由主義的教育改革が推進される。新自由主義による格差は「個性」や「自己実現」の結果として肯定されることとなる。

次に学校レベルでの新自由主義改革を挙げることができる。すでに挙げた「学校選択」は、子どもだけでなく、選択される学校の側にも競争を強いることになる。学校は「子ども・親」=

「消費者」に選ばれる対象となるべく、市場競争に参加しなければならない。「優れた教員の養成・確保」の項目として次のものが挙げられている。
○新たな教員の評価システムの導入
○不適格な教員に対する厳格な対応
○義務教育費国庫負担制度の見直し
○公立学校の教員給与制度の見直し
○教育配置に関する市町村の権限と責任を拡大する観点からの教職員定数の在り方の弾力化
教育に対する評価システムの導入や不適格な教員に対する厳格な対応は、運営を誤れば教員に対する強力な統制として働くだろう。競争によって教員集団の連帯・協力関係が解体されれば、教育活動にも悪影響を及ぼしかねない。義務教育費国庫負担制度の見直しと財源保障のない地方分権化の推進は、経済力による地域間格差を拡大するであろう。義務教育段階から学校教育における機会の均等や平等は成立しないことになる。

この学校レベルの新自由主義改革は高等教育レベルでも全面的に進めることが提起されている。「『知』の世紀をリードする大学改革の推進」という教育基本法「改正」の論点は、次のように教育振興基本計画で具体化されることになっている。

○国立大学の法人化など高等教育機関におけるマネジメント体制の確立
○国際競争力向上のための教育研究機能の質的向上、人材の招へい、集積
○競争的資金の充実による研究の振興
○自己点検・評価、第三者評価の実施と評価結果の公表
○評価に基づく重点的な資源配分
○大学を核とする産官学連携の推進
○大学から産業界への技術移転の推進

このようにグローバル化した経済のなかで、「知の大競争時代」に勝ち残るための高等教育政策が計画されていることがわかる。国立大学を法人化して経営体としての合理化や産官との連携を図りながら、自己点検・評価、第三者評価の実施によって競争的資金を重点的に配分することとなる。現在六〇〇以上ある国公私立大学の「評価」による明確な序列化、市場競争による選別・淘汰を行ない、少数エリート大学に効率的に予算を配分することが目指されていると言える。こうした「個人の自己実現」や「個性の尊重」という個人レベルと初等・中等・高等教育それぞれの段階における学校レベルでの新自由主義改革の推進は、学校教育による格差を拡大し、社会の急速な階層化をもたらすことは確実であると言えるだろう。

（二）社会の「二極化」の統合装置としての「日本人」・「公共」

新自由主義改革の一方で、中教審の中間報告では第一条（教育の基本理念）で次の規定を盛り込むことが検討されている。

社会の形成に主体的に参画する「公共」の精神、道徳心、自律心
日本人としてのアイデンティティ（伝統、文化の尊重、郷土や国を愛する心）と国際性（国際社会の一員としての意識）

ここでの「『公共』の精神」や「日本人としてのアイデンティティ」などが、中教審の中間報告のなかでいかに位置づけられているのかを考えることが重要であるだろう。「日本人」というカテゴリーは、日本国内にいる在日朝鮮人、在日中国人など外国籍を持つ人々や、沖縄やアイヌなど異なった文化をもつ人々に対して同化を強いたり、差別を助長する危険性をもっている。(3) さらに「日本人」という同一性が様々な差異を隠し、国家との一体性をもたせる機能をもっていることに着目する必要があるだろう。新自由主義による社会の階層化は、「国民としての一体性」を感得させる物質的基盤を次々と掘り崩している。そのことがもたらす社会の分裂・混乱状況を警戒はするが、そのための雇用・福祉政策などの対策を打つ気のない改革推進勢力において、「日本人」というカテゴリーは「国民としての一体性」を支える虚構のイデオロギーとしての役

割が期待されているのである。同じ言葉が用いられているが、社会の二極化によってエリートになる階層とそうでない階層との間では「日本人」として期待される役割はそれぞれ異なっているということに注意する必要がある。教育振興基本計画における「教育の国際化の推進」では以下のように述べられている。

グローバル化が急速に進展している現代においては、特に経済分野における国境を越えた大競争を余儀なくされている一方、社会・文化・政治など、あらゆる分野における国際的な協調、あるいは国際的な理解が含まれている。そのためには、十分なコミュニケーション能力はもとより、国際的な視野と日本人としての確固たるアイデンティティとを併せ持ち、二一世紀の国際社会の中で世界に貢献できる人材を育成していくことや教育交流を促進していくことが肝要である。

ここで述べられている「日本人」にノン・エリートは含まれていない。彼らには「十分なコミュニケーション」や「国際的視野」を学ぶ機会が、現在の教育改革においてすでに制約されているからである。引用部分に見られるようにグローバル化した国際社会において、競争に勝ちぬくと同時に国際的に貢献できる人材が要請されている。国際競争力をもち、国際貢献を行なうという日本国家の目標に適合するエリートの規範として「日本人としての確固たるアイデンティティ」が求められているのである。ここでエリートである一人ひとりは「日本人」と同一化することとなる。彼らにとっての「公共」への参画とは、こうした国際競争力の向上と国際貢献を目指す「日本」への参画に他ならない。

ノン・エリートにとっての「日本人」カテゴリーの機能とは何か。社会階層の二極化は様々な社会矛盾をもたらす。経済的格差による社会的連帯の解体、モラル・意欲の低下、犯罪率の上昇などを挙げることができるだろう。そのことは中教審の中間報告でも意識されているらしく、「教育の現状と課題」というところで次のように言及されている。

特に、東西冷戦構造の崩壊後、経済を中心とする世界規模の競争が激化する中で、時代は、我が国の経済、社会に否応なしに大きな転換を迫っている。この大転換期の試練の中で、国民の間では、これまでの価値観が揺らぎ、自信の喪失とモラルの低下という悪循環が生じている。教育の世界に目を転ずると、物質的な豊かさの中で子どもはひ弱になり、明確な将来の夢や目標を描けぬまま、次第に規範意識や学ぶ意欲を低下させ、青少年の凶悪犯罪の増加や学力の問題が懸念されている。また、教育の現場は、いじめ、不登校、中途退学、いわゆる「学級崩壊」など深刻な危機に直面している。

このような現状における社会問題・教育問題の多くは、臨教審以後、特に一九九〇年代以降の新自由主義改革による企業統合の解体、社会的安定性の崩壊の結果としてもたらされたものである。しかしこうした市場経済の暴力によって痛めつけられた人々や階層化によって社会の底辺で生きることを強いられる人々に対して、「日本人」というカテゴリーは統合機能を果たすことになる。それは同じ「日本人」であるという理由で「社会の一員としての使命、役割を自覚」し、「倫理感や規範意識をはぐくむ」ことが求められるのである。彼らノン・エリートにとっての「公共」の精神とは、社会に対して権利要求や批判を行なうのではなく、自らの低い処遇を甘受し、国家に対して奉仕することなのである。教育改革国民会議で提起された「奉仕活動の義務化」はその具体策である。このように中教審「中間報告」における「日本人」や『公共』の精神」は、新自由主義改革によって生まれる社会の階層化や矛盾を隠蔽し、統合するイデオロギーとしての機能を果たしていることがわかる。教育改革国民会議の第一部会で新自由主義改革に対する「反発」や「批判」として提起された「愛国心」や「『公共』の精神」は、実際には新自由主義を支え、補完する役割を果たしているのである。

六　「戦争のできる国民」づくり――「愛国心」のもう一つの背景

「愛国心」教育が浮上してきた背景には、さらに「戦争のできる国民」づくりを目指す日本の軍事大国化の動向がある。憲法第九条の「戦争放棄」条項を維持しながらも、自衛隊を保有し、日米安保条約を締結している日本の安全保障政策は、憲法九条「改正」を目指す保守政権と市民における戦争に対する深い反省と根強い平和主義、反戦平和運動とのパワーバランスとの妥協点として、また戦後における米ソ冷戦体制と極東における日本の地政学的位置の及ぼした影響の結果として成立してきた。しかしこの政策は一九九〇年代、大きな転換を迫られることとなる。一九八九年におけるベルリンの壁の崩壊、一九九一年のソ連邦解体による冷戦体制の終焉は、米国及び西側諸国にとって第二次世界大戦後、イデオロギーと安全保障において最大のライバルが消滅したことを意味した。ソ連・東欧圏の崩壊によって、世界は資本が自由に活動できる単一の市場によってつながることとなった。これはアメリカをはじめとする西側諸国の資本・企業にとって市場の大幅な拡張をもたらした。しかし世界単一市場の成立は、宗教的・民族的原理主義の台頭や地域紛争、覇権国家といった新たな「障害物」に出会うこととなった。冷戦後、アメリカはグローバルな市場秩序維持を目的とする軍事行動を、湾岸戦争をはじめとして、たびたび行なうようになった。この世界大の市場秩序維持を目的とする戦争には莫大な財政負担が必要なのであり、アメリカは同盟国である日本に対して軍事分担を強力に求めるようになった。

また一九八五年の「プラザ合意」による急速な円高＝ドル安の進展は、日本企業の海外進出を促進した。日本経済のグローバル化がこれ以降急速に進んだ。経済のグローバル化は日本企業が進出先地域の政治的・社会的現実に直面することを余儀なくさせた。企業が安価な労働力や資源を求めて進出した地域には、民族対立や地域紛争、経済的格差に伴う暴動など企業の自由な活動や資産を脅《おびや》かす可能性が多く存在している。現地における安定した企業活動や莫大な海外資産の維持のため、日本の企業・財界は現地での「軍事的プレゼンス」＝「自衛隊の海外派兵」を強く要請するようになった。

こうしたアメリカと国内における企業・財界の要求によって、日米安保再定義、自衛隊海外派兵への動きが急速に進むこととなった。しかし、一九九〇年代前半においては国内の根強い反戦意識や平和主義に配慮せざるを得ず、保守政権は「国連中心主義」または「国際貢献」というスローガンを掲げざるを得なかった。これによって一九九二年、ＰＫＯ協力法が成立した。ＰＫＯ協力法によって自衛隊海外派兵への道を開いた後、日米安保条約の再定義が行なわれ、一九九七年に新ガイドライン（日米防衛協力のための指針）が日米間で締結された。これは日本「周辺」での米軍の軍事行動に対する協力体制構築を目指したものであった。このための法的整備を行なったのが、一九九九年に法制化された周辺事態法である。さらに二〇〇一年、九・一一反米同時テロ事件の後、テロ対策特別措置法が制定され、そこでは地理的限定がはずされており、アメリカによる戦争の協力のために自衛隊がアラビア海に派遣された。

こうして「専守防衛」という枠が外れ、集団的自衛権の行使へと確実に近づいていくなかで、「戦争のできる国家」づくりへ向けて最後に残された課題が、軍事行動に対する肯定的な国民意識の形成であった。そのためには戦後培われていた人々の根強い平和意識を払拭する必要があるのであり、それを実践する場として選ばれたのが戦後における平和主義の拠点の一つであった学校教育であった。「つくる会」の「新しい歴史教科書」は、侵略戦争の賛美へと国民意識を向かわせる機能をもつものであるし、国旗・国歌法による「日の丸」「君が代」の事実上の強制は、反戦・平和意識をもつ教員を大量処分し、教育現場における言論・思想の自由を圧殺している。今回の教育基本法「改正」における「郷土や国を愛する心」や「日本人としてのアイデンティティ」といった「愛国心」の導入は、一九九〇年代に進められてきた軍事大国化の仕上げとして、「戦争のできる国民」づくりを行なうためのイデオロギーとして要請されていると言える。「愛国心」とワンセットで出てくる「国際社会の一員として」という言葉は、ナショナリズムの「歯止め」としてではなく、それを支える重要なポイントであることをおさえる必要がある。ここでの国際社会とは、アメリカをはじめとする先進諸国がその軍事力で維持・安定をはかっているグローバルな市場秩序なのであり、これに参加・貢献することが日本の軍事大国化の目的だからである。

七　民主から愛国へ

今回の教育基本法「改正」の意義はどこにあるのか。それは臨教審によって提起されて以来推進されてきた新自由主義改革や一九九〇年代に進められてきた軍事大国化が、既存の教育システムに対する改革や批判ではなく、国家の教育政策の中枢に据えられる段階になったことを意味する。新自由主義による能力主義の推進は、教育基本法に明記されている教育の機会均等と真っ向から衝突し、また社会矛盾や階層化への対応や「戦争のできる国民」づくりの一環として持ち込まれる「郷土や国を愛する心」「『公共』の精神」も、個人の人格の尊重という理念と鋭い葛藤を起こすことは間違いない。

こう考えると政府・文部科学省は教育基本法「改正」を余儀なくされたのではないかということになるが、実際にはもっと積極的に今回の「改正」を位置づけていると思われる。それは中教審の中間報告において、教育振興基本計画の策定の根拠となる規定を置くこととなっている教育基本法の第一〇条の「改正」に明確にあらわれていると言えるだろう。教育基本法第一〇条は次のようになっている。

教育は、不当な支配に服することなく、国民全体に対し直接に責任を負って行われるべきものである。

教育行政は、この自覚のもとに、教育の目的を遂行するに必要な諸条件の整備確立を目標として行わなければならない。

これは前にも述べたように、国家・政府からの教育への介入に対して、その自由を守る上で重要な役割を果たしてきた条文である。この条文は、教育という営みが自主性・自律性を要請するものであり、公権力によって教育の内容・方法を統制してはならず、教育行政は学校の設備・施設など教育の目的を遂行するために必要な教育条件の整備のみに関わると、多くの研究者によって解釈されてきた。しかし、中教審の中間報告における以下の部分を読むと、この点について重要な変更がなされる可能性があることがわかる。

教育行政の在り方については、現行法は、教育は不当な支配に服してはならないとの原則とともに、教育行政は「必要な諸条件の整備」を目標として行われなければならないことを定めている。前者については、重要な教育の基本理念として今後とも大切にしていく必要があると考える。また、「必要な諸条件の整備」の内容に関しては、その解釈について過去様々な議論が行われたが、既に判例により解釈が確定しているという経緯を踏まえ、国、地方公共団体の責務を含めた教育行政の基本的な在り方を示すという新しい視点から規定することが適当と考える（傍点：筆者）。

教育は不当な支配に服してはならないという原則は、今後とも維持するとされている。しかし、教育行政の任務である「必要の諸条件の整備」の内容については、「既に判例により解釈が確定している」となっている。ここでの判例とは、教育基本法第一〇条の解釈をめぐって争われた旭川学力テスト事件の最高裁判決をさすと思われる。この判決においては、学習指導要領など教育行政による教育の内容及び方法への介入が一定の範囲で認められている。この判例に依拠することで、教育行政による教育内容・方法への介入を意図していることが予測される。また教育振興基本計画の内容は、これまで見てきたように「個性、才能をのばす教育」、「『公共』に主体的に参画する意識や態度の涵養」、「日本人のアイデンティティ」といった教育の目的・内容に直接関わるものが数多く挙げられている。この第一〇条の「改正」は教育行政による教育内容への介入を促進させることは間違いないだろう。

こうした教育内容への直接介入に加えて、教育振興基本計画を組み込むことは教育基本法の性格を一変させる。教育勅語に代わる教育理念を示したものであった教育基本法が、教育政策を具体的に方向づける役割を果たすことになる。しかも教育振興基本計画が科学技術基本法における科学技術基本計画と同様の位置づけをされるとすれば、それは政府が関係審議会の議論を経て決定できる仕組みとなる。つまり教育基本法で基本計画策定が根拠づけられれば、担当官庁が自由に基本計画を策定することができることになる。これが実現すると、文部科学省がその時々の教育改革（たとえば現在の新自由主義改革）を教育振興基本計画に盛り込めば、国会の審議を経ることなく、その方針が教育基本法によって正当化されることになるのである（渡辺 二〇〇二）。文部科学省は教育基本法「改正」によって、教育政策決定の巨大な権限を得ることができるのである。

以上のように教育基本法「改正」は、新自由主義改革と「戦争のできる国民」づくりが教育政策の中枢を占めつつある現時点において、それを本格的に進めるための重大なステップとして位置づけられていると言える。国家の国際競争力を高めるための新自由主義と軍事大国化を支える愛国心が「教育の目的」として設定されれば、現在の改革はさらに加速度を増して進むだろう。

学校・教育が市場の論理や愛国心を教える方針に逆らうことは、政府による財政的コントロールの圧力によって困難になる。新自由主義に対する抵抗が新自由主義によって抑圧されるという構図が出来上がるだろう。

戦後教育の歴史において、教育基本法の理念は絶えず現実の教育行政によって裏切られ続けてきた。教育基本法に基づく民主教育が成立していた期間の短さや範囲の狭さを知っている人々は、それを擁護しようとすることにある種の空しさを感じることもあるかも知れない。しかし今回の教育基本法「改正」は、民主教育の「空洞化」といったこれまでの事態とは全く異なり、固定化した差別社会をつくりだす新自由主義改革とグローバルな市場秩序を支えるための軍事大国化へ向けて、この社会に生きる一人ひとりを「動員」あるいは「統制」するという教育政策の根本的な転換を目指している。それに対して教育基本法の理念は真っ向から対立しているのであり、だからこそ「改正」が政治日程に上ってきているのである。今回の教育基本法「改正」問題は、戦後民主教育の擁護か否定かというよりも、新たに提起された愛国心と新自由主義による統治を認めるか否かという課題として位置づけることがより適切であるだろう。「改正」への反対という実践を通して、教育基本法はこれまでになかった新しい意味を獲得する可能性をもっている。排外主義と憲法九条「改正」へ向けての反動化が急速に進むなか、冷静で緻密な分析の必要性と同時に、危機を再生へのチャンスと捉えるまなざしと思想性が今ほど望まれているときはない。教育基本法「改正」のゆくえにこの社会の自由と平和の未来がかかっている。

註

（1）これについては（小熊 二〇〇二）の特に第九章を参照。小熊英二は戦後初期における左派教育学者や日教組の教育基本法批判、民族教育論を検討している。

（2）たとえば、戦後教育における「国家からの自由」と近年の教育改革における「市場の自由」とは大きく異なる概念であるが、そのことは教育改革国民会議において全く議論されていない。また個人主義の弊害として批判されているものも、社会の市場化に伴って進んでいる私事化（privatization）に対応する事柄であることが多く、議論としての客観性に乏しいと言わざるを得ない。

（3）教育基本法の条文にある「国民」というカテゴリーも、戦後教育において在日朝鮮人をはじめとする非「国民」を排除し、民族教育を抑圧する機能を果たしてきた面があり、そのことは改めて批判的に検討される必要があるだろう。

教育は誰のものなのか——教育基本法「改正」問題のアリーナ

現代思想 2004 年 4 月号「特集＊教育の危機」

「教育は誰のものなのか」

教育基本法「改正」反対の意義を考察した論文。「教育の権利」を自覚することすら困難な教育状況では、現行の教育基本法を「守る」だけでは足りない。教育基本法「改正」に反対する実践を通じて教育基本法を「獲得」し、これまで強いられてきた「受動性」を解体することの重要性を論じている。

教育基本法「改正」問題が、政治的課題として大きく浮上している。この教育基本法「改正」問題の焦点は、いったいどこにあるのだろうか。ここではそれについて考えてみたい。

教育基本法「改正」は、現行の教育基本法が個人の尊厳や個人の価値を基盤としているのに対して、教育を国家戦略のための人材育成を行なうためのものへと転換する方向を明確に示している。グローバル化時代のさらなる経済競争とそれを支える派兵国家のためにふさわしい「国民」の育成が、教育基本法「改正」の目的である。

この教育基本法「改正」への批判を行なおうとするとき、二つの困難な課題に直面する。一つはすでに教育基本法「改正」が教育現場で次々と先取りされていることだ。たとえば、二〇〇三年一〇月二三日に東京都教委が出した「入学式、卒業式等における国旗掲揚及び国家斉唱の実施について」という通達である。そこでは「日の丸・君が代」の実施について「職務命令」を出し、それに従わない教職員は処分するという方針を打ち出している。これは教育行政による教育内容への介入を「不当な支配」として認めていない教育基本法第一〇条に、違反している可能性が極めて濃厚であると言えるだろう。こればかりでなく戦後の管理統制を基調とする教育行政は、教育基本法第一〇条を十分に尊重してきたとは言いがたい。アジア・太平洋戦争を賛美し、中華人民共和国や朝鮮半島の人々を蔑視する内容をもつ「つくる会」教科書の検定合格と採択は、教育基本法前文の「真理と平和を希求する人間の育成」や第一条（教育の目的）にある「平和的な国家及び社会の形成者」という理念からは、かけ離れている。また「ゆとり」と「個性化」という名の下に、差別や格差を拡大する教育の新自由主義改革は、教育基本法第三条（教育の機会均等）を尊重しているとは言えないだろう。教育基本法に違反する既成事実の積み重ねは、この法への信頼や関心を低め、「改正」批判を困難にしてしまう可能性が高い。

もう一つさらに深刻なのは、現在教育に関わる多くの人々にとって、教育基本法の中心的理念である〈教育の権利〉というものを意識することが困難になっているということである。それには歴史的な背景がある。一九五〇年代から政府の教育政策の転換によって、教育委員の公選制は任命制へと変わり、学習指導要領の拘束力も強化された。地域住民が自らの希望や意志を、教育委員会を通じて学校教育に反映させることは困難となり、教科書をはじめ教育内容への文部省による中央集権的統制は強くなった。戦後における教育の民主化によって獲得された国民の諸権利は、次々と奪われていったのである。一九五〇年代以降、高校や大学への進学率は急上昇し、多くの人々にとって進学への機会は拡大した。しかしそのことは、人々が〈教育の権利〉を獲得したことを意味しない。むしろ〈教育の権利〉が人々の意識から薄れていくなかでの進学率の急上昇が、教育を経済的、社会的地位獲得のための手段へと特化し、強固な学歴社会を生み出したと言えるだろう。

教育の権利が剥奪《はくだつ》された状態が長く続けば、管理や統制に素直に従うか、教育サービスを受け取ることに専念する消費者になるしかない。どちらにも強固な「受動性」が意識を貫いている。教育の管理主義と学歴主義は、多くの人々に「受動的」であることを強制したのである。教育の権利を奪われ、「受動的」であることに慣らされたことによって、多くの人々は教育の権利を自らがもっていることを想像することができなくなってしまっている。権利はそれを行使することによってしか守れないとよく言われるが、「権利が存在する」ということを意識することすら、できない状況が生まれていると言えるだろう。ここで教育基本法「改正」への反対や教育基本法を守る意義を訴えても、それが理解されるのは容易ではない。教育基本法は現実に守られていないという点でその意義を感じることが困難であるし、教育基本法によって保障されているとされる諸権利は、その存在すら忘却されている可能性が高いからである。

教育基本法「改正」はその目的を国益＝「国家戦略としての教育」としていることからもわかるように、「教育は国家のものである」という考えを明確に打ち出している。さらに愛国心＝「郷土や国を愛する心」や「『公共』の精神」を教育によって定着させることを目指している。すでに道徳の補助教材『心のノート』や「愛国心」通知表、教職員への人事考課など、それを行なうための政策が次々と実施されている。国益のために喜んで貢献する「心」や「内面」を学校教育を通して養成することが狙われている。教育基本法が「改正」されれば、それに従わない、あるいは逆らおうとする教職員や子どもは、様々なかたちで選別・排除されていくだろう。これまでかろうじて残っていた教育現場の自由は徹底的に奪われてしまう。

教育の目的が国家のためのものと規定され、それに従わない教職員や子ども一人ひとりの心が簒奪《さんだつ》されようとしているぎりぎりの状況のなかで、「教育は誰のものなのか」ということこれまで忘却されてきた問いは、切実な意味をもってきている。その問いに対する答えは、現行の教育基本法を「守る」ということだけでは十分ではないだろう。それは教育基本法が現実には守られていないという事態を隠蔽し、また教育基本法で保障されている諸権利がすでに意識すらされにくくなっている現状を問うことができないからである。

必要とされているのは、国益に教育を従属させる教育基本法「改正」に反対する実践を通じて、これまで奪われてきた教育への様々な権利を私たちが自覚化することだろう。権利を自覚化することによって初めて、強いられてきた「受動性」を解体することが可能となるからである。教職員、子どもそして保護者が「受動性」から解き放たれた時、学校教育は与えられたものを受けとる場から、自らの意志や願望を生かす場へと再定義される。ここで国益への従属や学歴の獲得とは異なる価値が発見され、現行の教育基本法の理念を意義あるものとして受けとめることができるようになる。教育基本法が国家権力に対して強い拘束力をもつ法であること、個人の尊厳や機会の平等、教育行政に対する自律性が奪われている教育現場の現状に対して、有効な批判を行なう武器となりうることなどが切実な意味をもってくる。それは現行の教育基本法を「守る」というよりも、新たに「獲得する」実践であるといった方が適切だろう。

教育基本法を新たに獲得する実践は、教育基本法「改正」問題にとどまらない。それは現場の教職員、子ども、親、地域住民が、これまで奪われてきた教育の権利を自覚し、日常の教育における様々な場面で、その権利を行使することを意味するだろう。それはこれまで絶えず、「受動的」であることを多くの人々に強いてきた官僚統制と市場主義的競争によって特徴づけられる現行の教育システムを、強い自律性と公共性を兼ね備えたものへと変革していくことにつながっていく可能性をもっている。教育基本法「改正」に反対する実践を通して、「教育は私たちのものだ」という〈教育の権利〉と〈自治の意識〉を獲得していくこと、そのことが今ほど望まれている時はない。

格差と排除の教育マニュアル——教育再生会議第一次報告批判

現代思想 2007 年 4 月号「特集＊教育の未来」

「格差と排除の教育マニュアル」

教育基本法「改正」後に、教育再生会議が二〇〇七年に発表した「第一次報告」を考察した論文。「第一次報告」は改定教育基本法の具体化であり、公教育の縮小による教育の市場化・私事化から、公教育システム自体の市場化へと新自由主義が第二ステージに進んでいることを指摘。二〇二〇年実施予定の大学入学共通テストも、入試制度そのものの市場化・民営化を示している。

一　はじめに

二〇〇六年九月二六日に発足した安倍晋三内閣は一〇月一〇日に、教育再生会議を設置した。安倍晋三著『美しい国へ』の第七章で「教育の再生」が論じられていることからもわかるように、「教育再生」は安倍政権の最重要課題の一つとなっている。

二〇〇六年の臨時国会において教育基本法「改正」法案の審議が進められ、一二月一五日の参議院本会議で採決された。その後、教育再生会議は二〇〇七年一月二四日に第一次報告を発表した。この第一次報告は、教育問題を解決することを目指すと同時に、改定教育基本法の具体化を進めるものとなっている。第一次報告では「四つの緊急対応」として、教員免許更新制を導入する教育職員免許法の改正、教育委員会制度の抜本改革を目指す地方教育行政の組織及び運営に関する法律の改正、学習指導要領の改訂及び学校の責任体制の確立を目的とする学校教育法の改正が提言されている。これら教育関連法案は、二〇〇七年三月にも国会に提出されようとしている。

ここでは改定教育基本法の具体化を進め、今後の教育改革に重要な影響をもつことが予測される教育再生会議第一次報告の内容を批判的に検討することとする。

二　「ゆとり教育」から学力向上へ——新自由主義の第二ステージ

教育再生会議第一次報告では、教育再生のための当面の取組みとして「七つの提言と四つの緊急対応」を挙げている。七つの提言とは次の通りである。

一.「ゆとり教育」を見直し、学力を向上する
二.学校を再生し、安心して学べる規律ある教室にする
三.すべての子供に規範を教え、社会人としての基本を徹底する
四.あらゆる手だてを総動員し、魅力的で尊敬できる先生を育てる
五.保護者や地域の信頼に真に応える学校にする
六.教育委員会の在り方そのものを抜本的に問い直す
七.「社会総がかり」で子供の教育にあたる

七つの提言はそれぞれ、一から三は〈教育内容の改革〉、四は〈教員の質の向上〉、五と六は〈教育システムの改革〉、七は〈「社会総がかり」での全国民的な参画〉と四つの領域の改革として設定されている。

このなかでも第一に挙げられている『「ゆとり教育」を見直し、学力を向上する』は、第一次報告のなかでも特に重要な位置を占め、大きな注目を集めているといってよいだろう。第一の提言を詳しく見てみよう。

一．「ゆとり教育」を見直し、学力を向上する

――「塾に頼らなくても学力がつく」、教育格差を絶対生じさせない――

（一）「基礎学力強化プログラム」

［授業時数の一〇パーセント増加、基礎・基本の反復・徹底と応用力の育成、薄すぎる教科書の改善］

学習指導要領改訂

（二）全国学力調査を新たにスタート、学力の把握・向上に生かす

（三）伸びる子は伸ばし、理解に時間のかかる子には丁寧にきめ細かな指導を行う

［習熟度別指導の拡充、体力もつける、地域の実情に留意のうえ学校選択の導入］

第一の提言は、「ゆとり教育」から学力向上への路線転換を打ち出している。これが教育再生会議第一次報告の目玉として喧伝されている。この路線転換は世論の強い支持を得ている。たとえば二〇〇七年一月二八日のフジテレビ報道二〇〇一の電話調査によれば、「ゆとり教育の見直しに賛成か」という質問に対してＹｅｓが八四・〇パーセント、Ｎｏが一一・二パーセントとなって

いる。また一月二九日に毎日新聞が行なった世論調査によれば、「政府の教育再生会議は、小中学校で授業時間を一〇パーセント増やすなど、ゆとり教育の見直しを提言しました。この提言に賛成ですか、反対ですか」という質問に対して賛成が七一パーセント、反対が一九パーセントであった。ゆとり教育の見直しに対して世論の圧倒的な支持があることがわかる。

しかしこれらの世論調査の結果には、この間進められてきた教育改革についての大きな誤解があらわれていると言える。「ゆとり教育」が、この教育再生会議の第一次報告で初めてはっきりと転換したという認識は誤りである。

「ゆとり教育」としてここで想定されているのは、二〇〇二年四月から適用された新しい学習指導要領の下での教育である。ここで、学校完全週五日制と学習内容の三割削減、「総合的な学習の時間」の創設などが行なわれた。

しかし、この新学習指導要領の適用の直前である二〇〇二年一月に、文部科学省は「確かな学力の向上のために二〇〇二アピール『学びのすすめ』」を発表している。ここでは「確かな学力」育成の方針が根本に据えられ、そこへ向けて少人数授業・習熟度別指導など「個に応じた」指導の実施、発展的な学習、放課後の補習や宿題の奨励などが提言されている。教育再生会議第一次報告のいう「学力を向上させる」という方向は、すでにこの時点で打ち出されていたのである。この点から、「ゆとり教育」の転換として教育再生会議第一次報告を捉えることは間違いであると言える。

だとすれば、二〇〇二年四月から本格的に始まった「ゆとり教育」と、その直前に出された『学びのすすめ』との関係をどう考えれば良いのだろうか。整合性のない政策の同時進行とか、世論の批判をかわすための行政側のポーズといった捉え方は正しくない。「ゆとり教育」と「学力向上」という一見矛盾したものの共存というこの事態は、実際には両者が対極的位置にはないことを意味しているのである。

二〇〇二年四月からスタートした「ゆとり教育」の実態は、学校の「スリム化」=「公教育の縮小」に他ならなかった。学習内容が三割カットされたとはいえ、進路指導、生活指導、学校行事を含む教育内容全般の削減抜きで導入された学校週五日制は、学校現場のゆとりを一層奪うものとなった。「総合的な学習の時間」やティーム・ティーチングといった改革も、それに見合うだけの予算と人員の手当てを行なわずに実施されたため、現場教職員の労働強化をもたらし、十分な効果を上げているとはいえない。

『学びのすすめ』において重要なのは、学習指導要領の位置づけに大きな転換があったことである。それは「指導に当たっての重点等を明らかにした」五つの方策の二点目である。

二　発展的な学習で、一人一人の個性等に応じて子どもの力をより伸ばす

学習指導要領は最低基準であり、理解の進んでいる子どもは、発展的な学習で力をより伸ばす

ここで学習指導要領は最低基準であることが明記されている。これはそれまでの学習指導要領の位置づけを大きく変えるものである。戦前の画一的教育を反省して、一九四七年に大まかな基準の「試案」として出された学習指導要領は、一九五八年の改訂によって拘束力を強めた。それ以降、教育課程の基準としてその範囲を逸脱することは歯止め規定によって禁じられてきた。しかし二〇〇二年の『学びのすすめ』では学習指導要領は最低基準と変えられ、それを超える「発展的な学習」が認められたのである。

学習指導要領が最低基準とされ、「発展的な学習」を認めるということは、子ども間、学級間、そして学校間の教育格差を積極的に容認するということを意味する。この『学びのすすめ』の提言は、二〇〇二年四月からスタートした「ゆとり教育」の方向と矛盾せず、底流では結びついている。「ゆとり教育」は、学校週五日制と学習指導要領の改訂による学習内容の削減によって、公教育における共通教育水準の切り下げを行なった。学校週五日制は、塾や予備校など学校外教育機関を利用できる子どもたちの「発展的な学習」の効果を拡大し、そうでない子どもたちとの格差を助長した。また「個に応じた」教育というスローガンで進められた習熟度別指導も、子どもたちの間の格差を拡大する。つまり公教育の共通水準の引き下げと格差の拡大という点で、「ゆとり教育」と『学びのすすめ』は矛盾せず、整合性をもっているのである。

『学びのすすめ』や教育再生会議第一次報告を「ゆとり教育」から「学力向上」への「転換」と捉えてはならない。それは公教育の縮小と格差拡大という新自由主義の枠のなかでの「変化」

に過ぎないのである。教育再生会議第一次報告は、一九九〇年代後半から盛んとなった「学力低下」批判[1]を「授業時数の一〇パーセント増加」や「薄すぎる教科書の改善」という提言によって受け入れたように見せているが、子どもたち全体の学力向上を図る政策は出されていない。学習指導要領には、「最低限、到達すべき目標」を明示し、それに対応した教科書が作成される。「薄すぎる教科書」を改め、「発展的学習と補充的学習を充実」させる。教科書のなかにレベル差が持ち込まれることで、子どもたちの学力に格差がつけられることになる。子どもたちの能力や理解度に応じた教育を推進するために、少人数教育や習熟度別指導の拡充が提言されている。二〇〇七年四月からスタートする全国学力調査はこれらの教育改革の結果を評価し、さらなる格差化を助長するであろう。教育再生会議第一次報告が第一の提言のタイトルに掲げている「教育格差を絶対生じさせない」というスローガンと、これらの具体的施策との間には大きな矛盾が存在する。

教育再生会議第一次報告の学力向上策は、改定された教育基本法における「教育の機会均等」や「義務教育」の条文とも深く関わっている。関連のある条文を見てみよう。

改定後の教育基本法第四条（教育の機会均等）

すべて国民は、ひとしく、その能力に応じた教育を受ける機会を与えられなければならず、人種、信条、性別、社会的身分、経済的地位又は門地によって、教育上差別されない。

改定後の教育基本法第五条（義務教育）

2　義務教育として行われる普通教育は、各個人の有する能力を伸ばしつつ社会において自立的に生きる基礎を培い、また、国家及び社会の形成者として必要とされる基本的な資質を養うことを目的として行われるものとする。

3　国及び地方公共団体は、義務教育の機会を保障し、その水準を確保するため、適切な役割分担及び相互の協力の下、その実施に責任を負う。

改定後の教育基本法第四条では、改定前には「能力に応ずる教育」とされていた箇所が「能力に応じた教育」と変えられており、能力による教育機会の差をより容認する表現となっている。また改定後の教育基本法第五条（義務教育）の第二項では、「各個人の有する能力を伸ばしつつ」とされ、義務教育段階からその時点での子どもの能力を所与の前提として、格差教育を積極的に推進する内容となっている。第三項では「水準を確保する」ことが、国家や地方公共団体による小・中学校の役割であると明記されている。

教育再生会議第一次報告で提言されている初等中等教育における習熟度別指導や少人数教育の拡充、全国学力調査の実施とその活用は、改定教育基本法における「教育の機会均等」と「義務教育」の条文を具体化したものである。教育基本法改定の一つの柱が新自由主義であることを筆者はすでに論じてきたが（大内 二〇〇三、大内・高橋 二〇〇六）、教育再生会議の第一次報告はそれを明確に推進する内容となっている。

こうして見ると教育再生会議第一次報告は、「ゆとり教育」から「学力向上」への転換ではなく、「ゆとり教育」をスローガンとする新自由主義の第一ステージから、「学力向上」をスローガンとする新自由主義の第二ステージへの移行を示していることがわかる。「ゆとり教育」とは、実際には公教育システムの縮小によって教育の市場化や私事化を促進し、出身階層による教育格差を拡大するものであった。「学力向上」によって教育再生会議がこれから進めようとしているのは、すでにつくられてきた出身階層による教育格差を前提にして、学力を基準に公教育システムそのものを市場化することである。これが実現すれば、複線化＝差別化された教育システムを媒介として、子どもたちの教育格差が一層、拡大・固定化することは間違いないだろう。

三　子どもの排除につながる「いじめ」対策

学力と並んで教育再生会議第一次報告での目玉とされたのが、「いじめ」対策である。二〇〇六年に大きな話題となった「いじめ」自殺にいかに対応するかが、教育再生会議を発足させる際の主要な課題の一つであった。

教育再生会議第一報告は七つの提言の二番目に「いじめ」について次のような対策を挙げている。

二．学校を再生し、安心して学べる規律ある教室にする
（一）いじめと校内暴力を絶対に許さない学校をめざし、いじめられている子供を全力で守る
［いじめ相談体制の抜本的拡充、荒れている学校をなくすため予算・人事・教員定数で支援］
（二）いじめている子供や暴力を振るう子供には厳しく対処、その行為の愚かさを認識させる
［出席停止制度を活用し、立ち直りも支援。警察等との連携。いじめの背景を調査し是正］
（三）暴力など反社会的行動を繰り返す子供に対する毅然たる指導、静かに学習できる環境の構築

平成一八年度中に通知等を見直す

ここでのポイントは、「いじめられている子ども」を守るために「いじめている子ども」に対して「毅然とした対応」を教員と学校に要請するということである。第一次報告が出された後、文部科学省は二〇〇七年二月五日に「問題行動を起こす児童生徒に対する指導について」という通知を出した。

しかし第一次報告の提言は、「いじめ」問題の解決につながるかというと大きな疑問がある。まずこの報告書では、「いじめ」とそうでない行為がはっきりと峻別可能だという前提で議論がなされている。「いじめ」に関する研究（森田・清永 一九九九）を参照すれば、こうした前提はとても成り立たない。現代におけるいじめの特徴の一つは、いじめの可視性の低下である。いじ

めは周囲から見えにくい構造にあり、また「いじめ」と「からかい」や「ふざけ」との境界が極めて曖昧である点を特徴としている。

だからこそ多くの研究者は、「いじめ」の定義についてこれまで議論を積み重ねてきた。たとえば森田洋司と清水賢二の研究においても、いじめについて「いじめとは、同一集団内の相互作用過程において優位にたった一方が、意識的に、あるいは集合的に、他方にたいして精神的・身体的苦痛をあたえることである」と定義が明確になされている。(2) これは「いじめ」とそれ以外の行為を区別するために不可欠な作業である。

「いじめ」の定義がされずに、その徹底的な禁止を謳う教育再生会議第一次報告は、「いじめ」の拡大解釈と過剰反応を生み出す危険性が高い。「いじめ」との境界が曖昧である「からかい」や「ふざけ」、子どもたち同士の「けんか」や「いさかい」までもが禁止の対象とされた時、その弊害は甚大である。「からかい」や「ふざけ」、子どもたち同士の「けんか」や「いさかい」などは、子どもたちがお互いの関係を構築し、集団を形成する際には不可避に発生するものであるし、また必要なものでもある。これらの行為までもが「いじめ」禁止の提言によって抑圧されることになれば、子どもたちはお互いの関係を構築し、集団を形成する機会すら奪われることとなるだろう。

「いじめ」を発見した後の、「いじめられている子ども」を守るために、「いじめている子ども」に「毅然した対応」を行なうという提言にも疑問がある。ここでは「いじめられている子ども」と

「いじめている子ども」がはっきりと二分されているという認識があるが、これも「いじめ」についてのこれまでの研究成果を無視している。

近年の「いじめ」研究で得られてきた重要な知見は、「いじめている子ども」と「いじめられている子ども」の立場の入れかわりが激しいこと、そして加害者・被害者を特定することが困難となっていることである。「いじめている子ども」対「いじめられている子ども」という単純な構図はむしろ稀である。今日では「いじめている子ども」が、明日には「いじめられている子ども」になっているという複雑な構図が存在している。立場が頻繁に入れかわるという「いじめ」のありようが、今はどちらにも入っていない子どもたちには強い不安をもたらす。自分がいつ「いじめられる」側にまわるかわからないという不安が、「いじめ」への同調や黙認を生み出すことになる。加害者と被害者を特定することは容易ではない。「いじめ」は、典型的な「いじめっ子」やガキ大将だけが引き起こすようなものではなくなっている。子どもの日常の学校での過ごし方から「いじめっ子」を特定することは困難である。

こうした状況をつくり出しているのは、いじめが「いじめている子ども」対「いじめられている子ども」という関係によってのみ生み出されているものではないからである。現代のいじめ集団の構造は基本的には「加害者」「被害者」「観衆」「傍観者」という四層構造からなっている（森田・清永 一九九四）。「いじめ」の質は「加害者」ばかりでなく、「観衆」と「傍観者」によって大きく影響される。四つの集団は固定された役割ではなく、常に入れかわりの可能性をもっている。このなかで「被害者」になることへの恐怖心が恒常的に醸成されているのである。「いじめ」は個人のレベルで発生しているのではなく、集団や組織のレベル、学級での場の力学によって生み出されている。こうした構造へのアプローチを十分には行なわず、「いじめている子ども」を特定し、厳しい指導を徹底することで問題を解決するとする教育再生会議第一次報告の提言は、「いじめ」の解決策として有効性をもっているとはいえない。教育再生会議第一次報告では、「いじめ」を行なう子どもに対して、警察等の関係機関への連絡や出席停止制度の活用が提言されている。「いじめている子ども」を無理やりにでも特定し、彼ら自身に責任を押しつけ、学校現場から排除することが目指されているのである。

四　序列化と排除を促進する「教員の質の向上」

教育再生会議第一次報告で七つある提言の四番目として、〈教員の質の向上〉が挙げられている。提言における四つの柱の一つであり、重点項目となっている。

〈教員の質の向上〉

四．あらゆる手だてを総動員し、魅力的で尊敬できる先生を育てる

（一）　社会の多様な分野から優れた人材を積極的かつ大量に採用する

（二）　頑張っている教員を徹底的に支援し、頑張る教育をすべての子供の前に

【メリハリのある給与体系で差をつける、昇進面での優遇、優秀教員の表彰】

（三）不適格教員は教壇に立たせない。教員養成・採用・研修・評価・分限の一体的改革

【実効ある教員評価、指導力不足認定や分限の厳格化】

（四）真に意味のある教員免許更新制の導入

平成一九年通常国会に教育職員免許更新改正案を提出

一九八四年に設置された臨時教育審議会において「教員の資質向上」が唱えられ、初任者研修制度の導入が答申された。以来、研修制度の充実や人事考課制度の導入などが実施されてきた。[3] 今回の教育再生会議第一次報告は、この方向を一層強化するものであると言える。一九七〇年代後半以来、教育問題として噴出した校内暴力、いじめ、不登校などに対して、「教員の資質向上」が一つの解決策として提示された。この解決策について、教員個人に責任を還元する点、個別事件を〈教育問題〉として一般化する弊害などについてはすでに論じたことがある（大内 二〇〇五）。教育問題の解決策として教員評価を導入することそれ自体も、その是非を問われなければならない課題である。その点を踏まえた上で、〈教員の質の向上〉として教育再生会議が提言した具体的な中身を検討する。

第一に教員評価を行なう主体の問題である。教育再生会議は次のように提言している。

○　教育委員会は、指導力不足教員の認定をはじめ、教員の評価を校長や教育委員会が行う際に、保護者、学校評議員、児童、生徒等からの意見も反映させる。その際、意見を聞く項目や、意見を反映させる際の重み付けを適切に判断し、評価する。

このように指導力不足教員の認定を行なうのは教育委員会であり、教員の評価を行なうのは校長と教育委員会であることが明記されている。保護者、学校評議員、生徒等からの意見も反映させるというが、意見を聞く項目やどれだけ反映させるかの判断は教育委員会にあることから、最終的な決定は教育委員会が行なうことは明らかである。

教育委員会は一九五六年の「地方教育行政の組織及び運営に関する法律」の制定により、それまでの公選制から地方公共団体の長による任命制へと変わり、一般行政からの独立や政治的中立性を確保することは困難となっている。さらに二〇〇六年に行なわれた教育基本法の改定は、教育委員会の政治的中立性を解体する危険性をもっている。

改定前の教育基本法は教育行政について次のように定めていた。

改定前教育基本法第十条（教育行政）

教育は、不当な支配に服することなく、国民全体に対し直接に責任を負つて行われるべきものである。

2　教育行政は、この自覚のもとに、教育の目的を遂行するに必要な諸条件の整備確立を目標として行われなければならない。

この条文の第一項の主語である「教育」と、教育内容のことを指している。教育内容は外部の諸勢力（政党や行政など）による「不当な支配」を受けない。教育内容は何よりも主権者＝国民に責任を負っていることが明記されている。「直接に」責任を負うということは、間接民主制の下での主権者の選挙で選ればれた立法府による介入を認めず、教育内容については現場教職員、保護者、市民の合意によって決定していくことを意味している。

第二項の主語は「教育行政」であり、教育内容のことを定めた第一項とは明確な区別がなされている。教育行政の役割は「必要な諸条件の整備」に限定されている。

これに対して二〇〇六年に改定された教育基本法においては、この条文は次のように変えられた。

改定後の教育基本法第十六条（教育行政）

教育は、不当な支配に服することなく、この法律及び他の法律の定めるところにより行われるべきものであり、教育行政は、国と地方公共団体との適切な役割分担及び相互の協力の下、公正かつ適正に行われなければならない。

「不当な支配に服することなく」という文言は残ったものの、改定前の教育基本法にあった「国民全体に対し直接に責任を負って」という部分は削除されている。教育内容と主権者との関係が遮断されているのである。代わりに「この法律及び他の法律の定めるところにより」という文言が挿入されている。これによって教育内容の法定化が可能となる。法律制定を通して、教育内容への政治・行政による介入が行なわれる危険性がある。さらに教育行政の役割を限定した部分も削除されており、無限定な介入が行なわれる危険性も高い。

議会の多数派によって教育内容が法定化され、それを通して教育行政が教育内容に介入することが合法化されれば、教育内容に対する教育行政の政治的中立性は消滅する。政治的中立性をもたない教育委員会によって教員評価が行なわれれば、それは公平なものとは言えず、さらに教員の「思想及び良心の自由」を奪うものとなるだろう。

教育基本法の改定は「教員」についても重要な修正を行なっている。

改定前の教育基本法第六条（学校教育）

2　法律に定める学校の教員は、全体の奉仕者であつて、自己の使命を自覚し、その職責の遂行に努めなければならない。このためには、教員の身分は、尊重され、その待遇の適正が、期せられなければならない。

改定後の教育基本法第九条（教員）
法律に定める学校の教員は、自己の崇高な使命を深く自覚し、絶えず研究と修養に励み、その職責の遂行に努めなければならない。

改定前の教育基本法第六条では、教員は「全体の奉仕者」であるとされている。ここでの全体とは、改定前の教育基本法第十条で教育が直接責任を負う「国民全体」のことを意味している。直接責任を負う「主権者」＝「国民全体」の奉仕者として、教員は位置づけられている。しかし改定後の教育基本法第九条では「全体の奉士者」の部分が削除され、「使命」に「崇高な」という言葉が付け加わった。「主権者」＝「国民」と切り離された上で新たに付け加えられた「崇高な」という言葉が、国家との深い結びつきを意味することは間違いない。教員はここで事実上、国家の求める「崇高な」使命を担う存在へと変えられているのである。

すでに東京都教員委員会は、二〇〇三年に出した「一〇・二三通達」によって、卒業式・入学式等の「日の丸・君が代」強制に対して不起立・不伴奏などで抵抗した教職員を大量に処分している。教育再生会議は教員免許更新制の導入を提言しており、これが制定されれば教育委員会は教員の身分を剥奪する権利をもつこととなる。教員が教育行政に対して抵抗することは困難となり、国家・教育行政による教員管理が徹底化し、教員と学校現場の自由が奪われていく危険性が高い。

二点目は教員評価による序列化がもたらす問題である。教育再生会議第一次報告では、次のように述べられている。

○ 教育委員会は、公立学校の優れた教員を、給与・昇進・手当等で優遇する。また、スーパーティーチャーの制度や部活動手当の引上げなど、頑張っている教員を評価し、教員給与に差を設け、メリハリのある給与体系とする。文部科学省・教育委員会等は、優秀教員の表彰を行う。また、希望に応じて研修の機会を与えるなど、頑張っている教員のやる気を更に高める。

教員評価の結果、優れた給与・昇進・手当等で優遇することが提案されている。処遇格差の導入によって、教員のやる気を活性化させるというのである。企業の人事管理をモデルとしたこの教員評価制度は、果たして教員の質の向上につながるであろうか。

確実に進むのは、教員の個別化・孤立化と教育現場での協力関係の衰退である。教員評価制度の導入は、教員の個別化をいやおうなく推し進めるだろう。高い評価を得るために、個人としての業績づくりを最優先する教員が増加することになる。個人としての評価を高めることにつながらない教育実践は、どうしても後回しにされるだろう。

しかし、学校での教育実践には教員間の協力によって成立しているものが数多く存在している。学校行事や集団での生活指導など、教員間の協力関係が不可欠の教育実践はこれまでより困難を強いられることとなるだろう。たとえそれらに積極的なコミットメントをする教員がいたとしても、それが自らの評価を高めるための動機や狙いで行なわれるとすれば、それはこれまでのあり方とは教育実践としての質を異にしてしまう。教員間の協力関係を悪化させる危険性は高いだろう。

教員の孤立化が引き起こす問題も深刻である。教員個人に対する評価圧力が強まれば、個々の教員が授業、学級運営、生活指導などで困難な状況に直面した時に、それを周囲に伝えることが低い評価につながることを懸念して、個人でその問題を抱え込んでしまう可能性がある。それは教員を孤立に追い込むとともに、学校現場で発生する問題を教育集団として解決する機会そのものを奪ってしまうことになるだろう。

教員が自らの直面している問題を訴えたとしても、周囲の教員が十分にサポートできなくなる可能性も高い。周囲の教員もそれぞれ自らの評価を上げることに必死であれば、他の教員を助ける余裕はなくなるからである。問題を抱えた教員は孤立化を強いられ、学校現場の困難は一層増すことになるだろう。

スーパーティーチャーの制度や優秀教員の表彰は、教員の序列化によって教員間の協力関係を困難にするとともに、教育実践の画一化をもたらす危険性が高い。教育委員会によって選ばれたスーパーティーチャーや優秀教員は、研修会の講師を務めたり、他の教員への指導助言を行なう。スーパーティーチャーや優秀教員の教育実践は、理想的なモデルとしての機能を果たすようになる。教員評価制度の下では、そのモデルの習得へ向けてすべての教員が努力することを求められるだろう。

しかし、スーパーティーチャーや優秀教員の教育実践を理想のマニュアルとしてすべての教員が習得することが、教員の質の向上につながるであろうか。現場教員の岡崎勝は名古屋市の「教員評価システムの手引き」を読んで次のように述べている。

しかし、これを読んだだけで、無理だろうなあとボクは思う。なぜなら教員の力量は、きわめて具体的かつ限定的な場面で、どのように指導なり教育的な判断をするかということ。したがって、ケースバイケースでしか評価できないのだ。同じ職場でも、子どもへの指導や対応で、同僚の評価がわかれることは多い（岡崎 二〇〇六：一二〇）。

岡崎の指摘は重要である。優れた教育実践があったとして、それはあらゆる生徒、あらゆる場面で有効であるわけではない。その実践は個別の生徒、個別の場面、個別の文脈において優れていたに過ぎないのである。一つの理想的な教育実践を習得して、それをあらゆる場面で適用するというのは、教育現場の実情を無視している。

たとえば学校ごとに地域の文化や生活レベルは異なっており、それぞれ望まれる学級運営や授業の質は違ってくる。子どもたちの一人ひとりの個性や性格によって、異なった教育的判断が必要となる。同じ子どもであっても、その時の精神状態や気分によって「優れた」教育実践は違ってくるに違いない。スーパーティーチャーや優秀教員を選ぶことによって教育実践の画一化が進行すれば、それは多様性をもった学校現場に対応した「教員の質の向上」にはつながらないだろう。

優れた教育実践を一義的には決められないという学校現場の多様性は、教員評価制度自体の困難性を示している。一つの教育実践が優れているかどうかが、個別の教育場面よって変わってくるとすれば、教育委員会や校長が一人の教員の教育実践を全体として公平かつ客観的に評価することは、ほぼ不可能であるだろう。

公平かつ客観的な評価が不可能であれば、教員評価制度において教育委員会や校長の主観的・恣意的な判断が入らざるを得なくなる。教員は教育委員会や校長の主観的・恣意的評価にさらされることとなる。教育再生会議第一次報告によれば、教員評価制度は教員免許更新制と結びつけられている。これが実現すれば、教員の校長と教育委員会に対する従属は一層深まるであろう。それは「教員の質の向上」をむしろ妨げるに違いない。

五　教育システムの改革——新自由主義を貫徹させる学校・教育委員会

教育再生会議第一次報告における七つの提言のうち、五番目と六番目は〈教育システムの改革〉となっている。具体的には学校と教育委員会のあり方が示されている。

〈教育システムの改革〉

五．保護者や地域の信頼に真に応える学校にする

（一）学校を真に開かれたものにし、保護者、地域に説明責任を果たす

【第三者機関（教育水準保障機関（仮称））による外部評価・監査システムの導入】

（二）学校の責任体制を確立し、校長を中心に教育に責任を持つ

【副校長平成一九年通常国会に学校教育法改正案を提出、主幹等の新設】

平成一九年通常国会に学校教育法改正案を提出

（三）優れた民間人を校長などの管理職に、外部から登用する

六．教育委員会の在り方そのものを抜本的に問い直す

【教育再生のためには教育委員会の再生が不可欠。その存在意義を原点に立ち返り根本的に見直す】

平成一九年通常国会に「地方教育行政の組織及び運営に関する法律」改正案を提出

（一）教育委員会の問題解決能力が問われている。教育委員会は、地域の教育に全責任を負う機関として、その役割を認識し、透明度を高め、説明責任を果たしつつ、住民や議会による検証を受ける

（二）教育委員会は、いじめ、校内暴力など学校の問題発生に正面から向き合い、危機管理

チームを設け、迅速に対応する

(三) 文部科学省、都道府県教育委員会、市町村教育委員会、学校の役割分担と責任を明確にし、教育委員会の権限を見直す。学校教職員の人事について、広域人事を担保する制度と合わせて、市町村教育委員会に人事権を極力、委譲する。

(四) 当面、教育委員会のあるべき姿についての基準や指針を国で定めて公表するとともに、第三者機関による教育委員会の外部評価制度を導入する。

(五) 小規模市町村の教育委員会に対しては、広域的に事務を処理できるよう教育委員会の統廃合を進める

学校については外部評価の実施、学校の責任体制の確立、校長などへの民間人登用などが提言されている。これらは「教育の場」としての学校を「経営体」へと移行させる政策である。私企業の経営手法を公教育に導入するこの政策は、一九九〇年代後半以降、自治体の福祉・医療・住宅・公営企業などの分野で導入されてきた「新しい行政経営（New Public Management：NPM）の教育分野への適用である。

民間人登用がとなえられていることからもわかるように、校長は学校の「経営者」として位置づけられている。副校長や主幹等の新設[4]は、「経営者」である校長を支えるスタッフの強化のために行なわれる。経営者である校長の権限強化と副校長や主幹等の経営スタッフの強化は、二〇

〇〇年の学校教育法施行規則改定で行なわれた職員会議の「補助機関」への格下げと結びついて、学校におけるトップダウン体制を強化する。学校内での自由な議論に基づく民主主義は衰退することとなる。一般教職員は、校長らが決定する「学校経営計画」を従順に遂行することを求められる。教員評価制度はここで威力を発揮することになるだろう。

学校の「経営体」化に加えて、提言されているのが「教育委員会の再生」である。具体的には教育委員会の情報公開やいじめへの対応、権限の見直し、第三者機関による外部評価制度の導入などが挙げられている。大切なことは個別具体的な変化以上に、教育委員会そのものの根本的な見直しが狙われていることである。二〇〇六年に改定された教育基本法には、教育委員会の根本的な見直しにつながる新たな条文が設けられた。

改定後の教育基本法第十六条（教育行政）

2　国は、全国的な教育の機会均等と教育水準の維持向上を図るため、教育に関する施策を総合的に策定し、実施しなければならない。

3　地方公共団体は、地域における教育の振興を図るため、その実情に応じた教育に関する施策を策定し、実施しなければならない。

4　国及び地方公共団体は、教育が円滑かつ継続的に実施されるよう、必要な財政上の措置を講じなければならない。

改定後の教育基本法第十七条（教育振興基本計画）

政府は、教育の振興に関する施策の総合的かつ計画的な推進を図るため、教育の振興に関する施策についての基本的な方針及び講ずべき施策その他必要な事項について、基本的な計画を定め、これを国会に報告するとともに、公表しなければならない。

2　地方公共団体は、前項の計画を参酌し、当該地方公共団体の実情に応じ、当該地方公共団体における教育の振興のための施策に関する基本的な計画を定めるよう努めなければならない。

改定後の教育基本法第十六条四項に、国と地方公共団体による「財政上の措置」が明記されている。国による評価と財政配分の権限に実効性を与えるのが、改定後の教育基本法第十七条に定められた教育振興基本計画である。第十七条第一項の主語は「政府」である。政府すなわち内閣が、教育の振興に関する施策についての基本的な方針および講ずべき施策についての基本的な計画を定める権限をもつ。これは実際には財界の要求を反映させるために内閣府に設置された経済財政諮問会議などの審議会の決定を、内閣総理大臣を通じて、政府の教育振興基本計画にもちこむ仕組みの創設を意味している（世取山　二〇〇七）。

財界は近年、全国学力テストの実施とその結果の自治体・学校ごとの公表、習熟度別指導や学校選択制度の拡充、教育バウチャー制度の導入などを提言している。これら財界の要求する新自由主義改革が、教育振興基本計画を通して教育システム全体を改編することとなる。

教育振興基本計画によって、政府による教育内容の決定と数値化された施策目標が設定されている。政府による教育内容の決定は改定前の教育基本法では不可能であったが、改定後の教育基本法第十六条第二項はそのことを可能とした。教育振興基本計画を策定し、各自治体にその遂行を要請する政府は、各自治体をその計画の達成度に従って評価し、「円滑かつ継続的」実施のための「財政上の措置」を講じる。財政配分によって、教育振興基本計画に基づく新自由主義改革が全国に浸透する。

改定後の教育基本法第十六条第三項にあるように、各自治体にも教育施策の策定と実施の権限はある。しかし、それは第十七条第二項が「前項の計画を参酌し」と定めるように、政府の教育振興基本計画に基本的には沿った内容となる。自治体は自らの教育振興基本計画に基づいて各学校を評価し、それに従って予算を配分することが可能である。これによって政府による新自由主義改革が地方公共団体の教育振興基本計画を通して、各学校レベルまで貫徹することが目指されているのである。

教育振興基本計画によって、政府→自治体→学校というトップダウン方式での新自由主義改革が行なわれようとしている。それを円滑に運行ならしめるために政府と自治体、自治体と学校を媒介する役割を期待されているのが教育委員会である。しかし現在の教育委員会はその機能を十分に果たせる組織にはなっていない。

戦後の教育委員会制度と分権的な教育システムは、一九五〇年代後半以降の教育政策の転換によって大きな後退を迫られたものの、教職員組合や市民運動の力もあって、政府による新自由主義改革に対する防波堤の役割を現在でも果たしている。

新自由主義改革を貫徹させるためには、学校の経営体への転換と並んで教育委員会の根本的な見直しが不可欠である。教育委員会は新自由主義改革を積極的に指導し、その結果を点検・調査する組織へと改編されることが望まれている。具体的には政府の教育振興基本計画の各自治体における実施を促し、その結果を調査・評価する役割を果たす。また地方版の教育振興基本計画の作成に関わるとともに、学校現場への実施を促し、その結果を調査・評価することである。

各学校の校長は「学校経営計画」を作成するが、そこでは政府・地方公共団体の教育振興基本計画に沿ったものが要請され、その達成度が評価される。一般教職員に対して権限を強化した校長は、他方で「学校経営計画」の達成度について厳しい評価を受ける存在に過ぎない。各学校・各校長を評価する権限をもつ教育委員会・地方公共団体は、その一方で評価のあり方や教育振興基本計画の実施状況について、政府から評価されることとなる。

新自由主義の実施にあたっては、権限をもつと同時に評価を受けるというメカニズムが活用される。それは新自由主義改革が、地方分権を推進するという名目のもとに行なわれることと関わっている。校長、教育委員会、地方公共団体の権限強化は、新自由主義改革推進の手段となっている。たとえば地方公共団体が「自主的な」教育振興基本計画を作成する権限をもったとしても、その基準となるのは政府の教育振興基本計画であるから、政府は地方公共団体による計画の執行を実質的には強制し、その結果を評価する権限を握ることとなる。現在の地方分権が、評価を通した強力な国家介入の枠組みのもとで進められている点を捉えることが重要である。教育再生会議第一次報告で提案された「学校の経営体化」と「教育委員会の再生」は、政府→自治体→学校というトップダウン方式での新自由主義改革を進める梃子の役割を果たすであろう。

六　社会全体を通した統治

教育再生会議第一次報告における七つの提言のなかでは、家庭、地域、企業など教育システム外への提言も行なわれている。

三．すべての子供に規範を教え、社会人としての基本を徹底する
（一）　社会人として最低限必要な決まりをきちんと教える
【家庭、学校、地域の責任、学習指導要領に基づく「道徳の時間」の確保と充実、高校での奉仕活動の必修化、大学の九月入学の普及促進】
（二）　父母を愛し、兄弟姉妹を愛し、友を愛そう
【体験活動の充実】

七．「社会総がかり」で子供の教育にあたる

（一）家庭の対応——家庭は教育の原点。保護者が率先し、子供にしっかりしつけをする——

【「家庭の日」を利用しての多世代交流、食育の推進、子育ての支援窓口の整備】

（二）地域社会の対応——学校を開放し、地域全体で子供を育てる——

【放課後子どもプランの全国展開、地域リーダー（教育コーディネーターの活用）】

（三）企業の対応——企業も「仕事と生活の調和（ワークライフバランス）」を実現し、教育に参画する——

【学校への課外授業講師の派遣、子供の就業体験等の積極受入れ、休暇制度の改善・充実】

（四）社会全体の対応——有害情報から子供を守る——

【家庭自身がチェック、フィルタリングの活用、企業等の自主規制の一層の強化】

ここでは子どもたちの規範意識の低下が問題とされ、学校での集団生活やスポーツを通して、それを学ばせるべきだと提言されている。家庭や地域の教育力が衰退している現状(5)では、この面での学校が果たすべき役割は重大であるとされている。

学校における規範意識の育成は、改定後の教育基本法での重要なポイントでもある。

改定後の教育基本法第二条（教育の目標）

教育は、その目的を実現するため、学問の自由を尊重しつつ、次に掲げる目標を達成するよう行われるものとする。

一　幅広い知識と教養を身に付け、真理を求める態度を養い、豊かな情操と道徳心を培うとともに、健やかな身体を養うこと。

二　個人の価値を尊重して、その能力を伸ばし、創造性を培い、自主及び自律の精神を養うとともに、職業及び生活との関連を重視し、勤労を重んずる精神を養うこと。

三　正義と責任、男女の平等、自他の敬愛と協力を重んずるとともに、公共の精神に基づき、主体的に社会の形成に参画し、その発展に寄与する態度を養うこと。

四　生命を尊び、自然を大切にし、環境の保全に寄与する態度を養うこと。

五　伝統と文化を尊重し、それらをはぐくんできた我が国と郷土を愛するとともに、他国を尊重し、国際社会の平和と発展に寄与する態度を養うこと。

改定後の教育基本法第二条（教育の目標）では、「道徳心」や「我が国と郷土を愛する」態度など、五項目にわたって数多くの徳目が定められている。改定前の教育基本法第二条「教育の方針」が、「人格の完成」へ向けて「学問の自由」や「自発的精神」など自由な教育活動を保障しているのに対して、改定後の「教育の目標」は「人格の完成」の具体的中身を国家が定め、強制する内容になっている。国家が守らなければならない原則としての「教育の方針」から、個人に強制される徳目＝「教育の目標」へと第二条は一八〇度その原理を変えてしまっているのである。

改定後の教育基本法は、国家権力に規制をかけて個人の価値を守るという立憲主義の原則を踏みにじり、特定の徳目や価値を、教育を通して個人に強制することを可能としている。教育再生会議第一次報告は「道徳の時間」の確保と充実を提言しており、また改定後の教育基本法第二条（教育の目標）は、道徳の現行学習指導要領に酷似している。学校教育のなかで道徳のウェートが高まるとともに、道徳以外の教科や他のすべての教育活動を通して第二条（教育の目標）に書かれた徳目の徹底が図られることだろう。

新自由主義の進展によってもたらされた「格差社会」など社会矛盾の激化が、徳目の重視の背景には存在している。とりわけ小泉政権の成立以降、構造改革は急ピッチで進み、これまでの社会統合の基盤そのものを揺るがしている。企業のリストラによって非正規雇用の労働者や失業者が急激に増加した。年収二〇〇万円層の世帯が急増し、二〇〇六年には「格差社会」という言葉が時代を示すキーワードとなった。こうした格差拡大や失業の増加は、社会の分裂や不安定化を引き起こし、統合の困難を生み出している。改定後の教育基本法に書き込まれ、教育再生会議が提言した規範意識には、新自由主義によって揺らいでいる社会統合を支えるイデオロギーとしての役割が期待されているのである。

改定後の教育基本法は家庭や地域について次のように定めている。

改定後の教育基本法第十条（家庭教育）
父母その他の保護者は、子の教育について第一義的責任を有するものであって、生活のために必要な習慣を身に付けさせるとともに、自立心を育成し、心身の調和のとれた発達を図るよう努めるものとする。

改定後の教育基本法第十三条（学校、家庭及び地域住民等の相互の連携強力）
学校、家庭及び地域住民その他の関係者は、教育におけるそれぞれの役割と責任を自覚するとともに、相互の連携及び協力に努めるものとする。

第十条（家庭教育）と第十三条（学校、家庭及び地域住民等の相互の連携協力）が改定教育基本法に定められたことは、重大な意味をもっている。これによって、学校以外の家庭や地域においても第二条（教育の目標）で定められた徳目の教化が行なわれることとなる。教育再生会議第一次報告で提言された家庭教育の重視や学校教育への地域住民の参加は、改定後の教育基本法に明記された数多くの徳目を浸透させることにつながるだろう。
改定前の教育基本法において「個人の価値」を基盤として「人格の完成」を目指すことを目的としていた教育は、改定によって国家が定めた様々な徳目を「必要な資質」として個人に強制するものへと変貌する。「教育の目標」としての徳目は、学校以外の家庭や地域といった社会全体で共有すべき規範としての意味をもつことになる。この規範は、新自由主義の進行によって企業を中心とする既存の社会統合が大きく揺らぐなかで、人々を馴致する役割を果たすことが現在の支配層から求められているのである。それは教育が、新自由主義改革によって分裂・解体を余儀なくされている社会全体を〈統治〉するものへと変貌することを意味する。

一九九九年に小渕内閣の下で設置された「二一世紀日本の構想」懇談会（座長・河合隼雄）は教育を次のように定義づけた。

第一に忘れてはならないのは、国家にとって教育とは一つの統治行為だということである。国民を統合し、その利害を調整し、社会の安寧を維持する義務のある国家は、まさにそのことのゆえに国民に対して一定限度の共通の知識、あるいは認識能力をもつことを要求する権利をもつ。（中略）そうした点から考えると、教育は一面において警察や司法機関などに許された機能に近いものを備え、それを補完する機能を持つと考えられる（「二一世紀日本の構想」懇談会 二〇〇〇：一六五）

教育再生会議第一次報告では、この〈統治行為〉としての教育を具体化する提言がなされている。共通の知識や認識能力に加えて、改定後の教育基本法と教育再生会議は、特定の徳目を身につけることを「国民」に要求する。学校ばかりでなく家庭または地域においても、定められた徳目の習得が教育の目標として設定される。徳目を身につける度合いによって格差がつけられ、身につけられなかったり、拒絶したりする者は排除の対象となるだろう。格差と排除のメカニズムを通して、〈統治行為〉としての教育が機能することになる。

七　おわりに

教育再生会議第一次報告の内容について批判的な検討を行なってきた。一九八四年に設置された臨時教育審議会によって提起され、一九九〇年代半ばから本格的にスタートした教育の新自由主義改革は今、第二段階に入ろうとしている。

「ゆとり教育」をスローガンとする新自由主義改革の第一ステージは、学校週五日制や学習内容の削減など公教育の縮小によって、教育の市場化・私事化を促進するものであった。「学力向上」をスローガンとして進められつつある現在の新自由主義改革は、その第二ステージと見ることができる。それは公教育システム自体を市場原理によって運営することを目指している。政府が新自由主義を推進する目的で策定する教育振興基本計画をガイドラインとして、各地方公共団体は「自主的に」計画を作成し、その実施状況について政府から評価を受ける。各地方公共団体は自らの作成したガイドラインによって、各校長が作成した「学校経営計画」の実施結果について評価を行なう。教育委員会は計画の実施状況をチェックする役割を担うこととなる。

新自由主義の第二ステージにおいては、第一ステージにおいて結果として生み出された「格差」は、むしろ積極的な秩序形成の原理として位置づけられることになる。格差を不当なものとして批判するのではなく、従順に受け入れるイデオロギーとして「道徳心」や「公共の精神」などの徳目を身につけることが、学校ばかりでなく家庭や地域を含めた社会全体において要請される。格差を秩序形成の原理とする教育システムにおいて不協和音をもたらす存在は、「いじめている子ども」や「不適格教員」として排除されていく。

教育再生会議は二〇〇七年五月に第二次報告を取りまとめ、必要な項目について「骨太の方針二〇〇七」に反映させることを目指している。改定教育基本法の具体化としての「格差と排除の教育マニュアル」が、財界主導の国家戦略の一環として活用される日が近づいている。

註

（1）たとえば（岡部・戸瀬・西村 一九九九）は、大学生の学力低下について大きな論争を引き起こした。

（2）芹沢俊介も、警視庁少年保安課の定義を補強するかたちで次のようにいじめを定義している。「いじめとは複数の多数者がひとりまたは少数の人を標的として特定し、その人たちの体と心に反復継続して有形・無形の暴力を加える学校暴力現象のことである」（芹沢 一九九七）。

（3）近年、教員の研修制度は充実した。しかし、研修の増加が教員の一層の多忙化という弊害をもたらしたと指摘する声も多い。研修のあり方について、慎重な検討が必要とされている。

（4）石原都政下の東京都教育委員会は、二〇〇三年に主幹の配置を行なっている。教育再生会議第一次報告は、他にも教育委員会による教師塾の設置など、東京都教育委員会の教育行政を多くの点で踏襲している。
（5）家庭や地域の教育力が衰退したという前提自体が問われる必要があるだろう。「家庭の教育力が衰退した」という議論への批判としては（広田 一九九九）を参照。

学校改革とは何か

現代思想 2008 年 4 月号「特集＊学校改革」

現代思想 2008 年 4 月号「特集＊学校改革」

「学校改革とは何か」

臨教審以後の教育改革を、それを支えた都市アッパー・ミドル層の意識との関連で考察。教育改革を階層化社会との関連で読み解くことは重要である。「ゆとり」から「学力向上」への変化は本質的な転換ではない。「学力向上」は学校の経営体化をもたらす新自由主義改革の第二段階であることを指摘。

一九八四年の中曽根康弘首相による臨時教育審議会(臨教審と略)の設置は、学校改革への第一歩であった。臨教審第一部会の香山健一は教育の「自由化」論を提起し、大きな論争となった。香山の主張は、公教育制度による教育への画一的な国家管理・規制の緩和であった。保護者や地域社会の意見を反映した「開かれた学校」づくり、通学区域の弾力化、中高一貫教育の推進、単位制高等学校の設置、高等学校総合学科といった高校教育の多様化、大学設置基準の大綱化など、親・生徒を「消費者」として設定し、彼らの「選択の自由」を尊重することが唱えられた。これはサッチャー、レーガン両政権の経済政策にも取り入れられた『選択の自由』の著者である、ミルトン・フリードマンの新自由主義に強い影響を受けたものである。

戦時期にその原型が準備され、戦後整備された六・三・三・四の教育制度[1]は、単線型で平等なシステムとして、世界でもまれな特徴をもっていた。義務教育の九年への延長や男女共学化は、教育の量的充実と平等化を明確に示すものであった。また一九五〇年代から七〇年代にかけての高校進学率の急上昇は、高校レベルまで教育の大衆的平等化を社会全体に行き渡らせることとなった。この時点までの教育における主要な対立点は、教科書検定、教育委員会の公選制から任命制への移行、教員への勤務評定の実施など、教育現場をめぐる国家・政府による統制・介入と教育現場・市民が求める自由との間に存在した。教育の量的拡大や大衆的平等化については、政府と教育現場・市民との間に基本的な対立は存在せず、両者は歩調を合わせていたと言える。

臨教審の教育の「自由化」そして「個性重視の原則」は、大衆的平等化、中央集権的画一性を特徴とするそれまでの教育システムを大きく転換するものとして提起された。これらは政府から提案されたにもかかわらず、教育研究者や市民に広く受け入れられることとなった。そこには大きく分けて二つの理由があるだろう。

一つは一九七〇年代から浮上してきた、いじめ、校内暴力、不登校、高校中退などの「学校問題」の噴出である。これらが新聞・テレビなどマスコミを通して盛んに報道されることによって、教育システムが機能不全に陥っているという印象は人々に広く定着した。佐々木賢が的確に論じているように、これらの問題は高度消費社会や高度情報社会によって変容した労働社会と学校教育との乖離(2)に起因するものであり、学校問題としてよりも労働問題・社会問題として捉えるのが適切である。しかし教育の大衆的平等化にともなって激化していた受験競争や学歴社会への高まる関心は、いじめや校内暴力といった現象を労働問題や社会問題として捉える視線を妨げ、画一的な学校教育にその主たる原因を見いだす臨教審の提起を肯定的に受け止めることとなった。

二点目は、七〇年代から盛んに行なわれた反学校論や管理教育批判の議論と運動である。これらは、学校という装置や教育という行為そのものがもっている抑圧性を鋭く抉り出し、それへの批判を行なった。そこでは、学校そのものの否定や解体、教育そのものを無化する重要性が主張された。これらのラディカルな議論や運動そのものにコミットした人が、それほど多数であったわけではない。しかし、いじめ、校内暴力、不登校、高校中退などの「教育問題」の噴出は、反学校論や管理教育批判が提出した「学校の抑圧性」という議論に、多数の共鳴者を生み出すことになった。「画一的な教育の抑圧性」を批判した臨教審の議論は、ここでも賛同者を得ることとなったのである。

臨教審の議論を肯定的に受け入れる社会層の台頭にも、注目する必要があるだろう。それは、一九七〇年代以降の日本の経済大国化にともなって出現した都市部を中心とするアッパー・ミドル（中の上）層である。一九七三年の石油ショックによって高度経済成長は終わりを告げたが、日本経済はその後、先進諸国の中でも例外的にいち早く立ち直り、中成長を続けることとなる。この中成長によって都市部を中心に、教育により高い「サービス」を求めるアッパー・ミドル層が多数出現した。高校進学が普遍化した一九七〇年代に彼らは、子どもがより「卓越した」レベルの高校に進学することを目指して、塾や家庭教師といった学校外教育機関を盛んに利用するようになった。またこの時期、有名大学進学を目指して特別なカリキュラムを組む私立の中高一貫校が多数登場した。アッパー・ミドル層の多くは、私立の中高一貫校へ子どもを入れることを志望し、そのために子どもが小学校の時期から受験準備を行なった。七〇年代以降の家計所得の上昇が、教育に対する私費負担増を可能とした。

アッパー・ミドル層は、すでに紹介した七〇年代の二つの議論をどのように受けとめただろうか。いじめや校内暴力といった学校問題を、彼らは学校教育の機能不全というよりも、画一的な教育を行なっている公立学校の「サービスの低劣さ」として認識した。また反学校論や管理教育批判は、教育行為そのものの抑圧性ではなく、公立学校の「画一性」が子どもにもたらす過度の拘束性として捉えた。

アッパー・ミドル層の台頭は、七〇年代の学校問題の噴出や反学校論、管理教育批判を公立学校たたきや公立学校教育への不信へと特化する機能を果たした。学校教育の「公共性」が攻撃の対象とされた。経済的に豊かで教育についても消費者意識をもった彼らは、公立学校を避けて私立学校や塾といった別ルートを選択することが可能である。香山健一が臨教審で唱えた「自由化」論が広く受け入れられたのは、都市アッパー・ミドル層という社会的支持基盤が存在したからである。彼らの発言力や社会的影響力がその数に比して大きい点にも着目しなければならない。

香山健一の「自由化」論はしかし、臨教審内部で強い抵抗を受けることとなった。第三部会「初等中等教育の改革」のメンバーであった有田一寿によって反自由化論の主張が行なわれる。彼は元教育長の経験から、学校荒廃の原因を徳育の不在に求め、国家主義の観点から自由化論に反対した。彼の主張は当時の文部省の見解をほぼ代弁していたと言える。香山の提起した新自由主義に対して、それまでの進歩派・批判派が賛成し、保守派が反対するという議論の新たな政治的構図が成立した。教育の五五年体制はこの時点で大きく転換していたのである。

有田の「自由化」論への反対は、思想的なレベルだけで行なわれていたわけではない。そこには反自由化論を支持する社会的背景が存在した。それはこの時期、日本経済のグローバル化がまだ十分には進んでいなかったことに起因する。一九七三年の石油ショック以後、アメリカ・ヨーロッパ諸国はこの危機を経済のグローバル化、企業の多国籍化によって乗り越えようとした。アメリカ・ヨーロッパ諸国の企業は安い人件費とより良い投資環境を求めて、多国籍化・グローバル化を急速に進めた。それに対して日本企業は、多国籍化・グローバル化するのではなく、賃金抑制と徹底した合理化によってこれを乗り越えた。女性パート労働などの周辺労働の増加はあったものの、多くの男性基幹労働者の長期雇用は維持された。企業の多くはこれまで同様の画一的・均質的な労働力を依然として求めており、それは香山の教育の「自由化」論と適合的ではなかったのである。

しかしこれを大きく転換させたのが、臨教審で教育改革の議論が行なわれていた最中の一九八五年に成立したプラザ合意であった。アメリカの対外不均衡解消を名目とした協調介入を行なったプラザ合意によって急激な円高＝ドル安が進み、それはそれまで日本の経済成長を支えた輸出産業の競争力を一気に低下させた。日本の大企業はこれ以後、急速に海外に進出し、一九九〇年代に本格的にグローバル化・多国籍化することとなった。

グローバルな競争にさらされることで、企業の多くは収益率の低下に大きな危機感をもつようになり、男性基幹労働者のスリム化・格差化が目指された。男性基幹労働者の画一的・均質的な育成を支えてきた平等主義的な教育制度が、賃金水準を引き上げ、高コスト構造をつくり出しているという批判が財界によって行なわれた。財界は一九九〇年代に入ると公教育制度のスリム化を盛んに主張し、それは香山の「自由化」論と強い親和性を持つものであった。

一九八〇年に登場した「ゆとり」教育も九〇年代に変質を遂げる。「ゆとり」の時間の設置をはじめ、学校生活のなかにゆとりをもち込むという考え方から、学校五日制の導入によって学校生活をスリム化し、その外側にゆとりを増やしていく方向への転換である。この転換は教育の論理で進められたのではなく、日本の労働者の労働時間削減を教育公務員の週休二日制によって達成するという事情で行なわれた。これによって「ゆとり」教育は、公教育を充実させるのではなく、学校五日制という「公教育の縮小」＝「教育の市場化・民営化」として一九九〇年代に展開されることとなった。一九九二年に学校五日制がスタートした。

日本の労働時間を削減するという国際公約を行なったのは、一九八六年の「前川リポート」であった。前川リポートは日米貿易摩擦の激化に対応するために、「内需拡大と市場開放」を謳った報告書である。プラザ合意と前川リポートが、九〇年代以降の教育政策に大きな影響を与えたというのも興味深い。教育の新自由主義改革は、グローバル化のなかの「外圧」に強力に後押しされて推進されたのである。

「ゆとり」によって実際に進められたのは、公教育の縮小＝リストラである。法人税の増税を避けたい財界とその支持を受ける政府は、教育予算の増額を決して行なおうとはしなかった。教育予算増額抜きの「ゆとり」とは、学校に通う日数・時間を減らして、子どもの学校外の「自由な」時間を増やすことを意味した。このことによって、学校外教育機関を利用できる豊かな階層の子どもとそうでない子どもとの教育格差は急速に拡大した。学校生活のゆとりはむしろ奪われることとなった。

一九八五年のプラザ合意から一〇年、グローバル競争に勝つための労働コストの削減と労働力の差別化を明確に宣言したのが、日経連の『新時代の「日本的経営」』である。長期蓄積能力活用型グループ、高度専門能力活用型グループ、雇用柔軟型グループに労働者を三分類したこの文書は、それまで正社員の一本的処遇を前提としていた「日本的経営」のあり方を根本的に転換する内容を打ち出している。労働力の明確な差別化は、それまでの平等で単線型の教育システムそのものの変更を迫るものであった。

こうした労働力の差別化を支える教育改革を正当化するキーワードが「個性」であった。「個性」の登場も臨教審に遡ることができる。臨教審での第一部会「自由化」論に対して、第三部会から強い批判が出され、議論の結果としてまとまったのが「個性重視の原則」という表現であった。この「個性重視の原則」とは第一部会と第三部会の妥協の産物というより、両者の主張を包含した概念であると言えるだろう。

「個性重視の原則」は、教育の「自由化」論の文脈で考えれば、学校が市場競争のなかで、それぞれの個性や多様性を発揮することが重視されるということを意味する。「選ばれる個性」をめぐって学校間の競争が激しくなり、その結果格差が生まれる。ここでは「個性」は「能力」とほぼ同義である。しかし「個性」という言葉によって能力主義的差別の強化が覆い隠される。

「個性重視の原則」を第三部会の反「自由化」論や国家主義、権威主義の文脈で考えるとどうなるだろうか。「個性」とは、そもそも主体的・能動的な意味を帯びた言葉である。しかし、「個性重視の原則」が教育目標として設定されるとは何を意味しているのか。それはあらかじめ設定されている「与えられた」個性であり、自ら選び取ることのできるものではない。学校は「与えられた」個性を発揮できるか否かで市場評価される。グローバル市場を勝ち抜くことのできる「個性」をめぐる競争に、学校は「強制」的に駆り立てられることとなった。

しかも「個性」のもつ主体的なニュアンスは、その結果を自己責任として甘受する感覚を醸成する。これによって自由競争によって生み出される格差が正当化され、秩序が形成される。これは臨教審第三部会の主張をも満足させるものである。彼らは教育の「自由化」が無秩序をもたらすことを警戒したのであり、自由競争そのものを否定してはいないからである。

こうして「ゆとり」と「個性」の教育改革が、一九九〇年代に急速に進められることとなる。「ゆとり」という名目で公教育予算の総額が抑制され、「個性」という名の多様化が行なわれる。それは、一部のエリート学校と多数のノン・エリート学校との多様化＝差別化の出現に他ならなかった。習熟度別指導の実施、小・中学校の学校選択、公立の中高一貫校の設置、高校教育の多様化、国立大学の法人化といった九〇年代以降の改革は教育の平等を否定し、教育システムの実質的な複線化を推し進めるものであった。それは『新時代の「日本的経営」』に明記された労働力の差別化を、教育システムによって水路づけるものとなった。

一九九〇年代の経済のグローバル化は、労働市場における中間層を激減させ、学校教育の人材配分機能を大きく揺るがし、子ども達に将来への不安とあきらめをもたらす事態を生み出した。ここで「学力低下」問題が大きくクローズアップされ、九〇年代後半から「ゆとり」と「個性」の教育改革は強く批判されるようになった。二〇〇三年の学習到達度調査（ＰＩＳＡ）で日本の順位が下がったという事実はあるものの、「ゆとり」と「個性」の教育改革と「学力低下」との因果関係は証明されてはいない。しかし、「学力低下」を憂い、「学力向上」を求める意見は、バブル経済崩壊以降の将来への不安感や、連日繰り返される少年犯罪報道などによって生み出された学校への不信感と結びつくことで、一気に国民的世論となった。

最大の問題は「学力低下」が、労働市場における中間層の激減や子ども達の将来展望のなさと深く関連しているにもかかわらず、それが学校教育のみの責任にされていることである。「ゆとり」教育によってゆとりを失い、「個性」の教育改革によって差別化された学校が、学力向上へひたすらまい進することを求められるようになった。二〇〇〇年代に入ると小・中・高・大学それぞれの段階での学力向上へ向けての取り組み、都道府県や市町村レベルでの学力テストの実施、土曜日や夏休みなどの補習、学習指導要領の見直しなど、「学力向上」へ向けての改革が次々と行なわれた。そして二〇〇七年四月には全国学力テストが実施された。これによってすべての小・中学校が、テストの点数によって序列化される状況が生まれたのである。

しかし、この「ゆとり」から「学力向上」への変化を教育改革の本質的な転換と捉えるのは正しくないだろう。「ゆとり」の教育改革が公教育の縮小による教育の民営化・市場化であったのに対して、「学力向上」は、公教育や公立学校そのものが民営化・市場化される段階にまで状況が進んだことを示している。「学力向上」政策とは新自由主義改革の第二段階であり、学校は市場競争に勝つための経営体へと変えられていく。

臨教審から始まった教育の「自由化」、「ゆとり」と「個性」の教育改革、そして「学力向上」キャンペーンは、学校を過度の効率性を追求する経営体へと変えた。学校は日々、周囲からの評価とアカウンタビリティによって包囲されている。自ら望んで「与えられた」個性を演じることを強いられ、その結果責任を問われる学校は、そこで働く教職員をはじめ、あらゆる点で疲弊し切った状態になっている。

「自由」競争を強いられ、「ゆとり」と「個性」が奪われていった学校改革の矛盾は明らかだ。教育の市場化がもたらすのは自由ではなく、均質化と格差であり、「格差社会」という現在のキーワードはそのことを人々に広く知らしめつつある。問われなければならないのは、市場化を「自由」や「権利の拡大」と了解してしまう教育の私事化（privatization）である。これに対して、公（public）の活性化と「市場の自由」への社会的規制の強化こそが、奪われつつある学校のイニシアティブを高めることになる。学校の経営体化をもたらす新自由主義改革の「悪夢のサイクル」を絶ち、「消費者」としてではなく「主権者」として、より平等で多様な学校をつくり出していくことが私たちに求められている。

註

（1）戦時期に戦後教育システムが準備されていた点については（大内 一九九五）を参照。

（2）労働社会の変容と教育との乖離については（佐々木 一九九一）を参照。

第二部　希望と絶望

――政権交代と貧困　２００９―２０１８

教育政策の行方——新自由主義・国家主義からの転換は可能か？

現代思想 2009 年 10 月号「特集＊政権交代」

「教育政策の行方」

二〇〇九年の政権交代が、教育政策にいかなる変化をもたらすのかについて『民主党マニフェスト』と「民主党政策集ＩＮＤＥＸ二〇〇九」を取り上げて考察した論文。民主党による教育政策はさまざまな可能性をもちつつも、新自由主義・国家主義から転換することができるかどうかは微妙であると疑問符をつけている。この予想はその後に的中した。

一　はじめに

二〇〇九年八月三〇日に行なわれた第四五回衆議院選挙において、野党第一党民主党が過半数をはるかに上回る三〇八議席を獲得し、圧勝した。政権与党であった自民党・公明党は惨敗し、政権交代が実現することとなった。二〇〇九年九月一六日に鳩山由紀夫首相が誕生し、その後間もなく民主党・社民党・国民新党を与党とする鳩山連立内閣が発足する予定である。

本稿の目的は、今回の政権交代が今後の教育政策にいかなる変化をもたらすのかを考察・検証することにある。主として考察の対象とするのは政権与党第一党となった民主党のマニフェスト(『民主党マニフェスト』と「民主党政策集INDEX二〇〇九」)である。なぜこれを主たる対象とするかという理由の第一は、民主党の衆議院における獲得議席が圧倒的であり、九月中旬に成立する鳩山連立政権の政策は、民主党のマニフェストを軸に行なわれることは、ほぼ間違いないからである。民主党は参議院では単独過半数の議席を得ていないため、連立する社民党と国民新党両党との政策のすり合わせが必要である。また野党となる自民党・公明党との国会論議、文部科学省をはじめとする官僚機構との折衝など、様々な要因によって民主党のマニフェストがそのまま実行されることは困難であろうが、しかしこのマニフェストが鳩山政権による政策の第一のたたき台となることは間違いない。

第二の理由は、民主党が今回の衆議院選挙において、「政権交代」をスローガンとして掲げ、選挙期間中にもマニフェストを全面に出して闘い、勝利したという事実である。民主党のマニフェストは新聞・テレビなどマスコミでも頻繁に取り上げられ、市民の関心も高い。民主党のマニフェストは「有権者との契約」であると鳩山由紀夫代表が選挙中に度々言及しており、この契約が実行されないことが明確になれば、民主党が有権者からの支持を失う可能性は極めて高い。すなわち、民主党のマニフェストは今後の鳩山政権の政策を強く規定するものとならざるを得ないのである。

この二つの理由から、民主党のマニフェストを主要な考察対象とすることには一定の合理性がある。それに加えて、連立政権に参加する予定である社民党と国民新党のマニフェスト、また民主党のマニフェストとの関係で、注目すべき教育政策が提案されている日本共産党のマニフェストも考察の対象として適宜参照することとする。

二　子育て・教育への公的助成の増額

（一）「子ども手当」――子育てにおける「構造改革＝市場原理主義」からの転換

今回の民主党マニフェストの全体としての特徴は、二〇〇五年九月一一日の第四四回衆議院選挙での大敗後に前原誠司が新代表となって以降、自民党以上に明確な市場原理主義政策をとっていた民主党が、そこからの明確な離脱を宣言しているということである。二〇〇六年の通常国会中に「堀江メール問題」をきっかけとして前原が党内外からの信頼を失い、代表辞任に追い込まれ、二〇〇六年四月に小沢一郎が民主党代表に就任してからの政策転換である。

小沢は前原が推進した「対案路線」ではなく、「対立軸路線」を取り、与党との対決姿勢を鮮明にした。(1) 二〇〇七年四月七日、「格差を正す。地域から生活を変えよう。」という新聞意見広告を出したことからも分かるように、小沢民主党は小泉構造改革＝市場原理主義によって生み出された「格差」や「地方切捨て」への批判を行なうようになった。

二〇〇七年通常国会においては、憲法「改正」を目的とする自民党・公明党の国民投票法案に対しても、民主党はそれまでの協調路線を転換し、対決姿勢を取った。(2) また米軍基地建設・拡大、新たな部隊の移設、自衛隊基地の米軍による使用などの負担が増す各自治体に対して、「米軍再編」受け入れに応じて「交付金」を与え、在沖縄米海兵隊のグアム移転に伴う建設費用を日本側が負担（約七〇〇〇億円）することが明記された在日米軍再編特措法案にも反対した。さらに二〇〇七年七月の参議院選挙においては「生活が第一」をスローガンに掲げ、憲法「改正」を当面棚上げした。つまり構造改革と軍事大国化を批判する方向での路線転換を行なったのである。(3)

この二〇〇七年四月における民主党の路線転換の背景には、二〇〇三年以降全国に広がった教育基本法・憲法改悪への労働者・市民による広範な反対運動、また構造改革の推進による「貧困」問題、「格差社会」問題の浮上とそれを批判する世論・運動の盛り上がりという二つの大きな要因があったことは、しっかりと確認されるべきことであるだろう。

小沢民主党は二〇〇七年七月二九日の第二一回参議院選挙で六〇議席を獲得、参議院第一党となり、野党全体（日本共産党を含む）で過半数を得た。この参議院選挙での勝利は二〇〇六年四月に行なわれた民主党の路線転換（自・公連立与党との対決路線、「構造改革＝市場原理主義」への批判）を一層強固とするものとなった。

この路線は『民主党マニフェスト』でも継続されている。タイトルは「政権交代——国民の生活が第一。」である。「民主党の五つの約束」の第二番目に、「子育て・教育」が挙げられている。第二番目に挙げられていることから、「子育て・教育」を民主党がマニフェストのなかでも特に重要視していることがわかる。

今回の『民主党マニフェスト』の目玉と言える、子ども一人当たり月二万六〇〇〇円（年額三一万二〇〇〇円）の「子ども手当」は、教育政策というよりも「子育て支援」あるいは「少子化対策」の性格が強いものであるが、教育への公的助成と見ることも可能である。ここに約五・三兆円という現在の防衛費以上の予算を投入することが提案されたことは、民主党が「子育て・教育」への予算増額を今回のマニフェストの大きな柱としたことを明示している。

現在実施されている「児童手当」は、小学生以下（〇歳以上一二歳に到達してから最初の年度末（三月三一日）までの間にある児童）の児童一人につき、月額五〇〇〇円または一万円が支給されることとなっている。そして受給者には所得制限がある。民主党が提案している「子ども手当」は現在実施されている児童手当よりも、はるかに手厚い内容となっていることは間違いない。

月二万六〇〇〇円という額の適切性については、他の予算との兼ね合いで、さらなる検討が必要であろう。しかし、子育て・教育への私費負担が多くの家計に重くのしかかり、そのことによって少子化が進み、出身階層による子育てや教育の格差が深刻化している悲惨な現状に対して、「子ども手当」という政策を提案したことは高く評価することができる。

「子ども手当」をもっと有効に生かす方法としては、月額二万六〇〇〇円（年額三一万二〇〇〇円）のうち、小学校生徒に対して六〇〇〇円～八〇〇〇円、中学校生徒に対して八〇〇〇円～一万円を学校給食費と教材費に充てることである。小学校の給食費未納問題がマスコミ報道され、社会問題となっている。子ども手当二万六〇〇〇円の一部を、これらの学納金無料化のために充てれば、給食費未納問題は解決し、義務教育の無償化という理想に近づくことになる。これを行なうためには、受益者負担を前提とする学校給食法の改正が必要になる。

（二）高校教育の実質無償化

教育政策の具体的な中身をさらに見ていこう。民主党のマニフェストでは、「高校教育の実質無償化」が挙げられている。具体的には公立高校生のいる世帯に対し、授業料相当額を助成する。そして私立高校生のいる世帯に対し、年額一二万円（低所得世帯は二四万円）の助成を行なうことになっている。教育の機会均等、家庭の教育費負担の軽減を目指そうとする方向については、基本的に評価することができる。

ただし、いくつかの点で一層の改善が可能であろう。一つは、「実質無償化」よりも「公立高校授業料」無償化の方が望ましいということである。「公立高校生のいる世帯に対し、授業料相当額を助成」と書かれているが、これが全国一律の額と設定された場合、現在は都道府県によって公立高校の授業料に格差が生じているので、一律無償化にはならない。これでは、無償化できる都道府県とそうでない都道府県との格差が生じることになる。都道府県ごとに支給額を変えるという手もあるが、それよりは全国の公立高校の授業料自体を無料にする方がベターである。社民党のマニフェストでは高等学校（公立・私立問わず）の入学金・授業料は「原則無償」、日本共産党のマニフェストでは、公立高校の授業料の無償化が提案されている。

内容からいっても「授業料相当額」を給付するのでは、それが実際には高校の授業料には使われずに他の目的のために使用され、形骸化するおそれがある。各世帯に給付するよりも学校機関に対して給付する。つまり公立高校授業料の無償化こそが望ましいだろう。

二点目は、私立高校の高額な入学金と施設設備費など授業料以外の費用に対する配慮がないということである。入学金と施設設備費を考慮すれば私立高校生のいる世帯に対し、年額一二万円という額は不十分である。私立高校の授業料の平均額は三四万六二九六円（二〇〇六年度文科省調査）、入学金の平均は一六万三九〇二円（二〇〇六年度文科省調査）、施設設備費等の平均は一八万一八二九円（二〇〇六年度文科省調査）である。授業料、入学金、施設設備等を合わせると実際には初年度六九万二〇二七円（二〇〇六年度文科省調査、ただし全日制のみのデータ）が必要となる。公立高校の入学金の平均は約五五〇〇円（二〇〇六年度文科省調査）であるのでそれほどの負担ではないが、私立高校の入学金と施設設備等を合計した約三五万円は低い負担額ではない。

つまり年額一二万円（低所得世帯は二四万円）では、私立高校の学費は実質無償化とはならない。高校進学率が九七・七パーセント（二〇〇六年度文部科学省調査）に達し、高校教育が準義務化している現在、私立高校進学者の多くが経済的に豊かな家庭の出身者であるとはいえない。公立高校よりも低所得世帯の出身生徒が多く通っている私立高校は、全国に多数存在する。低所得世帯出身の子どもの私立高校通学は、困難を極めているのが現状である。「高校教育の実質無償化」を唱えるのであれば、私立高校進学者のうち、少なくとも低所得世帯出身者への助成額をもっと増やすべきである。また私立高校そのものへの助成を増額して、入学金を実質的にゼロにするという方法もあるだろう。

三点目の問題は、この「高校教育の実質無償化」によって配布される給付金が、実質的には

「教育バウチャー」として機能してしまうことの危険性である。教育バウチャーとは、私立学校の学費など、学校教育に目的を限定した「クーポン」を子どもや保護者に直接支給することで、私立学校に通う家庭の学費負担を軽減するとともに、学校選択の幅を広げることで競争により学校教育の質全体を引き上げようという私学補助金政策である。

『民主党マニフェスト』における「高校教育の実質無償化」では公立高校も対象となっている点、それから義務教育ではなく高校教育に限定されている点などは、たとえばすでに米国のいくつかの州で実施されている教育バウチャー制度とは異なっている。しかしこの給付金は二つの危険性をもっている。一つは、難易度の高い公立高校や私立高校に通うことのできる高所得世帯出身者の学歴獲得競争をさらに有利にし、出身階層間の教育達成格差を拡大する危険性である。二点目は、低所得世帯出身で高学力の子どもが難関私立高校に進学する可能性を拡大することで、高校の公私間格差をさらに拡大する危険性である。「高校教育の実質無償化」が「教育バウチャー」の導入につながれば、教育の新自由主義改革がさらに進行することになってしまう。

(三) 高等教育――奨学金制度の充実

高等教育については、「大学は奨学金を大幅に拡充する」と民主党のマニフェストでは提案されている。具体的には、「大学生、専門学校生の希望者全員が受けられる奨学金制度を創設する」という政策が挙げられている。

日本の奨学金制度が、先進諸国のなかでもとりわけ貧困なことは有名である。たとえば、日本の公的な奨学金の総額は二〇〇八年度予算で九三〇五億円であり、アメリカの十分の一に過ぎない。その点から、「希望者全員が受けられる奨学金制度を創設する」という政策は高く評価することができる。具体的な奨学金の中身は、「民主党政策集ＩＮＤＥＸ二〇〇九」に次のように書かれている。

〇 具体的には、所得八〇〇万円以下の世帯の学生に対し、国公私立大学それぞれの授業料に見合う無利子奨学金の交付を可能にします。また、所得四〇〇万円以下の世帯の学生については、生活費相当額についても奨学金の対象とします。
　今後は諸外国の例を参考に、給付型の奨学金についても検討します。

現在、公的な奨学金としては独立行政法人日本学生支援機構による第一種奨学金と第二種奨学金がある。第一種は成績優秀で経済事情が特に苦しい学生を対象とする無利子の奨学金、第二種は成績優秀でなくても借りられるが、上限までの利子が付くというものである。

第一の改善点としては、利子のある第二種奨学金を即時廃止し、国の奨学金をすべて無利子に戻すことである。そもそも「利子のある」奨学金というのは、教育を受けることが経済的に困難な学習者を経済的にサポートするために存在する「奨学金」という理念そのものと矛盾しており、

「奨学金」という名に値しない。「民主党政策集ＩＮＤＥＸ二〇〇九」では、「所得八〇〇万円以下の世帯の学生」という制限がついているが、このような制限は撤廃することが望ましい。

第二の改善点としては、無利子の奨学金についても、卒業後本人の年収が一定年収になるまでは、返済を免除する制度とするべきである。ワーキングプア（＝「働く貧困層」）やフリーターと呼ばれる低賃金労働者が増加している現状では、必要不可欠な措置であると言える。

第三の改善点としては、一定の世帯年収以下の学生については、貸与ではなく給付の奨学金制度をただちに創設することである。「民主党政策集ＩＮＤＥＸ二〇〇九」では、「今後は諸外国の例を参考に、給付型の奨学金についても検討」となっているが、低所得世帯の高等教育進学はすでに困難を極めており、一刻も早く創設することが望ましい。

高等教育の機会均等を本格的に進めるには、給付奨学金制度の導入が必要不可欠である。すでに東京大学は「世帯年収四〇〇万円以下は授業料全員免除」という制度を導入した。給付の奨学金制度を導入するか、一定の世帯年収以下の学生については授業料を全額免除とする制度を導入しなければ、東京大学をはじめとする一部の財政的に豊かな大学とそれ以外の大学に通う学生との格差が拡大するであろう。

奨学金制度と並んで重要なのは、高等教育予算の充実である。これに関しては「民主党ＩＮＤＥＸ二〇〇九」のなかで、「高等教育の機会の保障」と「大学改革と国の支援のあり方」という項目で提案されている。

「高等教育の機会の保障」では次のように書かれている。

○　すべての人が、生まれた環境に関わりなく、意欲と能力に応じて大学などの高等教育を受けられるようにします。現在、日本とマダガスカルのみが留保している国際人権A規約（締約国一六〇カ国）の十三条における「高等教育無償化条項」の留保を撤回し、漸進的に高等教育の無償化を進めます。

「大学改革と国の支援のあり方」では次のような提案がなされている。

○　「学生・研究者本位の大学」「創意ある不断の改革を現場から創発する大学」「社会に開かれ、社会と連携・協働する大学」を目指し、「象牙の塔」から「時代が求める人づくり・知恵づくりの拠点」として大学改革を進めます。その際、世界的にも低い高等教育予算の水準見直しは不可欠です。また、産業振興的な側面ばかりでなく、学問・教育的な価値にも十分に配慮を行います。

自公政権が削減し続けてきた国公立大学法人に対する運営費交付金の削減方針を見直します。また、大幅に削減されてきた国立大学病院運営費交付金については、地域高度医療の最後の砦であることや、医療人材養成の拠点、研究機関としての機能を勘案し、速やかに国立大学法人化直後の水準まで引き上げるとともに、今後十分な額を確保していきます。

なお、大学入試のあり方については、大学センター試験・大学入試そのものの抜本的な検討を進めます。

現在の高等教育において最も緊急の課題は、高等教育予算の抜本的増額である。これがなければ、高等教育の研究・教育機関としてのレベル低下は必至である。日本の高等教育費は国際水準からみて余りにも低く、公財政支出の割合はOECD加盟国平均（GDP比約一パーセント）の約半分である。国立大学は法人化によって毎年運営費交付金が一パーセントずつ削減されており、また私立大学の経常的経費に占める一般補助金額の割合は、一九八〇年度の二九・五パーセントをピークに、年々減少している。

国立大学の運営費交付金のカットは、教員数の削減による教育条件の悪化や、外部資金を得ることや短期間で成果を出すことが困難な基礎研究の衰退をもたらしている。特に旧帝国大学をはじめとする一部の有力大学以外の地方国立大学における研究・教育条件の悪化は激しく、各地方における文化・産業の衰退にもつながる問題を生み出している。

こうした現状を考えれば、「国公立大学法人に対する運営費交付金の削減方針を見直します」という「民主党INDEX二〇〇九」の提案は、高く評価できる。これが実現すれば財政的に困難に陥っている多くの国公立大学法人にとって、大きな力となることは間違いない。

『民主党マニフェスト』と「民主党ＩＮＤＥＸ二〇〇九」に欠けているのは、私立大学への公的助成金増額の具体策である。私立大学への公的助成の貧困は、私立大学財政における授業料（私費負担）への過度の依存と研究・教育の困難をもたらしている。特に一八歳人口減少のなか、多くの私立大学においては、ＡＯ入試をはじめとする入試回数の度重なる増加や教職員によって頻繁に行なわれる高校訪問、大学教員による高校への出張講義など、大学での研究や教育以上に、教職員が入学者募集のためにエネルギーを割かざるを得ないという倒錯した事態が広がっている。こうした状況を改善するためには、私立大学の経常的経費に占める一般補助金の割合を、抜本的に増加させる政策が必要である。「民主党ＩＮＤＥＸ二〇〇九」において、「高等教育の無償化」を提案しているのであるから、民主党は私立大学への公的助成の増額を早期に具体化すべきである。

「高等教育の無償化」が将来の目標として設定されているとはいえ、国公立大学法人の「運営費交付金の削減の見直し」にのみ言及し、私立大学への公的助成金増額についての提案がないということは、重大な問題である。早稲田大学や慶応大学といった一部の有力大学を除いて、私立大学の多くは研究・教育の両面で、日本の高等教育システムのピラミッド構造において国公立大学よりも下位の位置を占めている。この状況下で国公立大学の「運営費交付金の削減の見直し」のみが行なわれれば、国公立大学や一部の有力私立大学と、それ以外の私立大学との格差は決定的なものとなるだろう。それは高等教育システム全体を歪んだ方向へと導くことは間違いない。

三　教員政策・教育行政について

（一）教員の質の向上について

『民主党マニフェスト』の政策各論には、教員に関わる政策と教育行政についての提案がある。政策目的としては、「学校の教育環境を整備し、教員の質と数を充実させる」となっている。この政策目的自体について異論はない。検討されるべきはその具体策である。まずは、教員の質の向上について検討する。

民主党マニフェストには次のように書かれている。

○　教員の資質向上のため、教員免許更新制度を抜本的に見直す。教員の養成課程は六年（修士）とし、養成と研修の充実を図る。

「教員免許制度を抜本的に見直す」とあるが、近年このテーマで最大の議論となっているのは教員免許更新制である。教員免許更新制は二〇〇七年六月に教育職員免許法改正によって成立した制度であり、二〇〇九年四月から、すべての教員に対して、一〇年ごとに三〇時間以上の更新講習を義務づける制度である。

「抜本的に見直す」ということが、教員免許更新制度の廃止を意味するのかどうかが明確ではない。教員免許更新制は、教育行政による教員支配を強め、教員の資質向上にもつながらず、教育現場を多忙化させるだけの愚策である。日本共産党は「教員免許更新制の中止」、社民党は「教育三法を抜本的に改正」としている。この教員免許更新制について、民主党のマニフェストは「廃止」を明記せず曖昧である。教員免許更新制の廃止をただちに行なうべきである。

『民主党マニフェスト』には「教員の資質向上」というスローガンが掲げられているが、そもそもこの「教員の資質向上」という議論の前提や中身を精査する必要があると筆者は考える。第一に「教員の資質向上」という提案の背景には、「近年、教員の資質が低下している」、あるいは「教員の資質が十分ではない」という前提が存在しているように思われる。

しかし、「教員の資質低下」を客観的に証明するデータが存在するであろうか。新聞・テレビなどのマスコミ報道で、教員の不祥事などの事件がしばしばセンセーショナルに取り上げられるが、各都道府県、各市町村の教育委員会で合計すると「不適格教員」の数は約四〇〇名である。小・中・高等学校の教員総数は約九〇万人であるから、「不適格教員」の数は全体の〇・一パーセント以下である。この数値が医者、弁護士などの専門職や一般企業の労働者と比較して高いと判定できるデータは存在しない。「不適格教員」という言葉は、政府・マスコミが頻繁に使用した結果、多くの人々に認知され社会的カテゴリーとして成立しているが、「不適格医者」や「不適格弁護士」、「不適格労働者」という言葉は一般的には使用されていない。「不適格医者」、「不適格弁護士」、「不適格労働者」という社会的カテゴリーが存在しないから、教員全体のなかで「不適格教員」が存在する比率と、他の職業における不適格者の比率との比較をすることは不可能なのである。「不適格教員」という言葉と社会的カテゴリー自体が、「教員バッシング」によって生み出されたものではないだろうか。

ＰＩＳＡなどの国際学力テストにおける日本の順位低下という事例を挙げて、「教員の資質低下」にその要因を見出す議論も数多く行なわれている。しかし学力というものは、子どもの出身家庭の経済資本や文化資本、カリキュラム、卒業後の進路のあり方、労働市場の構造など、複数の要因の組み合わせによって形成されるものであり、「教員の資質」のみに還元できるものでは全くない。

これらを考え合わせれば、「教員の資質低下」という前提とそれを支持する世論は、新聞・テレビなどのマスコミによって繰り返し行なわれてきた「教員バッシング」によって生み出された可能性が高い。「教員の資質向上」を提案する前に、「教員の資質低下」という前提そのものを問い直す必要があるだろう。

第二に「教員の資質」とは何を意味するのか、という課題である。「教員の資質」を定義することは容易ではない。それは「優れた教員」とはどのような教員か、「優れた教育」とは何かという極めて論争的な課題を含んでいるからである。また「優れた教員」や「優れた教育」というものを一義的に定義することが可能なのか、さらにそれを定義することが望ましいのかという問題がある。『民主党マニフェスト』は、「優れた教員」や「優れた教育」とは何かという課題に答えてはいない。しかし、この課題に民主党が政党として答えを出すことにも問題があると筆者は考える。一政党や国家が、「教員の資質」や「優れた教員」、「優れた教育」を定義すること自体が、教員の自主性や教育の自由を奪うものではないだろうか。

これらの疑問を踏まえれば、教員の養成課程を六年制（修士）にすることが「教員の質の向上」につながるという根拠は薄弱である。この提案は近年、疲弊しきっている教育現場の状況を理解していない。二〇〇六年に文科省が実施した勤務実態調査によれば、小中学校の教員の勤務時間は、夏休みを除いた五か月間の平均で一〇時間四五分であり、残業時間は一九六〇年代半ばの約五倍に増加している。一日の勤務時間で子どもと関わる時間は六割に過ぎず、休憩と休暇はわずか八分という激務が常態化している。

教員の養成課程のあり方を考える上でわかりやすい例として、新任教員の一年目の実情を挙げよう。たとえば小学校の場合、新任教員は四月一日からクラス担任として一人前の仕事を求められる。学校規模が小さい学校では、たとえば一学年一クラスの学校もあり、そこに担任として配置される。更に五月からは月一～二回の新任研修にかり出され、研修終了後、毎回レポート提出を求められる。

また、運動会など学校行事の前日準備は、全教職員が協働して係毎の仕事を生徒と行なうが、新任教員は新任研修日に当たった場合は、新任研修に行かざるを得ない。彼らにとって新任研修を欠席することは、一年間の試用期間後の正式採用に影響するものとして教えられている。また、管理職も新任研修への参加を校務に優先して位置づけているが故に、新任教員が校務優先の考えを表明することは皆無である。

こうした激務により、たとえば二〇〇八年度、東京都の新任教員のうち五六名が病気等で途中退職している。一学年一クラスの学校に新任で赴任した教員の多くは、過労死寸前の状態で苦しんでいる。

一年間は試用期間であるとするならば、責任を一人で背負い込むような仕事をさせること自体が矛盾である。東京では二〇〇八年度採用者のうち九名が任用を拒否された。教員という職業に熱意をもって就いたにもかかわらず、新任採用の時から過重な負担を強いられ、途中で精神的・肉体的病気で退職を余儀なくされたり、一年間勤めたのに、「任用拒否＝教員不適格」との烙印を押され、自主退職を迫られる。

教員の養成課程を六年制（修士）にするよりも前に、初任者研修制度導入以降進められてきた、新任教員のこうした育成システムを変革しなければならない。そして新任教員を快く迎え入れ、彼らをサポートすることができる職場環境や教員集団がつくられることが何よりも重要である。教育行政にはそれを可能にするための条件整備をすることこそが求められている。

教員の養成課程を六年制（修士）にすることには、他にも問題点がある。それは教員養成を目的とした特別の大学に限定せず、広く一般大学・学部でも可能とする「開放制教育養成」という戦後教育改革の原則を崩し、教員志望者の減少をもたらす危険性が高い。一部の有力私立大学を除いて、中・小私立大学の多くは教員養成課程を担当する教員数は少ない。六年制（修士）になった場合には、中・小私立大学の多くは教員養成課程を維持することが困難となるだろう。

一八歳人口の減少によって、多くの私立大学の経営は困難に陥っている。教員の養成課程を六年制（修士）にする際に、教職課程について私立大学への十分な財政的サポートがなければ、数多くの私立大学が教員養成から撤退することを余儀なくされる。それは第一に、教員養成課程の教員数が多く、相対的には条件の整った国立大学と一部の有力私立大学に教員養成がより集中することを意味する。戦前の師範学校制度に対する反省から、戦後出発した教員養成における「開放性」原則は崩れ、国立大学・一部の有力私立大学と、それ以外の私立大学の格差がこの点で拡大する危険性は高い。

多くの私立大学が教員養成課程から撤退することは、教員免許を取得する学生数の減少につながる。そのことは教員志望者の裾野を狭めることとなる。それでは「教員の質の向上」にはつながらないだろう。

また国立大学の授業料（二〇〇七年度の国立大学授業料は五三万五八〇〇円、入学金二八万二〇〇円を含めれば初年度納入金は八〇万円を超える）は、一九七〇年代以来上昇を続けている。これでは四年制から六年制への移行によって、低所得世帯出身者の教員免許取得を困難にしてしまう。これも教員志望者の裾野を狭める危険性があるだろう。国立大学の授業料の無償化または大幅な減額、あるいは給付奨学金の増額とセットでなければ、教員の養成課程を六年制（修士）にすることは、教員免許取得者数の減少を生み出し、「教員の質の向上」にはつながらない可能性が高い。

「研修の充実を図る」についても、これまでの初任者研修制度の導入以降進められてきた「官製研修の充実」が、「教員の質の向上」にどれだけつながったのかの十分な検証が必要である。「研修」によって教員が一層「多忙化」し、子どもと向き合う時間が奪われているとすれば、「教員が子どもと向き合う時間を確保する」と提起した『民主党マニフェスト』と矛盾をきたすことになる。教育現場の声に真摯に耳を傾け、「研修」の中身の精査、「研修」の精選や削減こそが重要ではないだろうか。

「教員の質の向上」を提案するよりも前に、最も優先されなければならないのは、教員の多くが直面している現在の劣悪な労働条件を改善することである。「月平均の残業時間が八〇時間以上」という過剰労働にストップをかけること、それによって教員が授業の準備や自らの教養を深めることに十分に時間を使うことができる「ゆとり」を生み出すことが、現在の教育現場にとって、何よりも先決であると考える。

(二) 教員の増員について

教員の増員について、『民主党マニフェスト』では「教員が子どもと向き合う時間を確保するため、教員を増員し、授業に集中できる環境をつくる」と提起されている。「教員の増員」は教育現場で現在最も求められている政策の一つであり、これが明記されていることは高く評価することができる。

しかし、ここでも重要なのは「教員の増員」の中身である。これまでも各地方自治体において「三〇人学級」の実現が進んできた。二〇〇九年九月現在、東京都（石原慎太郎知事）を除くすべての道府県で、「三〇人学級」が実施されている。「三〇人学級」の実現自体は望ましいことである。しかしその政策は、「教育の充実」には十分につながっているといえない。

なぜなら、「三〇人学級」をはじめとする「少人数教育」実現のための「教員の増員」の多くは、臨時講師などの非常勤講師によって担われているからである。学級定員の数が都道府県の自由裁量になって以降、多くの地方自治体が「三〇人学級」をはじめとする少人数学級を実現してきた。その大半は、知事や議員の選挙公約によるものである。しかし、多くの地方自治体においては、一人の正規雇用の教員を雇う代わりに、二人〜五人の賃金の安い非常勤講師や臨時採用講師の教員を雇うことによって、「三〇人学級」を実現させている。少人数教育の普及が財政措置を講じられないまま実行されることによって、「教育の充実」どころか、低賃金・不安定雇用教員の増加と専任教員の多忙化がもたらされているのである。

重要なことは、「教員の増員」が教育予算の増額をともなう「正規雇用教員の増員」でなければならないということである。そのためには、行政改革推進法第五十五条第三項に基づく教員数純減政策の転換が必要である。また現在、教育現場で重要な役割を担っている非常勤講師や臨時採用講師の劣悪な待遇を改善することも重要な課題である。

（三）教育行政について

教育行政については『民主党マニフェスト』には次のように提案がなされている。

○ 現在の教育委員会制度を抜本的に見直し、教育行政全体を厳格に監視する「教育監査委員会」を設置する。

この教育委員会制度の抜本的な見直しの具体的な中身がはっきりとしない。また教育監査委員会とは一体どのような組織なのかも、『民主党マニフェスト』を読むだけでは判然としない。推測にはなるが、「教育監査委員会」を新たに設置するという提案がある以上、教育委員会の抜本的見直しとは、現在の教育委員会の縮小・廃止を目指している可能性が高い。教育委員会制度の存廃が議論の俎上に載せられたのは、一九八四年に発足した臨時教育審議会からであった。一九八六年に出された臨時教育審議会第二次答申において、一九七〇年代後半から深刻化した「校内暴力」、「いじめ」などの諸問題への教育委員会の解決能力が、不十分であると批判された。

これ以降、教育委員会の活性化論と縮小・廃止論が展開されてきた。教育委員会の廃止・縮小を明確に主張したのが、社会経済生産性本部が発表した『教育改革に関する報告書――選択・責任・連帯の教育改革』である。ここでは教育委員会が公選制でないために文部行政の末端となっていること、そして教育委員会の強大な権限と官僚的なあり方が、学校の主体性の発揮を阻害していることなどが挙げられ、現行の教育委員会制度が厳しく批判されている。

また地方六団体の一つである全国市長会は、二〇〇一年「学校教育と地域社会の連携強化に関する意見――分権型教育の推進と教育委員会の役割の見直し」という意見書を出し、教育委員会の任意設置や、市長と教育委員会の連携強化、首長と教育委員または教育長との日常的な意見交換を提言した。これ以降、いくつかの自治体で、社会教育・生涯教育分野については、教育委員会から首長部局への移管が行なわれている。教育委員会の縮小・廃止への動きが進みつつあるのである。

近年地方分権を推進する国家も、教育委員会廃止へ向けて動き始めている。地方分権推進会議は、二〇〇四年に「各地域の実情に応じて地方公共団体の判断で教育委員会制度を採らないという選択肢を認めるべき」と教育委員会の必置規制の弾力化を求める意見書を提出している。

ここで重要なのは、「教育の地方分権」や「学校の自主性」の名の下に進められようとしている教育委員会の縮小・廃止が、首長（＝行政）による教育の直接支配、校長の権限強化、学校の外部評価の推進とワンセットであり、新自由主義改革の一環であるという点である。教育委員会の縮小・廃止は、真の意味での「教育の地方分権」や「学校の自主性」をもたらさない。

現在の教育委員会のあり方に、様々な問題があることは間違いない。しかしそれは教育委員会制度の存在自体に要因があるのではない。教育委員会が本来果たすべき役割を実行できない条件が、戦後の自民党政治によってつくられてきたのである。戦後一九四八年に設置された教育委員会は、教育の地方分権、民主化、自主性を達成するための組織として出発した。教育委員会は当時、地方自治体の長から独立した公選制・合議制の行政委員会で、予算・条例の原案送付権、小中学校の教職員の人事権を持ち合わせていた。一般行政からの「教育行政の自律性」を確保するための組織として、戦後の教育委員会制度は出発した。

しかし、一九五六年の地方教育行政法「改正」によって、教育委員の公選制は廃止され、首長（知事・市町村長）による任命制が導入された。これによって一般行政からの「教育行政の自律性」は著しく損なわれることとなった。これ以降、文部省による教育行政の中央集権的支配が強まったのである。

教育委員会の廃止によって、現在以上に一般行政からの「教育行政の自律性」がなくなり、首長による教育内容のトップダウン支配が行なわれる危険性が高い。「教育行政の自律性」を確保し、「教育の自主性」や地域住民の教育への参加を促進するためには、教育委員会の公選制を復活させることが望ましい。

四　二〇〇六教育基本法はどうなるのか

（一）民主党「日本国教育基本法案」の問題点

二〇〇六年一二月一五日、当時の与党である自民党・公明党の強行採決によって「改正」された現在の教育基本法（以下：二〇〇六教育基本法と表記）は一体どうなるのであろうか。「改正」

される前の教育基本法（以下：一九四七教育基本法と表記）は「教育の憲法」であり、戦後教育の根本理念を示したものである。二〇〇六教育基本法は自民党が二〇〇五年に作成・発表した「新憲法草案」との整合性を考慮して作成されており、現在の日本国憲法に違反する内容を多く含んでいる。二〇〇六教育基本法は教育の根本法の位置にあり、これをどうするかは、今後の教育政策を行なう上で避けては通れない課題である。

民主党は、自民党・公明党が二〇〇六年の通常国会に提出した教育基本法「改正」法案には反対した。しかしこの時、民主党は一九四七教育基本法を擁護するという立場を取らず、二〇〇六年五月一二日に「日本国教育基本法案」を提出した。

この「日本国教育基本法案」は子どもの「学ぶ権利の保障」を明記するなど、いくつかの優れた点はあるものの、大きな問題がある。

たとえば「日本国教育基本法案」前文のなかには下記のような表現がある。

我々が目指す教育は、人間の尊厳と平和を重んじ、生命の尊さを知り、真理と正義を愛し、美しいものを美しいと感ずる心を育み、創造性に富んだ、人格の向上発展を目指す人間の育成である。

更に、自立し、自律の精神を持ち、個人や社会に起こる不条理な出来事に対して、連帯して取り組む豊かな人間性と、公共の精神を大切にする人間の育成である。

同時に、日本を愛する心を涵養し、祖先を敬い、子孫に想いをいたし、伝統、文化、芸術を尊び、学術の振興に努め、他国や他文化を理解し、新たな文明の創造を希求することである（傍点：筆者）。

高橋哲哉が明確に指摘しているように、「日本国教育基本法案」の前文に書かれた「日本を愛する心を涵養」は、「第二条」で「我が国と郷土を愛する」態度を明記した二〇〇六教育基本法以上に、教育における国家主義を強める危険性をもっている。民主党はこの「日本を愛する心を涵養」という文言を、条文ではなく前文に入れたことで強制力はないと説明しているが、それは十分な説得力をもたない。なぜなら、一九四七教育基本法が「教育の憲法」あるいは「準憲法」と呼ばれてきたのは、その前文に、「日本国憲法の精神に則り、教育の目的を明示して、新しい日本の教育の基本を確立するため、この法律を制定する」という文言があり、憲法と密接不可分の関係が示されているからである。

前文とは、その法律の全体を貫く原則・理念を示すものであり、そこに「日本を愛する心」が書き込まれれば、すべての条文にその影響があらわれる危険性を排除することはできない。一九四七教育基本法第三条「教育の機会均等」の主語であった「国民」が、民主党「日本国教育基本法案」の第二条「学ぶ権利の保障」では「何人にも」と変えられている。日本に在住する外国人にも学ぶ権利を保障するものとして、この「日本国教育基本法案」第二条に高い評価をする論者もいるが、前文と関連させて考えれば、日本に在住する外国人にまで、「日本を愛する心」を強制する危険性をこの法案はもっていると言えるだろう。

民主党は日本国教育基本法案について、『民主党マニフェスト』では全く言及していない。記述があるのは「民主党ＩＮＤＥＸ二〇〇九」のみである。「民主党ＩＮＤＥＸ二〇〇九」では、最初に「日本国教育基本法案」の項目があり、次のように書かれている。

民主党の教育政策の集大成である「日本国教育基本法案」の主な内容は以下のとおりです。

（一）何人にも「学ぶ権利」を保障、（二）普通教育の最終的な責任が国にあることを明記、（三）幼児期および高等教育において無償教育を漸進的に導入、（四）地方の教育委員会を発展的に改組した「教育監査委員会」を創設し、教育行政の責任を首長に移管、（五）教育予算の安定的確保のため教育財政支出について国内総生産（ＧＤＰ）に対する比率を指標とする

――などです。

さらに、建学の自由と、私立学校の振興、障がいのある子どもへの特別な状況に応じた教育、情報文化社会に関する教育、職業教育などの規定を設けるとともに、生命あるすべてのものを尊ぶ態度や、宗教的感性の涵養および宗教に関する寛容の態度を養うことを教育上尊重する規定を設けました。

ここにはいくつかの問題点がある。第一には「民主党の教育政策の集大成」と書かれているにもかかわらず、この内容が『民主党マニフェスト』には全く記述がなされていないという点である。日本国教育基本法案が現在の二〇〇六教育基本法に代わるものであるならば、それは今後の教育政策の根本理念と方針を定める重要性をもっている。有権者に配布される『民主党マニフェスト』に第一に記載されるべき内容ではないだろうか。

第二に、ここには法案の全体が掲載されず、「主な内容」のみが示されている点である。しかも日本国教育基本法案に関して最も大きな論争点の一つであった「日本を愛する心」についての記述が存在しない。最も論争となったからには、前文に「日本を愛する心」を明記するかどうかは、「主な内容」に当たるはずである。民主党は政権発足後、提出する可能性のある「日本国教育基本法案」の前文に「日本を愛する心」が明記されるのかどうか、この「民主党政策集INDEX二〇〇九」では有権者は判断することができない。

自民党・公明党が提出した教育基本法「改正」案に対して、民主党が二〇〇六年に提出した法案が「日本国教育基本法案」である。それからの明確な転換が示されていない以上、現状においては、二〇〇六年に提出された「日本国教育基本法案」をベースとして新たな法案が作成され、国会に提出される可能性がある。

(二) 二〇〇六教育基本法をめぐる政治力学

二〇〇六教育基本法をめぐる政治力学は複雑である。「日本国教育基本法案」が「民主党政策集INDEX二〇〇九」のみに記載されたということは、民主党にとってこの法案の優先順位があまり高くないということを示している。「子ども手当」や「高校授業料の無償化」といった政策を強く打ち出す方が、有権者の支持を得やすいという政治判断もあったであろう。

しかし、「子ども手当」や「高校授業料の無償化」を優先的に実施するとはいっても、二〇〇六教育基本法をそのまま放置することも困難である。民主党は二〇〇六教育基本法案に反対の姿勢を示した経緯がある。政権与党になったからといって、「政策の継続性」という理由で二〇〇六教育基本法に基づく教育政策を実施し続けることは、政党としての一貫性を著しく欠くこととなる。教育基本法は「教育の根本法」であるから、これを無視して教育政策を実施し続けることは困難である。どこかの時点で何らかの判断を迫られることとなるだろう。

また二〇〇六教育基本法は、自民党が作成した「新憲法草案」との整合性をもっていることからもわかるように、現行の日本国憲法に違反する内容を数多く含んでいる(大内・高橋 二〇〇六)。また子どもの権利条約にも数多くの点で違反する。現行の日本国憲法や子どもの権利条約を尊重するという観点からいっても、二〇〇六教育基本法を維持し続けることは認められない。

とすれば民主党は、二〇〇六教育基本法案に代わる案として「日本国教育基本法案」の作成・提出を目指す可能性があるが、それは前記のように「日本を愛する心」を強制する危険性をもっている以上、たとえば日本国憲法第十九条「思想及び良心の自由」、子どもの権利条約第十二条「子どもの意見表明権」と齟齬《そご》をきたすこととなり、強い批判にさらされることとなるだろう。「日本国教育基本法案」を二〇〇六年に提出した法案と同様の内容で成立させることは、容易ではない。

「日本国教育基本法案」が「民主党政策集ＩＮＤＥＸ二〇〇九」のみに記載されたということには、もう一つの要因が予測される。それは「日本を愛する心」＝「愛国心」を強制することの是非、そしてそれとも関連の深い憲法「改正」の是非について、民主党内の合意形成が十分になされていないということである。

たとえば一九九九年に成立した「国旗国歌法案」の衆議院での採決に際して、民主党は自主投票を選択した。政府案に賛成した民主党議員が四五人、反対は四六人であった。「国旗国歌法案」に対する賛否について、民主党議員の票は、ほぼ真っ二つに割れたのである。憲法についても同様である。『民主党マニフェスト』は憲法について、「国民の自由闊達な憲法論議を」という項目を挙げているが、そこでは積極的な「改正」の方向は打ち出されておらず、国民との憲法論議を行ない、国会での合意形成ができるかどうかを検討するという極めて慎重な姿勢があらわれている。すでに述べたように、二〇〇七年四月以降の憲法「改正」を当面棚上げするという路線は二〇〇九年九月現在継続している。それは憲法「改正」に反対する世論の影響を受けているとともに、民主党内に、憲法「改正」の是非について、容易には合意形成できない意見の幅があることの証左に他ならない。

さらに参議院での過半数確保との関係で、社民党と国民新党との連立協議が行なわれている。二〇〇九年九月八日に「民主党・社民党・国民新党　共通政策」が発表された。そこには憲法に関して次のように書かれている。

もとより三党は、唯一の被爆国として日本国憲法の「平和主義」をはじめ「国民主権」「基本的人権の尊重」の三原則の遵守を確認する。

この共通政策文書の拘束力によって、二〇〇九年九月中旬に発足することが予想される鳩山連立政権において、憲法の三原則は遵守されることとなる。少なくとも連立政権を維持している間は、鳩山政権が憲法の明文「改正」へ向けて動き出す可能性は低い。とすれば現行の日本国憲法に違反する二〇〇六教育基本法を維持することに整合性はなく、鳩山政権に対して、「二〇〇六教育基本法を再「改正」して、一九四七教育基本法に戻すべきだ」という世論が広がる可能性は十分にあるだろう。社民党のマニフェストでは「改正」教育基本法を抜本的に改正することが明記されている。

一方で国民新党は、「愛国心の涵養」という文言が欠落しているという、社民党とは全く逆の国家主義的立場から、二〇〇六教育基本法に反対した。国民新党は一九四七教育基本法に賛成の立場ではないことが予測されるから、鳩山連立政権が「二〇〇六教育基本法を一九四七教育基本法に戻す」という方向で合意形成することは容易ではない。

つまり、『民主党マニフェスト』に記載されなかったからといって、二〇〇六教育基本法の維持を正当化することは困難であるし、民主党が「日本国教育基本法案」を二〇〇六年とほぼ同じ内容のまま、国会で成立させることも容易ではないだろう。現行の日本国憲法との関係では、「二〇〇六教育基本法を再『改正』して、一九四七教育基本法に戻す」のが最も整合性があるが、「一九四七教育基本法に戻す」ことを求める世論がよほど強くならない限り、鳩山連立政権がそれを積極的に推進する可能性は低いだろう。反対を表明した民主党が政権をとったにもかかわらず、二〇〇六教育基本法に全く手がつけられないのであれば、それは教育の根本法が様々な政治的力学との関係で、「宙吊り」状態になることを意味する。

五　新自由主義・国家主義からの転換かそれとも修正か

ここまで民主党のマニフェストを主たる対象として、今後の教育政策の行方について考察を行なってきた。問われるべきは、一九八四年に発足した臨時教育審議会において提起され、一九九〇年代以降進められてきた新自由主義・国家主義の教育政策は転換するのか否かという点である。「ゆとり」と「個性」をスローガンとする教育改革は、実際には公教育の縮小であり、教育の市場化を促進する新自由主義改革であることをこれまで筆者は明らかにしてきた。教育の新自由主義改革は「格差社会」を拡大・固定化する。またこの新自由主義改革による階層間格差の拡大、社会の分裂・不安定化は、統合のためのイデオロギーとして国家主義の台頭をもたらす。一九九〇年代以降の教育改革は、新自由主義と国家主義との結合によって進められてきたのであり、両者を分離して論じることはできない。

二〇〇九年八月三〇日の政権交代、九月中旬からの鳩山連立政権の発足によって、新自由主義・国家主義からの転換は行なわれるのか、それはとても微妙な状況にあると言えるだろう。

民主党のマニフェストでは「子ども手当」や「高校教育の実質無償化」、「奨学金制度の創設」など様々な教育への公的予算の拡充政策が打ち出されている。教育予算という点だけで見れば「削減」から「拡充」への転換がなされる可能性が高い。しかし、それが教育の市場化にストップをかけ、教育の「公共性」を高める方向でなされるかというとそれには疑問符をつけざるを得ない。

民主党のマニフェストは、「子ども手当」、「高校教育の実質無償化」または「奨学金制度の充実」など、予算を公教育の充実に向けるのではなく、各世帯・各個人に直接給付する形式をとっている。新聞・テレビなどで繰り返し報道されることで普及した「官vs.民」という構図によって、人々に広く共有された官僚や公に対する不信感が、この政策が多くの有権者に強く支持される背景にある。私事化（privatization）した人々の教育意識に適合的であったからこそ、これらの政策は支持を得られやすかったのである。

しかし、自民党・公明党連立政権が進めてきた教育の市場化・民営化改革を、それほど強い抵抗もなく受け入れてきた、多くの人々の意識に深く浸透している教育の私事化（privatization）を問い直すことなしには、新自由主義路線を本質的に転換することはできない。人々の私事化した教育意識が全く変わらなければ、「子ども手当」は学校外教育費の増額につながり、「高校の実質無償化」は教育バウチャーにつながる危険性すらある。

小泉政権が進めた「構造改革＝市場原理主義」によって、貧困問題が急速に深刻化した。民主党のマニフェストは、言わば日本社会の「底が割れてしまった」状態に対して、セイフティーネットを張り始める段階の政策に過ぎない。公教育予算を充実させる政策が、市場をより安定的に機能させるためのセイフティーネットの構築に留まるならば、それは無秩序な市場原理主義から、より安定した新自由主義への変化を意味する。それは新自由主義の「修正」ではあっても「転換」ではない。

多額の利潤を上げている大企業に対する法人税強化、所得税の累進性強化による高額所得者に対する増税など、所得の再分配へ向けての体系的な社会民主主義政策をとった上で、教育格差の是正が本格的になされなければならない。そして「子ども手当」や「高校の実質無償化」、「高等教育予算の増額」をそれぞれ、出身階層による教育達成格差をどれだけ是正できるかという観点から、さらに改善していくことが重要である。民主党のマニフェストは、これまで自民党政権が公共事業に多額に注ぎ込んできた予算を、子育て・教育・年金・福祉・医療・介護などの分野へ、より多く配分することを目指す点においては高く評価できるが、社会の階層間格差を適切に捉え、それを是正する政策としては十分ではない。

もう一点は教育条件、とりわけ教職員の労働条件の改善を最重点課題とすべきである。一九八四年の臨時教育審議会がいじめや校内暴力といった教育の諸問題を解決するという名目で発足し、それが結果としては、「教員の質の向上」という名の下に「初任者研修制度」を導入するのみで、教育条件の改善が一向に行なわれなかったことからもわかるように、近年の教育改革は教員に対する不信感を前提とし、研修の増加をはじめとして、教員に対する管理・統制を一層強化する方向で進められてきた。

多くの教育現場では、多忙化による思考停止とあきらめの気分が広がり、教職員の心身の健康被害が悪化している。精神的な問題を抱えて休職する教職員は増え続け、一九九七年には一六〇九人であったが、二〇〇六年には四六七五人に上っている（文科省調査）。こうした現状は教職員の「自己責任」ではなく、近年の進められた新自由主義改革によって生み出されたものであり、その転換なしには教育現場の再生はないだろう。

国家主義についてもその転換がなされるとは限らない。民主党が二〇〇六年に国会に提出した「日本国教育基本法案」の前文には「日本を愛する心」が明記されており、その修正について全く言及がないことから、民主党は教育政策において、自民党と公明党が強行採決した二〇〇六教育基本法以上の国家主義路線を現在の時点でも継続していると判断するのが妥当であろう。

ただし、その国家主義的内容をもつ日本国教育基本法案について『民主党マニフェスト』では全く言及されず、「民主党政策集ＩＮＤＥＸ二〇〇九」でも国家主義についての記述がなされていないということは、世論の動向、有権者との関係、さらには党内におけるイデオロギーの相違などの複合的な要因によって、民主党が国家主義路線を明確に打ち出すことが困難であるという状況を示している。

二〇〇七年四月以降の路線転換が、「格差と貧困」問題の浮上と教育基本法・憲法改悪反対運動の盛り上がりによってもたらされたことからもわかるように、民主党の政党としての基盤は脆弱であり、世論の動向にとても影響されやすい特徴をもっている。社民党・国民新党と連立を組む鳩山政権において、さらにその傾向は強まることだろう。それは教職員と市民が主権者として現場や地域から声を挙げ、運動を起こすによって教育政策を転換できる可能性が高いことを意味する。

今回の政権交代が、教育の新自由主義・国家主義からの「修正」＝「継続」にとどまるのか、それとも本格的な「転換」につながるのか。それは今後、教育研究者と現場教職員、市民らの協働による日々の実践と運動にかかっている。

註

（1）たとえば政令指定都市・都道府県の首長選挙に関しては、原則として相乗り禁止の方針を小沢は打ち出した。

（2）国民投票法案に対して民主党が対決姿勢に転じた背景には、任期中での憲法「改正」を目指した第一次安倍政権の強引な国会運営という要因もあった。安倍政権の分析については（渡辺 二〇〇七）を参照。

（3）この民主党の路線転換については、二〇〇八年二月二日に行なわれた研究会「憲法再生フォーラム」での渡辺治の報告から貴重な示唆を得た。記して感謝する。

「政治の時代」の到来

現代思想 2010 年 2 月号「特集＊新政権の総点検」

「『政治の時代』の到来」

民主党政権成立以後の政治テーマを論じている。取り上げたテーマは「二〇一〇年度予算編成」、「普天間基地問題」、「外国人参政権」である。政権交代後すぐに数多くの問題が噴き出したことがよく分かる。世論と運動の積極的な「入力」によって鳩山政権を支えることが重要という視点は的確だった。鳩山政権とその後の民主党政権は、世論と運動に十分に支えられることなく、この後に大きく変質することとなった。

一　二〇一〇年度予算編成

二〇〇九年八月三〇日の第四五回衆議院選挙で民主党が圧勝し、九月に鳩山連立内閣（民主党・社民党・国民新党）が発足した。安倍晋三首相と福田康夫首相による政権途中投げ出しの連続、ワーキングプアやネットカフェ難民の増加に見られる「格差と貧困」問題の噴出など、自民党による統治・利益配分システムの破綻を最大の原因として、政権交代が実現した。

鳩山政権は「官僚主導から政治主導へ」、「コンクリートから人へ」をスローガンとし、温室効果ガス二五パーセント削減、八ツ場ダム建設中止など自民党政権とは鮮明に異なる政策を次々と打ち出した。環境重視と無駄な公共事業廃止の方針は、有権者の強い支持を得ることとなった。

鳩山政権にとって第一のハードルは、二〇一〇年の予算編成であった。民主党マニフェストでは、子ども手当、高校授業料無償化、後期高齢者医療制度の廃止、障害者自立支援法の廃止、農家個別所得補償制度など、数多くの教育、福祉、医療分野の予算充実政策が盛り込まれていた。

しかし、経済状況の悪化による税収の落ち込みもあって、マニフェストに掲げられた政策の実施は大きな困難を強いられた。概算要求段階で予算規模は九二兆円に達し、税収三七兆円との間に大きなギャップが生まれることとなった。ここで取られた政策が「ムダの排除」である。それは、当初予定していた大型公共事業投資の削減だけでは足らないため、福祉や教育、保育、科学研究関連予算にまで及んだ。

二〇一〇年度予算概算要求の約三兆円削減をめざして行なわれた行政刷新会議による「事業仕分け」は、小泉構造改革を支えたメンバーや財務官僚が「仕分け人」となり、文化、教育、医療など生活関連予算の多くが、「費用対効果」の論理で暴力的に削られた。これは、「国民の生活が第一」を掲げた民主党マニフェストとは全く逆の方向である。マニフェストに反構造改革路線の政策が多数盛り込まれたにもかかわらず、この事態は構造改革を進めようとする財界‐財務省からの強力な圧力と、民主党内にもその方向に共鳴する勢力が多数存在していることを示している。

この「事業仕分け」に対して、多くのマスコミは拍手喝さいした。一種の「劇場型政治」を演出した「事業仕分け」によって、実際に削減できたのは約六〇〇〇億円に止まった。財源不足を十分に補うことができなかったために、後期高齢者医療制度の廃止を先送りにし、子ども手当については住民税の扶養控除の廃止、高校授業料「実質無償化」については所得税・住民税の特定扶養控除縮小という、マニフェストにも記載されていなかった政策を抱き合わせることによって、何とか実施にこぎつけた。さらにはマニフェストでは廃止が明記されていた「ガソリン税など暫定税率」を当面維持へと転換することによって、何とか予算編成にこぎつけた。

結果として、マニフェストの主要政策は約二兆九〇〇〇億円となり、概算要求から約一兆四〇〇〇億円圧縮された。そして過去最高の四四兆三〇〇〇億円の新規国債を発行し、さらに不足する財源は、特別会計の剰余金などの〝霞が関埋蔵金〟を含む税外収入を、過去最高の約一〇兆六〇〇〇億円計上することでやりくりした。子ども手当などを含む社会保障費は九・八パーセント増の二七兆二六八六億円、文教・科学振興費は五・二パーセント増の五兆五八六〇億円とされ、一方で公共事業は一八・三パーセント減の五兆七七三一億円と過去最大幅の削減となり、二〇一〇年度予算は「コンクリートから人へ」という民主党マニフェストの方針に、全体としては適合した方向での配分がなされた。

しかし残された課題は多い。二〇一一年度からは子ども手当が全額実施となり、それには年間五兆円以上がかかる。ガソリン税の暫定税率の廃止がなされれば、二・五兆円の予算が必要である。またマニフェストのなかで今回先送りされた政策を実現するためには、さらなる財源が必要である。しかも多額の国債発行に対しては削減圧力が強く、二〇一〇年度同様の規模で埋蔵金が使用できるかどうかは、現時点ではわからない。財源問題がさらに深刻化することは間違いないだろう。

教育・福祉予算の充実といった個別の反構造改革政策を掲げながらも、国家構想としては「脱官僚政治」や「地域主権国家」という構造改革路線をとっている民主党の矛盾が、政権獲得後の最初の予算編成で、早くも噴出したのである。新自由主義への対抗的社会構想をもたず、財界や財務省からの財政肥大化への批判圧力を強く受けることになれば、鳩山連立政権は公的支出の削減という方針を今後も選ばざるを得ないだろう。大企業や富裕層への課税強化を行なわず、消費税のアップも行なわないとなれば、支出削減を徹底するという政策しか残らないからである。

これは大きな困難を物語っている。民主党マニフェストに書かれた教育、医療、福祉などの分野の充実政策を、支出削減によって達成しようとすれば、それは公共事業の削減だけでは達成できないから、マニフェストに書かれた政策を実行しないか、教育、医療、福祉のなかでマニフェストに書かれていない分野については予算をカットする政策の実行を余儀なくされる。マニフェストの不履行というかたちで公約違反が行なわれるか、同じ領域内で充実する分野と削減する分野との間の格差が拡大し、矛盾が激化することになるだろう。後者についてたとえば、「子ども手当」が導入される一方で、保育所の充実はなされないといった整合性のない政策が行なわれる危険性が高い。

小泉－竹中構造改革によって痛めつけられてきた教育、医療、福祉などを充実させるためには、各分野の専門家・実践家がその予算のあり方について声を上げ、鳩山政権に対して強い働きかけを行なうことが必要不可欠である。民主党内の反構造改革派を後押しし、反構造改革を唱える他党と連携させることで、民主党内の構造改革推進路線にストップをかけられるかどうかが、今後の重要な課題となる。鳩山政権において今のところ聖域となっている軍事費の削減や、所得税の累進性強化、法人税増税、金融課税の強化、給付付きの税額控除の導入など、「貧困と格差」を是正し、平等化を推進する政策を実現できるどうかは、運動と世論の力次第である。

二　普天間基地問題

米軍普天間飛行場の移設問題は、鳩山連立政権の予想を超えて、二〇〇九年後半に政治の焦点となった。鳩山由紀夫をはじめ民主党執行部は、衆議院選挙前から普天間基地の県外・国外移設を訴え、日米合意の見直しを主張してきた。しかしゲイツ国防長官の訪日、オバマ大統領訪日を通じて、アメリカは普天間移転の日米合意を早期実施することへ向けて、圧力を強力にかけてきた。アジア・太平洋地域全体の安全保障政策にとって、米軍再編の重要性が強く意識されているからであろう。

アメリカからの圧力以上に筆者が驚かされたのが、新聞・テレビなど大手メディアによって洪水のようになされた「日米関係の危機」を煽り立てる報道である。アメリカ政府に積極的に追従する気持ちが強いのか、これまでの日米関係のあり方を礼賛したいのかその理由は定かではないが、その内容の多くは報道というよりもほぼ「恫喝」に近いものであった。そこには冷戦終結後に進む世界の多極化のなかで、新たな日米関係を構想する視点はきわめて希薄である。

アメリカ政府と大手メディアの「恫喝」に対して、沖縄県民が立ち上がった。二〇〇九年一一月八日に行なわれた「辺野古への新基地建設と県内移設に反対する県民大会」には、約二万一〇〇〇人が集まり、米軍機の爆音と墜落の危険で住民の生活を脅かす普天間基地の即時閉鎖・返還を求め、辺野古（同県名護市）など県内に新基地をつくらせない固く強い意思を示した。また社民党は、連立政権からの離脱を示唆しながら、県外移設の「公約」を貫くよう鳩山政権に迫った。

　結果として鳩山政権は、「二〇〇九年内に辺野古移設で決着すべきだ」というアメリカ政府と大手メディアの「恫喝」に屈することなく、二〇一〇年五月をめどに移設先の結論を得るように協議を続けることを決定した。日米合意通りの年内決着の意向を強くもっていた岡田克也外相と北沢俊美防衛相を、鳩山由紀夫首相が押さえ込んだかたちとなった。鳩山政権の沖縄県民や有権者の声に対する、これまでの自民党政権とは異なる敏感さがそこにはあらわれている。

　二〇〇九年内決着というアメリカ政府と大手マスコミの「恫喝」をはねのけたことは、単なる問題の引き延ばしにはなっていない。『琉球新報』の松本剛によれば、それは沖縄における新たな政治情勢をつくり出している。仲井真弘多知事と足並みそろえて県内移設を推進してきた自民党沖縄県連は、党本部の制止を振り切って、年明けに「県外移設」要求に舵を切った。公明党沖縄本部も県外移設を主張している。さらに県経済界のなかでも沖縄経済同友会が、県外移設要求を初めて組織として掲げた。県内移設をこれまで推進、容認してきた勢力もなだれを打って県外移設に傾いているのである。(1)一月二四日の名護市長選挙で辺野古への米軍新基地建設に反対する候補が勝利すれば、県内移設反対の世論は一層強まるだろう。

　普天間基地の辺野古移設阻止は、日米安保条約と米軍基地がもたらしている状況の深刻さを考えれば、余りにも小さな一歩に過ぎない。しかし沖縄米軍基地の問題について、アメリカとまともな外交交渉を行なうことすら困難であったこれまでの政治的現実を考えれば、そのことの意味は決して小さくない。普天間基地即時閉鎖という原則を訴えつつ、辺野古移設阻止へ向けてあらゆる政治的努力を傾注することが重要だろう。一方、鳩山政権が辺野古移設を認めるようなことがあれば、その後はこれまでの自民党政権と同様の、憲法九条についての一層の解釈改憲や軍事大国化へ向けて動き出す危険性が高い。普天間基地問題は鳩山政権の今後を占う試金石となった。

三　外国人参政権

二〇〇九年後半から、永住外国人に地方参政権を付与する法案を通常国会で提出する動きが急浮上している。二〇〇九年一二月に民主党幹事長の小沢一郎が韓国を訪問した際、二〇一〇年の通常国会に、永住外国人に地方参政権を付与する法案を提出すると明言した。一月九日には平野博文官房長官が原口一博総務相に、政府提案で通常国会に提出できるよう検討を指示していたことが報道された。一月一八日から始まる通常国会に、法案が提出される可能性は高い。

すでに外国人参政権をめぐる攻防は始まっている。二〇一〇年一月八日の『朝日新聞』の報道によれば、四七都道府県のうち一四県議会で、昨年の政権交代以降、永住外国人の地方参政権の法制化に反対する意見書が可決されている。意見書には「日本国民でない外国人に選挙権を付与することは憲法上問題がある」と書かれている。二〇〇〇年までには三〇都道府県が参政権を求める意見書が可決されていた。政権交代後のバックラッシュが始まったと見ていい。

この意見書は自民党県議が中心となって可決された。二〇一〇年の参議院選挙、二〇一〇年の統一地方選挙で民主党との相違を明確化し、政治的争点にする狙いがあるのだろう。野党になって以来、政党としての求心力の維持に苦慮している自民党にとって、外国人参政権への反対は一つの核にもなり得る。

極右・排外主義の新たな動きも広がっている。たとえば、二〇〇七年に発足した「在日特権を許さない市民の会」(在特会)は、従軍慰安婦の展示会や朝鮮学校に対して卑劣な暴力活動を繰り返しているが、彼らが現在最も重視している政治課題が、外国人参政権への反対である。

彼らの新しさは団体名にある「市民」である。在特会は植民地支配以来、徹底した差別を受けてきた在日韓国・朝鮮人が運動によって獲得してきた「権利」を、「特権」として攻撃の対象とする。グローバル経済の展開に応じて進められた新自由主義政策によって、高度経済成長以後、享受することが広く可能となった一定水準の「国民」生活から多くの人々が排除されつつあり、そのことが在特会による運動の広がりの背景にある。

「国民」から自らが排除されつつある現状を、「他者」=「外国人」を排除することによって回復しようとする衝動が、今日の多くの極右・排外主義運動の原動力である。在特会の想定する「市民」は、外国人を差別・排除する運動によって「国民」になることができる。国家からの自律を目指す市民運動ではなく、「国民」になるための市民運動の登場である。これは日本の極右・排外主義におけるグローバル・スタンダード化とも呼べる動きであり、今後の発展可能性も含めてその影響力を過小評価することはできない。

外国人参政権問題は、鳩山政権の今後の動向にも大きな影響を与える可能性がある。外国人参政権について連立を組む社民党は賛成であるが、国民新党は反対を表明している。また民主党内にも外国人参政権に反対、または慎重な姿勢をとる議員が多数存在する。さらに野党の公明党は外国人参政権について明確に賛成の立場をとっており、与党時代に連立を組んでいた自民党とは、この法案について全く異なった立場をとっている。外国人参政権法案の動向次第では、連立与党内に巨大な動揺をもたらし、連立の組み替えあるいは政界再編につながる可能性さえあり得るだろう。

四　おわりに

民主党を中心とする政権交代を実現させた原動力は、自民党政権に対する〈否定〉である。一つは官僚主導による利益配分政治の否定、二番目は小泉「構造改革」による新自由主義路線の否定、三番目は安倍政権が掲げた「戦後レジームからの脱却」に見られる、極右・復古主義ナショナリズムや憲法改悪路線の否定である。鳩山連立政権はこの三つの〈否定〉の力によって、強く規定されざるを得ない。

しかしこの三つの〈否定〉のうち、二番目と三番目の点は、新自由主義を推進する第二保守政党として出発した民主党にそもそも備わっていた理念ではない。近年の構造改革と軍事大国化を批判する世論・運動の広がりを受けて、民主党が修正を余儀なくされ、新たに付け加わった要素であり、これらは党のヴィジョンとしてまだ十分に練り上げられてはいない。したがって他の政治的圧力によって揺らぎやすくブレも大きい。

三つの〈否定〉は鳩山連立政権を成立させた不可欠な要素であるにもかかわらず、互いに両立させることが困難である。一番目と二番目の方向は、構造改革の推進をめぐって対立が起きやすい。また、二番目の方向がこれまで自民党が行なってきた開発型政治を維持することになれば、それは国民以外を差別する極右・排外主義と結びつき、三番目とは矛盾する。一番目を新自由主義路線の強化によって進めて社会の分裂・格差が拡大すれば、極右・復古主義ナショナリズムを活性化させ、三番目の方向を否定してしまう。

政権交代から約四か月の過程は、この困難をよく物語っている。二〇一〇年度予算をめぐる攻防は、一番目と二番目の対立を明確に示している。普天間基地問題への対応は、三番目の方向を示してはいるが、鳩山連立政権が明確なヴィジョンを確立していないため、アメリカとの交渉や今後の安全保障政策への展望において、大きな困難を抱えている。外国人参政権をめぐっては三つの方向がすべて絡まり、複雑な様相を呈するだろう。

こうした困難は、新自由主義と国家主義を批判する今後の運動によって、鳩山連立政権の政策を転換できる可能性の高さとして、積極的に捉え返すことが可能だろう。逆にそうした入力がなければ、ヴィジョンが明確でない二番目と三番目の方向は消去され、結果的に民主党が明確なヴィジョンをもつ一番目の方向、つまり新自由主義が貫徹する危険性が高い。

政権交代は行なわれたものの、民主党が目指す自民党政治の解体はまだ道半ばである点を捉えることが重要である。民主党は政治主導を唱えて国会改革を推進しているものの、現在、都道府県知事や市町村長など首長の多数は自民党系列であり、また大多数の都道府県議会では、自民党系列の保守系議員が多数派を占めている。国会・中央レベルでの政治と地方政治との間に巨大な「ねじれ」が生じており、その解消は容易ではない。

民主党は単独過半数を目指して二〇一〇年の参議院選挙を闘い、さらに二〇一一年に行なわれる統一地方選挙を自民党政治の〈否定〉を掲げて闘う公算が高い。たとえ民主党が政権を巧みに運営したとしても、自民党政治とそれがつくりあげた社会システムの変革にはかなりの時間を必要とすることは確実である、そこには世論と運動の介入する余地は十分に存在する。「政治の時代」の到来、本格的な激動はこれからである。

註

（1）この点については（松本 二〇一〇）を参照。

大阪教育行政二〇一一〜二〇一二

現代思想 2012 年 5 月号「特集＊大阪」

「大阪教育行政二〇一一〜二〇一二」

二〇一一年から二〇一二年にかけての大阪教育行政を考察。二〇一二年に大阪府で成立した教育行政基本条例、府立学校条例、職員基本条例は、民意の名の下に教育の政治支配を推し進めている。「教員」や「公務員」を「敵対勢力」として設定し、激しく攻撃することで大衆の支持を獲得する「大阪維新の会」の政治は、ファシズムであることを明示した論文。

一　はじめに

二〇一二年三月二三日に大阪府議会は、知事の教育への関与を強める府教育行政基本条例と、校長の権限強化や保護者の学校運営参加を定める府立学校条例、職員評価や処分厳格化を規定した職員基本条例について採決し、いずれも大阪維新の会と公明、自民の三会派などの賛成多数で可決・成立した。三条例ともに四月一日に施行された。

一方、大阪市においては教育基本二条例案（教育行政基本条例案、市立学校活性化条例案）と職員基本条例案は大阪維新の会を含む各会派から修正を求める声が上がり、五月議会に継続審議となった。本稿では二〇一一年から二〇一二年にかけての大阪教育行政を取り上げ、その問題点を批判的に考察することとする。

二　「君が代」条例から教育基本条例へ

二〇一一年六月三日、大阪維新の会はその目的に「国を愛する意識の涵養」や「学校における規律の厳格化」を掲げ、「国歌斉唱時に教職員の起立を義務付ける条例案」（以下：「君が代」条例と略）を大阪府議会で成立させた。条例は府の施設に「日の丸」を常時掲揚し、府内公立学校での「君が代」斉唱時に教職員の起立・斉唱を求めるものである。五月二五日の府議会提出から一週間足らずであることからもわかるように、府民的な討論は全く行なわれず、「数の力」によって大阪維新の会が「君が代」条例の成立を強行したと言える。

二〇一一年五月三〇日、「君が代」条例が成立する直前、最高裁は公立学校卒業式の「君が代」斉唱時に教諭の起立を義務づける校長の職務命令に対して、合憲という判決を出し、原告の訴えを退けた。これ以降七月にかけて、「卒業式では起立して君が代を斉唱すること」という教員への職務命令が、「思想及び良心の自由」を保障した憲法一九条に違反するかどうかが争われた一連の裁判で、最高歳は相次いで合憲判決を出した。

判決内容はいずれも、「君が代」起立斉唱の職務命令は、「思想及び良心の自由」を「間接的に制約する面がある」とはしたものの、「制約には必要性、合理性がある」と説明し、違憲であるとの訴えを退けた。必要性や合理性の理由として、卒業式の際などの「起立斉唱行為は、一般的、客観的に見て慣例上の所作としての性質があり、外部からもそう認識される」と主張している。

最高裁は、憲法一九条で保障された権利の制約を安易に認める判決を行なったと言わざるを得ない。(1) またこの判決が、大阪維新の会の「君が代」条例を後押しする役割を果たしたことは、間違いないであろう。

そして大阪維新の会は二〇一一年八月二二日、府議会と大阪、堺両市議会に提案する教育基本条例と職員基本条例の概要を発表した。教育基本条例には、「五回目の職務命令違反又は同一の職務命令に対する三回目の違反を行なった教員等は、直ちに免職とする」という条文がある。これはたとえば、「君が代」条例に基づく職務命令に三回違反すれば、免職にするということを意味する。つまり教育基本条例は、「君が代」条例を教育現場に徹底させるものとして位置づけられている。

また八月に提案された教育基本条例と職員基本条例は、九月二一日、大阪府議会に条例案として提出された。そして二〇一〇年三月に大阪維新の会が発表した「大阪都構想」と並んで、二〇一一年一一月二七日に行なわれた大阪府知事、大阪市長のダブル選挙での争点となった。

橋下徹大阪府知事（当時）の政治手法の特徴は、敵対勢力を設定し、それとの対決をメディアを通して宣伝することで、大衆の合意を調達する点にある。既成政党、中央官庁や国家官僚、公務員、教員らが、「既得権」をもった「敵」として位置づけられ、その「敵」をたたくことによって、「既得権」から遠ざけられていると感じている人々が溜飲を下げ、橋下府政への支持を強めるというパターンが繰り返されている。教育基本条例と職員基本条例は、教員と公務員を管理統制し、処分する内容を中心に構成されている。ダブル選挙では、教員と公務員が主たる敵対勢力として攻撃の対象となった。

三　教育基本条例――教育への政治介入

教育基本条例の最大の特徴は、知事による教育への政治介入と直接的支配の容認である。教育基本条例案前文には次のように書かれている。

教育基本条例案（二〇一一年一〇月二九日当時のもの、以下同じ）

前文

　教育行政からあまりに政治が遠ざけられ、教育に民意が十分に反映されてこなかった結果生じた不均衡な役割分担を改善し、政治が適切に教育行政における役割を果たし、民の力が確実に教育行政に及ばなければならない。

「教育行政からあまりに政治が遠ざけられ」というのは、事実誤認である。戦後の教育行政の歴史を考えて見れば、それが絶えず政治的影響を受けてきたことは間違いない。教科書検定制度や道徳教育の導入、教育委員会の任命制への移行、教育基本法「改正」など、教育行政に関わる多くの法制度が政治によって決定されてきた。

「教育に民意が十分に反映されてこなかった」のを改善し、「民の力が確実に教育行政に及ばなければならない」とされている。しかし、教育基本条例で設置することが定められている学校協議会と人事監察委員会は、民意を反映する組織と言えるだろうか。学校協議会は学校運営に関して意見交換や提言を行なうほか、部活動等の運営に関する助言、校長の評価、教科書の推薦に関する協議、学校評価や教員評価といった多岐にわたる権限をもっている。学校協議会の設置については次のように定められている。

教育基本条例案

（学校協議会）

第十一条　府立高等学校及び府立特別支援学校に、保護及び教育関係者（当該学校の教員及び職員を除く。）の中から校長が委嘱した委員で構成される学校協議会を設置しなければならない。

ここには学校協議会は校長が委嘱するとのみ定められており、任命基準や手続きについては何も書かれていない。また教員と公務員の懲戒処分や分限処分に携わる人事監察委員会の任命については、次のように定められている。

教育基本条例案

（委員長及び委員の任命）

第四十八条　委員長及び委員二名は、人格が高潔であり、職員の人事に関する事項に関し公正な判断をすることができ、法令又は社会に関する学識経験を有する者から、知事が任命する。
2　委員二名は公募により、職員の人事に関する事項に関し公正な判断ができる者のうちから委員長が推薦し、知事が任命する。

人事監察委員会の委員長や委員の任命は、知事が行なうこととなっている。教育基本条例と職員基本条例は、教育委員会と人事委員会の権限縮小を定めていることから、それに対して学校協議会と人事監察委員会の権限を強化していることがわかる。しかし、教育委員会と人事委員会は議会の承認を得て、首長が委員を任命することからもわかるように、一定の民意がそこでは反映するのに対し、人事監察委員会の委員の任命は議会の承認を必要とせず、また学校協議会については、誰がどのような手続きで任命されるのかが明確でない。

つまり、人事監察委員会と学校協議会の設置は、民の力を生かすどころか、知事の意のままに行なうことが可能な制度設計となっているのだ。ここに「民意の反映」を掲げつつ、実際には知事の教育支配を進めるデマゴギーの手法が用いられていることがわかる。

教育基本条例では、府の教育行政における知事の役割が明記されている。

教育基本条例案
（知事）

第六条　知事は、府教育委員会を任命する権限のみならず、地方教育行政法の定める範囲において、府内の学校における教育環境を整備する一般的権限を有する。
2　知事は、府教育委員会との協議を経て、高等学校教育において府立高等学校及び府立特別支援学校が実現すべき目標を設定する。

知事が「府内の学校における教育環境を整備する一般的権限」をもち、「府立高等学校及び府立特別支援学校が実現すべき目標」を設定するのであるから、これが知事の教育への政治介入につながることは明らかである。
大阪府教育基本条例では、知事が教育委員会に対して強い権限をもつ。それが最もよくあらわれているのが、教育委員の罷免についての条文である。

教育基本条例案
（教育委員の罷免）
第十二条　知事は、第六条第二項に定める目標を、規則により定める。
2　府教育委員会の委員が前項に定める規則に違反して目標を実現する責務を果たさない場合、第六章の規定に基づき懲戒若しくは分限処分又はその手続をすべきであるにもかかわらずこれを怠った場合等、その職務上の義務を果たしていないと認められる場合、地方教育行政法第七条第一項に定める罷免事由に該当するものとする。

ここにあるように、府教育委員会が知事の定める教育目標を実現する責務を果たさない場合、罷免事由に該当するものとされる。また府教育委員会が知事の定める教育目標に従っていない場合には、議会は府教育委員会に対し、報告を求めることができ、議会において府教育委員会がその事務の管理及び執行を怠っていると議決した場合、知事は府教育委員会に対して是正を図るよう要請するものとされている。

このことによって府知事の教育委員会に対する権限は飛躍的に増大し、教育委員会の独立性は奪われてしまうことになる。これは戦後の教育委員会制度の根幹を揺るがすことを意味する。

戦後に整備された教育委員会制度は、教育行政の地方分権、民主化、自主性の確保という理念、とりわけ教育行政と学校教育の政治的中立性確保という考え方に基づいていた。教育基本法第十四条第二項が、学校教育法第一条で定めている学校の政治活動を禁止し、地方教育行政の組織及び運営に関する法律（以下：地教行法と略）第二四条が、地方公共団体の長の権限を厳しく制限しているのは、そのためである。

しかし、教育基本条例案では、民意の名の下に教育目標を設定し、その目標を達成する責務を果たさないと認められる教育委員を罷免するなど、教育委員会の独立性を否定して教育行政に介入し、教育行政と学校教育の政治的中立性を奪っている。

四　教育基本条例から教育行政基本条例と府立学校条例へ

教育基本条例はその提案直後から、多くの批判がなされた。そのなかでも注目されたのは、大阪府教育委員会の強い反発であった。条例が成立すれば、府出身で常勤の中西正人教育長を除く五人の委員が「総辞職するしかない」という声まで出ていた。一二月には、文科省からの「教育目標の設定は、地方教育行政法で定められた場合を除き、教育委員会の職務権限に属するもので、首長にその権限はない」という趣旨の見解が出されており、それへの対応も必要であった。しかし、一一月二七日のダブル選挙以後はすでに、府教育委員会は総辞職の道を選ばずに修正協議へと動き、「国の法令に違反しない条例案」づくりに入っていた。

二〇一二年一月二〇日の大阪府教育委員会に、府教委作成の原案（以下：府教委案と表記）が提示された。そこでは教育基本条例の内容が、教育行政の仕組みに関するルールを定めた教育行政基本条例と学校運営に関する府立学校条例、そして教員の評価や処分のルールは職員基本条例へと三つに分離された。府教委案は、大都市制度のあり方など府市共通の課題に関して行政として協議し、重要事項の方針を決めるために設置された大阪府市統合本部の会議に提出された。

府教委案では、「知事は、委員会と共同して、基本計画の案を作成するものとする」として、教育振興基本計画の作成主体は、知事と教育委員会のどちらともとれる曖昧なものにされていた。しかし、府市統合本部は、「共同して」の部分を「協議して」に変更し、教育振興基本計画の作成主体を、知事へと明確化した。教育委員会との協議がうまく行かなかった時は、知事が議会に基本計画の案を提出できるのだから、その優位性は明確である。

府教委案のもう一つのポイントは、知事による教育委員の罷免事項の削除であった。この点についても、知事が設定する基本計画の目標の達成へ向けて、教育委員が自ら点検及び評価した上で、その結果について知事が罷免に該当するかどうかを判断するという内容の条文が盛り込まれた。教育委員に自己点検及び自己評価をさせた上での、知事による罷免を容認したのである。

教育振興基本計画の案を作成する主体を知事とし、教育委員の罷免権が削除されなかったということは、大阪府教育委員会の自らの権限を維持しようという意図は、大阪維新の会によって阻まれたと言えるだろう。(2)

教育行政基本条例と府立学校条例によって、大阪の教育システムはどのように変化するだろうか。知事は教育振興基本計画を教育委員会と協議して作成する。知事と教育委員会は、共同して基本計画の点検と評価を行なう。教育委員会は基本計画の目標を達成するために行なった取組について自己点検と自己評価を行ない、その結果に基づいて、知事から罷免事由に該当するかどうか判断されるのだから、ここでも知事の教育委員会に対する優位性は明らかである。

府教育委員会は基本計画を踏まえ、市町村に共通する教育の基本方針を定め、市町村教育委員会に対し、指導、助言又は援助を行なう。府教育委員会から市町村教育委員会への指導原理が機能し、市町村教育委員会の自治原理は損なわれることになるだろう。

大阪府立学校条例では、府立学校の運営について次のように定めている。

府立学校条例案
（府立学校の運営）
第五条　大阪府教育委員会（以下「委員会」という。）は、基本計画（大阪府教育行政基本条例（平成二十四年大阪府条例第号）第三条に規定する基本計画をいう。以下同じ。）を踏まえ、府立学校に共通してその運営の指針となるべき事項を定め、府立学校に対し、これに基づいて学校の運営を行うよう指示するものとする。

大阪府教育委員会は、教育振興基本計画を踏まえ（傍点：筆者）、府立学校の「運営の指針」を定めるとされている。そして大阪府立学校条例では、学校経営計画について校長の役割を次のように定めている。

府立学校条例案
（学校経営計画）
第七条　校長は、毎年、基本計画及び第五条の指針となるべき事項を踏まえ、当該府立学校の特色、その学校が所在する地域の特性その他の事情に応じ、当該府立学校における経営の視点を取り入れた運営の計画（以下「学校経営計画」という。）を定めなければならない。

2　学校経営計画には、次に掲げる事項を定めるものとする。

一　当該府立学校の教育目標

二　前号の教育目標を達成するための取組の方策

三　前二号に掲げるもののほか、校長が必要と認める事項

3　校長は、学校経営計画を定めるに当たっては、あらかじめ第十二条第一項に規定する学校協議会の意見を聴くものとする。

4　委員会は、校長が学校経営計画を定めるために必要な支援を行うものとする。

校長は、知事が定めた教育振興基本計画、そして府教育委員会が定めた府立学校の「運営の指針」を踏まえて、「学校経営計画」（府立学校の教育目標など）を定めることとされている。そしてこの学校経営計画に明記された教育目標の達成状況について、学校評価を行なわなければならない。

大阪府立学校条例の第十九条〜第二十一条では、「教員の勤務成績の評定」、「校長の人事に関する意見の尊重」、「指導が不適切な教員に対する措置」が定められている。校長は教員の勤務成績の評価を行ない、教員の任免その他の進退に関わる人事についても意見が尊重される。指導が不適切な教員への必要な措置を申し出ることができることなどにより、教員に対する校長の支配

力は極めて強くなるだろう。

府知事は教育振興基本計画を作成し、府教育委員会はその計画を踏まえた「運営の指針」を定める。知事が定めた教育振興基本計画と府教育委員会の「運営の指針」を踏まえて、校長は学校経営計画を定める。校長はその学校経営計画の達成度によって、府教育委員会から評価される。各校長は学校経営計画に明記された教育目標の達成を各教員に求め、各教員はその目標への貢献度に応じて評価される。つまり、知事→府教育委員会→校長→現場教員という流れで、知事の政治介入が教育現場にまで貫徹する集権的システムが出来上がることになる。

教育行政基本条例と府立学校条例では、教育基本条例にあった「知事による教育目標の設定」という明白な法律違反は回避されている。しかし、そのことは教育行政や学校教育への政治介入を制限することには全くつながっていない。教育振興基本計画の作成権を知事に与え、その計画のなかに府教育委員会による「運営の指針」、校長による「学校経営計画」、学校評価と教員評価を位置づけることにより、知事主導の徹底した目標管理システムが構築されている。府教育委員会はここでは、知事の政治介入を実質的に下支えする役割を果たしていると言える。

五　教育行政基本条例・府立学校条例・職員基本条例がもたらすもの

知事の政治介入に加えて、大阪維新の会の教育政策には教育の新自由主義改革が多数盛り込まれている。そのことが最もよくあらわれているのが、次の府立学校条例の第二章府立学校の設置等（府立学校の配置及び通学区域）第二条である。

府立学校条例案

第二章　府立学校の設置等

（府立学校の配置及び通学区域）

第二条　府立学校は、教育の普及及び機会均等を図りつつ、将来の幼児、児童及び生徒の数、入学を志願する者の数の動向、当該府立学校の特色、その学校が所在する地域の特性その他の事情を総合的に勘案し、効果的かつ効率的に配置されるよう努めるものとする。

2　入学を志願する者の数が三年連続して定員に満たない高等学校で、その後も改善する見込みがないと認められるものは、再編整備の対象とする。

3　高等学校の通学区域については、平成二十六年四月一日から府内全域とすることに向けて、設定の見直しを行うものとする。

ここでは二〇一四年四月一日から、府立高等学校の通学区域を府内全域への見直しを行なうとされている。これによって入学難易度の高い高校から底辺校まで、高校間格差はこれまで以上に拡大する。学校間格差の拡大は、学力が高く、豊かな家庭出身の生徒の選択幅を広げ、学力が低く貧しい家庭出身の選択幅を狭めることから、教育達成の格差を助長する。生活保護世帯の急速な増加など、経済的格差の拡大が顕著な大阪において、この条例は教育達成の階層間格差をとりわけ助長することになるだろう。[3]

通学区の府内全域化という高校間格差を拡大する政策をとった上に、高校の統廃合につながる再編整備についても規定されている。入学志願者が三年連続定員に満たない高等学校で、その後も改善する見込みがないと認められるものは、再編整備の対象とするとなっている。この条例によって、実際に統廃合がなされれば、生徒の高校で学ぶ権利は制約され、地域や家庭の経済力によっては高校で学ぶこと自体が困難となるだろう。このような状況が生まれれば、高校進学が事実上ほぼ義務化されている現在、それは「教育を受ける権利」（憲法第二十六条）を侵害することとなる。[4]

志願者数の不足を高校の再編整備へと促す規定は、その教育内容にも大きな影響を及ぼす。入学志願者確保への危機感の高まりは、各高校の生徒集めへ向けての競争を激化させる。それは長期的な視点にたって教育活動を充実させることよりも、人々の目に見えやすい短期的な成果を追求する傾向を助長するだろう。たとえば大学進学実績の向上のみをひたすら目指す進路指導や、問題行動を表向き減少させるための生活指導の強化などが予想される。それは成績による生徒間差別や教育活動の空洞化をもたらす危険性が高い。

また志願者獲得へ向けての短期的な成果を追求する競争は、各高校の多様性を奪う可能性が高い。可視化されやすい教育成果には、それほど多くの種類がないからである。生徒の選択肢を

「多様化」し、「個性化」を目指す新自由主義政策が、教育の画一化を進行させる逆説を捉えることが重要である。このことが、進路が異なり、家庭的背景や社会的条件の異なる子どもたちの多様な教育要求と矛盾する。高校は従来もっていた多様性や、子どもを様々に支えてきた教育空間としての豊かな包容力を失ってしまうことだろう。

新自由主義によって競争を激化させ、格差を拡大するメカニズムは、知事をトップとする目標管理システムにおいて徹底されることになる。知事が教育振興基本計画に数量化される目標を設定すれば、それは府教育委員会による「運営の指針」、そして校長による「学校経営計画」を強く拘束する。

教育基本条例で定められていた、すべての校長を「任期付き」とする制度は教育行政基本条例では改められた。しかし職員以外から公募で採用される校長については、任期付きで採用される。彼らの知事や府教育委員会に対する立場は、職員出身の校長以上に極めて弱い。彼らは、府知事の設定する教育目標と府教育委員会の運営方針を忠実に反映する「学校経営計画」を策定し、その達成を目指す「先兵」としての役割が期待されている。任期付き校長の実践をモデルケースとして、知事の設定する目標達成へ向けての過剰な同調競争が引き起こされる危険性が高い。

学校経営計画を策定する校長には、学校運営や教員に対する強い権限が与えられる。教員の勤務成績の評定は校長が行なう。教育基本条例にあった五段階の人事評価を相対評価で実施するという規定は、職員基本条例では教員については絶対評価に変更されたものの、その評価が給与や任免に反映することから、校長の教員に対する管理統制の力は極めて強くなるだろう。

こうした校長による教員への管理統制の強化は、教育現場にも多大な悪影響をもたらす。過酷な人事評価の徹底は、教員の校長や学校経営計画への過剰同調、教員の個別化や差別化を促進することになるだろう。

校長や学校経営計画への同調が強まれば、教員の自由な発想に基づく教育実践は抑圧される。学校経営計画に適合的な教育実践のみが尊重されることによって、教員一人ひとりの個性が生かされず、教育実践の画一化が進むことになるだろう。それは同時に、学校経営計画の目標達成に見合った子どものみが尊重され、そうでない子どもが排除される傾向が教育現場において強まることを意味する。

教員の個別化や差別化が促進されることも、教育現場に深刻な影響を与える。学校における様々な教育活動は、教員間の協力関係と連携によって成り立っている。協力と助け合いによって成立する「教員労働の協働性」は、日本の教育実践の特徴として高く評価されてもいる。

しかし、個別化や差別化の促進は教員間の協力関係を阻害し、「教員労働の協働性」の基盤を掘り崩すことになるだろう。近年の事務書類の増加、保護者や地域からのサービス要求の高まりなどで、教員の労働は多様化し、多忙化が進んでいる。そのなかでの協働性の解体は、教育活動の質を一層劣化させる危険性が高い。

保護者の意向を反映させるための学校協議会の活動、生徒や保護者による教員評価も、この新自由主義の枠組みのなかで機能するという点をおさえる必要がある。教育基本条例から教育行政基本条例・府立学校条例のなかで、大きく変化したものに「保護者」の位置づけがある。教育基本条例では保護者について次のような条文がある。

教育基本条例案

（保護者）

第十条　保護者は、学校の運営に主体的に参画し、より良い教育の実現に貢献するよう努めなければならない。

2　保護者は、教育委員会、学校、校長、副校長、教員及び職員に対し、社会通念上不当な態様で要求等をしてはならない。

3　保護者は、学校教育の前提として、家庭において、児童生徒に対し、生活のために必要な社会常識及び基本的生活習慣を身に付けさせる教育を行わなければならない。

ここでは保護者に対して、学校運営への参画の努力義務を定めると同時に、教育委員会や学校などに対して「社会通念上不当な態様で要求等をしてはならない」としている。いわゆる「モンスターペアレンツ」を規制する内容である。また第三項では、家庭教育のあり方を規定している。これらは実効性が乏しく、家庭教育の内容に行政が介入する点で問題のある条文であるが、教育行政基本条例と府立学校条例ではこれらの内容は消去されている。

その代わりに、教育行政基本条例と府立学校条例では、教員の勤務成績の評価に関わる「授業に関する評価」について「生徒又は保護者による評価」を踏まえるものと明記された。その他にも校長が府立学校の運営に保護者の意向を反映させること、学校評価の実施において学校協議会の意見を聴くことなどが定められている。

これは一見、大阪維新の会が、保護者を「管理」するのではなく、「参加」を促して教育行政をより開かれたシステムへと転換する意思のあらわれのように見える。しかし、ここでの保護者の「評価」や「意向の反映」が、知事→教育委員会→校長→教員というトップダウンのメカニズムのなかで機能するということを認識する必要がある。

校長による教員の授業評価に生徒や保護者の評価を踏まえるとしても、それが校長による評価を修正する制度的保障は全くなされていない。学校評価において学校協議会の意見を聴くとしても、それが校長による学校評価にどこまで影響を与えるのかは未知数である。

これでは保護者や子どもの「参加」によって、教育行政がより開かれたものになったとはとてもいえないであろう。むしろ保護者や子どもの「参加」は、大阪維新の会による教育行政が政治による直接支配と統制一辺倒であるという批判を回避することに役立ち、大衆の支持をより広く獲得することを可能にした。保護者や子どもの「参加」によって、大阪維新の会による教育の新自由主義システムは、より強固なものとなったと言える。[5]

教育基本条例から「職員基本条例の施行に伴う関係する条例」へと移行した膨大な量にわたる分限と懲戒に関する規定は、教育現場に何をもたらすだろうか。これらの規定は何よりも第一に教員を委縮させ、教育現場から自由な雰囲気を奪うだろう。マスコミ報道による教員と学校へのバッシングの積み重ねによって、教育現場が外部からの厳しいまなざしにさらされることが常態化しており、一定以上の安心感をもって教育活動を行なうことのできる学校現場は激減している。このなかで教員を委縮させることは、教育現場の自由な教育活動を一層抑圧することになるだろう。

第二にこの分限と懲戒に関する規定は、教員のモラルを高めるどころかむしろそれを揺るがし、教育の質を低下させる危険性が高い。これらの規定は、現場教員に対する強い不信感に基づいて成り立っている。教員労働の質は、それが一定の使命感や献身性によって支えられている点に特徴がある。(6) 使命感や献身性は周囲からの信頼がなければ、それを長く継続させることが困難である。不信感に基づく処罰規定は、教員労働の質を支える基盤を掘り崩し、教育の質を低下させるだろう。この処罰規定が、「競争と格差」をもたらす新自由主義と結びついている点が重要である。処罰と評価の厳格化によって、教員の自由や教育活動の多様性は奪われることになる。教育制度における「自由」競争の拡大によって、教育の「管理統制」が強化される。

新自由主義とともに強化されるのが、教育の国家主義である。二〇一一年に成立した「君が代」条例を教育現場に徹底させる規定が教育基本条例に明記されていたが、その内容は職員基本条例へと移動し、次のような条文となった。

職員基本条例案

第二節　職務命令に対する違反

（職務命令に違反した者に対する処分）

第二十七条　職務命令（法第三十二条に規定する上司の職務上の命令であって、文書によるものに限る。以下同じ。）に違反する行為をした職員に対する標準的な懲戒処分は、戒告とする。

2　任命権者が第二十九条に規定する措置を講じた場合においても、なお職務命令に違反する行為を繰り返し、その類型が五回（職務命令に違反する行為の内容が同じ場合にあっては、三回）となる職員に対する標準的な法第二十八条第一項に規定する処分は、免職とする。

この条例は、卒業式等での国歌斉唱時の教職員の起立・斉唱に関する職務命令違反に対する処分を含む。職務命令と処分による「恫喝」によって、服従する「国民」と抵抗する「非国民」とを分割し、抵抗する「非国民」を排除することによって、教育現場への国家主義の徹底が目指されている。

二〇一二年一月一六日、最高裁第一小法廷は、卒業式等の「君が代」斉唱時の不起立等を理由に、東京都教育委員会に懲戒処分された都の公立学校の教職員らが処分取消しなどを求めた訴訟で、職務命令の合憲性は認めたものの、「減給以上の処分の選択には慎重な考慮が必要」とし、停職一か月の元教員と減給一〇分の一（一か月）の元教員の処分を取り消した。この裁判では、東京都教育委員会が懲戒処分の量定に際して、過去に懲戒処分を受けたにもかかわらず、同様の行為を行なった場合に量定を加重する「処分量定」の方針を明確にした二〇〇三年の「一〇・二三通達」が争点となった。この通達では、起立しない教員は一回目は戒告、二、三回目は減給、四回目は停職となる。この「処分量定」による減給以上の処分を、「懲戒権者の裁量権の範囲を超えるもの」として取り消しを命じた。戒告と「減給以上」に線引きをし、大阪の動きを牽制した判決である。

この判決があったにもかかわらず、大阪維新の会は「指導、研修その他必要な措置」を講じた上で、改善されない場合には「三回の違反で免職」という処分方針を維持した。憲法十九条「思想及び良心の自由」や教育基本法第十六条「教育は、不当な支配に服することなく」に違反するとともに、最高裁判決を考慮しない暴挙が行なわれているのである。

「君が代」強制の徹底に見られる教育の国家主義は、新自由主義と密接に関連している。新自由主義による競争の強化と格差の拡大は、底辺層や貧困層の増加、中間層の縮小などをもたらすことによって、社会統合の危機をもたらす。国旗や国歌の強制など教育現場への国家主義の徹底は、経済的統合による「国民」形成が困難となるなか、イデオロギーによる「国民」形成を意図するものである。

また一方でこの国家主義の教育現場への徹底が、新自由主義のシステムを作動させる役割を果たしている点を見る必要がある。知事が「君が代」徹底を指示し、それが教育委員会を通して各校長に伝達され、教員への職務命令が出される。「君が代斉唱時、起立一〇〇パーセント」が当面の数値目標となるだろう。起立一〇〇パーセントの数値目標達成へ向けて、知事→府教育委員会→校長→教員というトップダウンの目標管理システムが作動する。「君が代」強制は、教育の新自由主義を徹底させる梃子としての役割をも果たしている。新自由主義と国家主義を結合させたものとして、大阪維新の会の教育行政を捉えることができる。

六　おわりに

二〇一一年六月の「君が代」条例制定から始まった、大阪維新の会による教育の政治支配を進める動きは、八月の教育基本条例の提案によって、「教育委員会の独立性」を奪う教育行政システムの構築へと発展した。教育基本条例と職員基本条例、そして大阪都構想を争点として、一一月二七日の大阪府知事・市長のダブル選挙に勝利した大阪維新の会は、教育委員会の反発や文科省からの「教育目標の設定は、地方教育行政法で定められた場合を除き、教育委員会の職務権限に属するもので、首長にその権限はない」という趣旨の見解を受けて、知事の権限を「教育目標の設定」から、教育振興基本計画案の作成権へとスライドさせ、教育基本条例の内容を教育行政基本条例、府立学校条例、職員基本条例へと分離させた。

二〇一二年三月に大阪府で成立した教育行政基本条例、府立学校条例、職員基本条例は、民意の名の下に、実質的には教育基本条例と同様に、教育の政治支配を推し進めるものである。教育委員会の独立性は大きく損なわれ、知事↓府教育委員会↓校長↓教員というトップダウンの目標管理システムが構築される。それは教育の新自由主義と国家主義を進行させ、教育における格差と管理統制を強化するだろう。

この三つの条例は、多くの法令違反を含んでいる。いくつかの例を挙げよう。教育振興基本計画案の作成権を知事がもつことは、地方公共団体の長の職務権限を限定的に定めた地教行法第二十四条に違反する疑いが強い。また教育振興基本計画の達成度によって、知事による教育委員の罷免を可能にすることは、教育委員の罷免理由を限定している地教行法第七条に違反する。そして教員の勤務評定を校長が行なう条例は、教職員の勤務評定を行なう権限を教育委員会とする地教行法第四十六条に違反する。これらの条例が全体として、「思想及び良心の自由」や「教育を受ける権利」を定めた日本国憲法に違反し、政治権力からの自立を原則とする戦後民主主義教育を解体する内容をもっている点が重大である。

数多くの法令違反、なかでも日本国憲法の理念や原則を公然と否定する条例案を掲げる大阪維新の会が選挙に勝利し、政治権力による教育支配を推し進めている。長期に渡る経済停滞によって「格差と貧困」が深刻化するなか、大衆の閉塞感は増すばかりである。鬱屈した大衆感情を煽る目的で、「教員」や「公務員」という身近な「敵対勢力」を設定し、激しく攻撃することで大衆の支持を獲得する手法は、ファシズムと言って良いだろう。教育への政治介入、それを可能としたファシズム勢力の台頭、そしてファシズム台頭の温床となっている「格差と貧困」の深刻化、これらを批判する思想と実践が強く求められている。

註

(1) 最高裁判決の問題点については(大内 二〇一一)を参照。

(2) 教育行政基本条例と府立学校条例は、維新の会と府教委の合作でつくられた条例案であると中嶋哲彦は論じている。特に教育の目標管理強化については、府教委は維新の会から独立して主犯的役割を果たしてきたと中嶋は考察している。この点については(中嶋 二〇一二a)を参照。

(3) たとえば、二〇一一年一二月現在、大阪市内の生活保護受給率は五・七パーセントと、全国の政令指定都市中トップである。それに対して全国平均は一・六パーセントである。

(4) 大阪府では二〇一〇年度、世帯年収三五〇万円未満の世帯に対し、私立高校の授業料が無償になった。二〇一一年度からは、無償枠が世帯年収六一〇万円未満の世帯にまで拡大されたほか、六一〇万円以上八〇〇万円未満の世帯についても保護者負担は一〇万円になった。こうした私立高校授業料無償化・軽減化が、「教育の機会均等」ではなく、「授業料格差の解消による公私間の競争条件の均等化」であると中嶋哲彦は考察している(中嶋 二〇一二b)。

(5) この条例によって、保護者や子どもは自らの参加によって、教育行政に自らの意思が反映するかのような幻想をもった可能性が高い。支配を容易ならしめるために、為政者が行なう手段として心性操作がある。

心性操作という概念を用いて教育を分析した優れた論稿として（佐々木 二〇〇七）を参照。

（6） この使命感や献身性が、教員の過剰労働を生み出す要因となっているマイナス面にも着目する必要がある。この点に関しては（赤田 二〇〇三、赤田 二〇一一）を参照。

ブラックバイト・全身就活・貧困ビジネスとしての奨学金

現代思想 2013 年 12 月号「特集＊現代思想の論点 21」

「ブラックバイト・全身就活・貧困ビジネスとしての奨学金」

大学生の状況を表現する言葉として、「ブラックバイト」、「全身就活」、「貧困ビジネスとしての奨学金」という言葉・表現を二〇一三年に著者は生み出した。日本型雇用のリアリティのなかに生きている当時五〇歳以上の人々には、大学生の現実がなかなか伝わらないことから、新しい言葉が必要だった。「世代間断層」を認識し、その乗り越えを強く意識した論文。

一　ブラックバイト

二〇一三年現在、大学生のアルバイトはかつてのあり方からは大きく変容している。二〇一三年の六月～七月にかけて、学生約五〇〇人を対象にアルバイトに関する経験について調査を行なった。この調査の結果から、学生アルバイトに異変が起こっていることを実感した。以下のいくつかの例は学生の書いた自由記述欄の文章である。

私はスーパーのレジで働いていますが、レジはほとんどバイトかパートです。正社員は課長くらいです。人手が足りていないせいか、シフトをすごく入れられます。週四契約なのですが、週五～六は入れられます。以前はそんなに気にしなかったのですが、最近、契約と違うこれはブラック企業なのかと考えました。また二〇代のフリーターの方もいますが、そんな人たちはシフトをすごく入れられています。やはりフリーターの立場なんだと、考えさせられました。バイト、パートの人たちが増えるほど、自分が就職する時、正社員になれるか不安になりました。

私もつい最近までアパレルでバイトをしていました。社員はいないし、全員アルバイト。低い給料で重労働は当たり前。人手が足りなく、テスト前も休むことはできません。人手が足りなくて忙しい年末年始は、私を含めてたった三人でシフトを回しました。一〇：〇〇〜二二：〇〇フルタイムで働くというまさにブラックの塊のような店でした。学生アルバイトは辞めることができましたが、フリーター枠の人は辞めるのに一年はかかります。人と接することがしたくてアパレル店員になりましたが、正社員としては絶対に働きたくないと思いました。

他の学生のブラックバイトの状況を聞いて、僕のアルバイトもブラックバイトなのかもしれないと思った。契約書を三か月に一回提出するが、それを無視してシフトを組まれるので、とても困っている。テスト週間にバイトのシフトを減らしてほしいと頼んでも、断られるのがほとんどである。アルバイトやパートの人たちに頼り過ぎだと考える。

学生のアルバイトが以前よりも拘束力が強く、ハードな内容となっていることは知っていたが、調査を丁寧に読んでみて、これまでのアルバイトとは質的変化が起こっていることを痛感した。劣化した雇用状況を表現する言葉として、「ブラック企業」という言葉が二〇〇〇年代後半以降に、広がってきた。この言葉は主としてインターネット上で広がり、ＩＴ企業の過剰労働を取り扱った映画『ブラック会社に勤めているんだが、もう俺は限界かもしれない』が二〇〇九年に上映されてから、人口に膾炙するようになった。

『ブラック企業』の著者である今野晴貴は労働相談の経験から、「ブラック企業」という言葉が若者に浸透したのは二〇一〇年の末以降だという。労働相談において「ブラック企業」という言葉がその頃から頻繁に登場するようになった。今野晴貴『ブラック企業』には、企業における人格無視のハラスメントによる退職強要、理不尽な新人研修などの実態が赤裸々に記述されている。「ブラック企業」という言葉が登場したことの意味は、若年の雇用・労働問題の捉え直しにある。一九九〇年代以降、若年の雇用・労働問題の焦点の一つが非正規雇用の拡大であった。非正規雇用の若者は「フリーター」と呼ばれ、自由で気楽な働き方を自ら選び、まじめに働くことなく安易な労働に従事している若者というイメージが付与された。

その後、「フリーター」ではなく、まじめに働こうとしない若者として「ニート」という言葉が生み出された。「ニート」とは労働せず、通学もしていない三五歳未満の者をさす言葉として使用され、働く意欲をもたない若者たちという「レッテル」としての機能を果たしてしまった(1)。「フリーター」や「ニート」という言葉は、若年の雇用・労働問題の要因を「安易」で「意欲をもたない」若者自身の意識のあり方に見出している。これらの言葉が新自由主義のイデオロギーである自己責任論によって生み出され、さらにそれを浸透させたことは間違いないだろう。

これに対して「ブラック企業」は企業・雇用者側の労務管理のあり方や働かせ方を批判し、「告発」する言葉である。「ブラック企業」「フリーター」や「ニート」といった言葉への批判として有効であるし、若年の意識のあり方に焦点を当ててきた若年の雇用・労働問題の捉え直しを行なったことの意義は大きい。今野晴貴は「ブラック企業」という言葉の登場を、「年越し派遣村」問題などによる「貧困」の可視化に対する世論の反応への批判として位置づけている。

非正規雇用の増加が若年層の職の安定を奪い、貧困をもたらしているという認識が広がったことは重要である。新自由主義のもたらす矛盾を多くの人が理解するようになったからである。

しかし、非正規雇用による不安定化と貧困への着目は、若年層の多くに非正規雇用に就くことの恐怖と正規雇用に就くことへの過度の執着をもたらした。大学生の長期かつ激烈な就職活動はそのあらわれである。「就活うつ」や「就活自殺」といった悲劇が多発した。正規雇用と非正規雇用とを区別するまなざしはより強固なものとなり、正規雇用を選択し、それへ向けての準備を怠らないことが是とされた。非正規雇用に就くことは、本人の「自己責任」の結果とされた。

こうした正規雇用と非正規雇用の分断、正規雇用に就くことへの過度の執着や自己責任論の蔓延という事態に対して、「ブラック企業」は新しい提起を行なっていると今野は位置づける。なぜなら「ブラック企業」の被害の対象は主に正社員だからである。正社員の長時間労働やパワーハラスメントという問題を提起することによって、「正社員＝安定」、「非正社員＝不安定・貧困」という図式を相対化できる。ブラック企業という言葉で、正社員になっても安泰ではないということが、広く世の中に伝えられた。

筆者はブラック企業という提起を重要なものと考えていた。二〇一三年六月〜七月の学生アルバイト調査の結果を見て余りにも過酷な働き方の実態を知ることとなり、こうした学生たちの労働のあり方を「ブラック企業」に倣って、「ブラックバイト」と名づけた。筆者のフェイスブックでこの言葉を使用したところ、ブログやツイッターなどインターネット上で大きな反響があった。八月に入ると『毎日新聞』や『中日新聞』からの取材があり、「ブラックバイト」についての記事が掲載された。新聞記事を通じて「ブラックバイト」という言葉は広く知られることとなった。

筆者が考えるブラックバイトの定義は次のようなものである。

低賃金であるにもかかわらず、正規雇用労働者並みの義務やノルマ、重労働を課されるアルバイトのこと。非正規雇用労働の基幹化が進むなかで登場した。残業代の未払いや過酷な長時間労働など、法令違反をともなうことが多い。

たとえば、ノルマの達成が義務づけられ、それが不可能であれば商品を買い取らされるという悪しき慣行は正社員の間で横行していたが、それが学生アルバイトにまで課されるようになった。ブラックバイトは、ブラック企業で正社員に行なわれている理不尽な命令が、学生アルバイトにまで浸透していることを示している。

かつては正社員が学生アルバイトの新人研修を行なっていた。近頃は学生アルバイトが数か月たつと、学生アルバイトの新人研修を担当する。学生アルバイトのシフト管理は正社員の仕事であった。最近では学生アルバイトのシフト管理も、学生アルバイトが行なっている。そしてアルバイトがアルバイト募集を行なう職場さえある。正社員の仕事の多くが、アルバイトによって担われているのだ。

かつてパートやアルバイトといった非正規雇用労働は、正規雇用労働の不足を補う役割を果たすものとして登場した。しかし正規雇用労働の削減にともなう非正規雇用労働の増加は、正規雇用労働者が担っていた仕事が非正規雇用労働者に移行することを必然的に伴う。徐々に、非正規雇用の「補助」労働から「基幹」労働への変化が進んだ。

近年、非正規雇用の「基幹」労働化はさらに進み、学生アルバイトまでがその一翼を担うようになった。「バイトリーダー」や「バイト責任者」といった言葉の登場は、学生アルバイトが現場の全体責任を担わされるようになったことを示している。(2) 正規雇用労働者はそこには存在しないか、あるいはほぼその役割を果たしていない。正規雇用労働の減少、さらには消滅という事態が広がっている。

ブラックバイトの広がりは、大学生の生活に深刻な影を落としている。週一五コマ講義（＝週三〇時間）に出て週三〇時間アルバイトをすれば、合わせて週六〇時間労働となり、過労死ラインに達する。バイトリーダーの役割を担わされている学生の一人は、講義中にも自分のスマートフォンにアルバイト先からの連絡が頻繁に来て、絶えることがない。アルバイト現場で起きるトラブルへの対応を、労働時間外にも求められるからだ。労働時間外であるから、この労働は無給である。この学生はアルバイト現場に、四六時中拘束されている。

大学生の多くは暇とゆとりを失ってしまった。かつて「レジャーランド」と呼ばれていた大学は二〇一三年現在、「ワーキングプアランド」へと変貌している。

二　全身就活

竹信三恵子・和光大学教授との対談「『全身就活』から脱するために」(『現代思想』二〇一三年四月号)で、筆者は「全身就活」という言葉を初めて用いた。「全身就活」という言葉は、近年における学生の就職活動の実態を観察するなかで思い浮かんだものである。

大学三年の後半から一斉に始まる就職活動が、人によっては卒業まで一年半も続くほど長期化している。何百もの会社にエントリーしても、面接まで残るのは数社といった過酷な就職活動が日常的風景となっている。

「就活ルック」や「就活メイク」はすでに常識だが、近年では就活のための「プチ整形」を行なう学生もいるという。まさに「全身就活」であるが、ここでの「全身」とは外見のことだけを意味するのではない。

就職の採用基準が不明確であるため、不採用となった学生は自己の内面を否定し続けることを強いられる。「自己分析」や「コミュニケーション能力」の名の下に、「会社にどうしたら気に入られるか」を考え続けることになる。その過程で自らの考え方や感情を会社にとって好ましいものへと適合させようとする学生は少なくない。「全身就活」とは、学生が自分の心や精神までをも就職先へと総動員する状況を意味している。(3)

大学三年の後半から就職活動は本格化するが、実質的なスタートは大学入学時点となっている。一年生から就職向けの講座を受講したり、就活交通費のためのアルバイトを開始する学生も多い。多くの学生が、サークルやゼミ、アルバイト、留学なども「就職にとって有利か否か」という基準で選択する。学生生活のあらゆる活動が、就活を成功させるための手段として位置づけられる。学生生活全体が就活へ向けて組織化される「全身就活」が、大学生の間に広がっていった。

「全身就活」は、それを支える諸アクターの存在抜きには説明できない。学費を負担している親・保護者は、子どもが正規雇用に就職することを強く望んでいる。少子化時代になって学生をいかに集めるかに苦心している大学・短大は、新卒就職率を上げることに全力を注いでいる。就職情報専門会社は、人びとが就活に必死になればなるほど利潤を得ることが可能だから、「就活の厳しさ」をアピールし、学生の不安を煽る。親・保護者、大学・短大、就職情報専門会社などが、一緒になって「全身就活」を支えているのだ。

「全身就活」とは、学生の多くが自らの心身や学生生活全体を動員しなければならない過酷な状況を示している。しかし、こうした「全身就活」を行なっても、就職を決めることは容易ではない。人件費の削減によって利益を引き上げる企業の増加によって、非正規雇用が激増し、正規雇用が激減しているからである。

自らの心身や学生生活全体を動員した「全身就活」は、学生を追い込んでいる。就活中にうつ病になる「就活うつ」や精神疾患が増加している。最悪の選択が「就活自殺」である。就職活動の失敗が、自分の人格や全人生の否定であるかのように感じられてしまうことから生じている。「全身就活」の過酷さは明らかだ(4)。

「ブラック企業」であることがわかっていても、就職を決断する学生も存在する。「もう疲れました」という言葉に象徴的にあらわれている通り、「全身就活」の過酷さから早く抜け出したいという気持ちが動機の一つとなっている。また、就職活動の過程で世の中の現実に直面し、それまでは忌避していていた「ブラック企業」への入社も「止むを得ない」ものと自己納得するケースもある。「全身就活」は理不尽さを受忍するプロセスにもなっている。

新卒を大量採用し、企業内訓練を行なう「日本型雇用」が解体したにもかかわらず、新卒一括採用システムは継続している。中途採用システムの整備や職業訓練の充実は、十分には進んでいない。そんななか、限られた「正社員」の席を目指して、学生の多くは「全身就活」を行なわなければならない状況に置かれている。

三　貧困ビジネスとしての奨学金

奨学金も学生を追い込んでいる。まず近年、奨学金利用者が急増していることが挙げられる。

奨学金利用者の割合は、一九九八年の二三・九パーセントから二〇一〇年には五〇・七パーセント（学部生昼間部）と全体の五割を超えた。背景には日本型雇用の解体にともなう世帯年収の減少がある。世帯年収（中央値）は、一九九八年の五四四万円から二〇〇九年の四三八万円と一〇〇万円以上も低下している。世帯年収の減少と奨学金利用者の増加の時期がぴったりと重なっていることがわかる。

大学生の半数以上が奨学金を利用していることに加えて、奨学金制度の悪化が急速に進んだ。全奨学金制度の八割を占める日本学生支援機構の奨学金が、旧来のものとは激変している。

日本学生支援機構の奨学金は、無利子の第一種奨学金と有利子の第二種奨学金とがある。一九八四年に導入された有利子の第二種奨学金は、一九九〇年代後半以降に急増した。二〇〇七年度以降は、民間資金の導入も始まった。一九九八年から二〇一三年度の一五年間に有利子の貸与人数は約九・三倍、事業費は約一四倍に膨れ上がった。それに対して無利子の貸与人数は約一・六倍、事業費は約一・七倍であるから、奨学金制度の中心は無利子から有利子に移行したことになる。

一九九八年には無利子三九万人に対して有利子が一一万人であり、全体利用者五〇万人のうち八割弱が無利子を利用していた。しかし、二〇一三年には無利子三八万人に対して、有利子は九六万人に達している。全体利用者一三四万人のうち、七割以上が有利子を利用していることがわかる。全学生の半数以上が奨学金を利用し、その八割を占める奨学金の大半が有利子であるということは、学生の相当数が多額の借金を抱えていることを意味する。

実際、奨学金返済の実情は深刻だ。第二種奨学金を月に一〇万円借りた場合、総額は四八〇万円に達する。有利子の利率を上限の三・〇パーセントとすると、返済総額は約六四六万円となる。大学卒業後、毎月約二万七〇〇〇円の返済を二〇年間継続しなければならない。夫婦ともに借りていれば、返済総額は軽く一〇〇〇万円を超え、毎月の返済額は約五万四〇〇〇円に達する。これで結婚生活や子育てが可能だろうか。

返済が滞れば、年利一〇パーセントもの延滞金が課せられる。延滞金発生後の返済は、延滞金→利息→元金の順に行なわれるため、元金を減らすことが困難である。「奨学金ホットライン」では、六〇歳近くでも奨学金返済が終わらない方からの相談があった。奨学金返済が一生涯終わらない事態が生まれているのである。

二〇一〇年度の奨学金利息収入は二三二億円、延滞金収入は三七億円に達する。これらの金は経常収益に計上され、原資とは無関係のところに行く。この金の行き先は銀行と債権回収専門会社である。「返還される奨学金は、将来の学生が借りる奨学金の原資となります」という説明が学生になされているが、実際には金融機関と債権回収専門会社に利益をもたらす「金融事業」となっている。奨学金を利用するのは、経済的に豊かでない家庭の出身者が多数を占めることから、奨学金は一種の「貧困ビジネス」と呼べるだろう。

「貧困ビジネス」としての奨学金が、学生に与える影響は深刻だ。卒業後、多額の奨学金返済をし続けることが心配であるため、在学中からアルバイトで返済金を貯めている学生も少なくない。これでは奨学金が「学生の勉強する時間を確保する」という目的を果たしていないことになる。

奨学金返済の過酷さは、就職活動や卒業後の働き方にも影響を与える。卒業後すぐに返済が始まるため、「卒業時に何が何でも正社員にならなければならない」というプレッシャーが、学生に重くのしかかる。「全身就活」に拍車がかかり、「ブラック企業」であっても入社せざるを得ないという傾向を助長する。また、自分が就職した場所が卒業後に「ブラック企業」であることが判明しても、奨学金返済があるためにその企業を辞められないという事態も生じるだろう。

利子付き奨学金が主流となったことによって、卒業後の返済が困難であることから、経済的には苦しくても奨学金を利用しない学生も多い。彼らの多くは大学入学後に「バイト漬け」生活を強いられる。そのことは「ブラックバイト」をより蔓延させることにつながるだろう。利用すべき学生が利用できない事態は、奨学金制度の機能不全を示している。

四　おわりに

二〇一三年に、「ブラックバイト」、「全身就活」、「貧困ビジネスとしての奨学金」といった言葉を筆者がつくり、使用するようになったのは、現在が巨大な転換期であるにもかかわらず、そのことが明確には理解されていないことへの批判を意図してのことである。

自分の自由に使えるお金を稼ぐために、好きな時間を選んで働く学生アルバイト、卒業後は正規雇用に決まることを前提にした就職活動、無利子が基本で取り立てもそれほど厳しくなかった奨学金といったかつての学生・若年層をめぐる状況は、今ではすっかり変わってしまった。

従来と同じ、「学生アルバイト」(バイト)や「就職活動」(就活)、「奨学金」といった言葉では、正確な理解を妨げてしまうほど巨大な変化が起こったことが、「ブラックバイト」、「全身就活」、「貧困ビジネスとしての奨学金」という新しい言葉を必要としたのである。

学生・若年層の困難への無理解や繰り返されるバッシングを見ると、日本型雇用のリアリティのなかにその多数が生きている「五〇歳以上」と、その大半が日本型雇用のリアリティを感じることができない「四〇歳未満」の「世代間断層」は深刻だ。しかし、二〇一三年に学生・若年層の困難を表現する言葉が多数生まれたことは、「世代間断層」を乗り越え、新たな社会的連帯が形成される可能性が生まれつつあることを示している。

註

(1)「ニート」という言葉とそれがもたらす影響への批判については(本田・内藤・後藤 二〇〇六)を参照。

(2)「パート店長」という言葉も日常的に使われている。これも非正規雇用の基幹労働化を示している。

(3) 今野晴貴は、四年生は三年生よりも低い労働条件を受け入れる傾向があり、就職活動が企業的価値観に洗脳される過程となっていることを指摘している(今野 二〇一二)。

(4) これについては(森岡 二〇一三)を参照。

貧困化する大学生と経済的徴兵制

現代思想 2015 年 10 月臨時増刊号「総特集＊安保法案を問う」

「貧困化する大学生と経済的徴兵制」

安保法制反対運動に触発された論文。仕送り額の減少、奨学金制度の悪化、労働市場の劣化によってブラックバイトが広がる。奨学金返済の延滞者の増加は、アメリカ同様の「経済的徴兵制」の議論にリアリティを与えている。反戦平和運動は若者の「戦場となっている日常」そのものをつくり替えるメッセージが必要。

近年、学生アルバイトは劣化の一途をたどっている。過酷なアルバイトのために授業中に寝てしまう学生は多い。試験前や試験期間中にも「勉強できない」と悲鳴を上げる学生が増えている。私は二〇一三年六月に、学生生活と両立しない過酷なアルバイトのことを「ブラックバイト」と名付けた。[1]

ブラックバイトの定義は次のようなものである。

学生であることを尊重しないアルバイトのこと。フリーターの増加や非正規雇用労働の基幹化が進むなかで登場した。低賃金であるにもかかわらず、正規雇用労働者並みの義務やノルマを課されたり、学生生活に支障をきたすほどの重労働を強いられることが多い。

ブラックバイトが登場したのはなぜか。主として三つの理由が考えられる。大学生の貧困化、奨学金制度の悪化、非正規雇用の急増による雇用の劣化の三点である。

第一に挙げた大学生の貧困化は急速に進んでいる。月の仕送り額一〇万円以上の割合は、一九九五年の六二・四パーセントから、二〇一二年には二九・三パーセントに減っている。それに対して月の仕送り額五万円未満の割合は、一九九五年の七・三パーセントから二〇一四年の二三・九パーセントへ上昇している。月の仕送り額〇円の割合も、一九九五〇年の二・〇パーセントから、二〇一四年には八・八パーセントに増えている。(2)

学生生活費の推移を見ると、二〇〇〇年から二〇一二年までの一二年間で、家計からの給付は年間一五六万円から一二二万円へと三四万円も減っている。(3) アルバイトや奨学金によっても家計からの給付の減少を補うことにはなっておらず、大学生の貧困化が進んでいることが分かる。

大学生の貧困化はアルバイトの目的を変化させている。一九八〇年代～九〇年代の学生アルバイトの主たる目的は、サークルや趣味など「自分で自由に使えるお金」を稼ぐことであった。しかし、仕送り額や家計からの給付の減少によって、学生アルバイトの目的が学費や生活費など、「学生生活を続けるために必要なお金」を稼ぐことへと変化してきている。

大学生の貧困化と学生アルバイトの目的の変化は、雇用主と学生アルバイトの関係性を変化させた。一九八〇年代～九〇年代に学生アルバイトに過酷な労働を強いれば、彼らの多くは現場に定着せず辞めていったことであろう。「自由に使えるお金」を稼ぐのを我慢さえすれば済むことだからである。

しかし、「学生生活を続けるために必要なお金」を稼がなければならない状況では、アルバイトを辞めることは容易ではない。過酷なアルバイトを課されても、辞めることができなくなった学生の苦境を雇用主や経営側は敏感に察知した。大学生の貧困化は、雇用主と学生アルバイトの力関係を雇用主側により有利になるように作用した。このことが、学生にとって過酷なブラックバイトが生み出される前提条件をつくり出した。

第二には奨学金制度の悪化である。奨学金利用者の比率は、一九九〇年代半ばまでは二割をやや上回る比率で、安定あるいはやや微減の状態にあった。それが二〇〇〇年には二八・七パーセントにまで上昇する。そこから比率は急上昇し、二〇〇四年には四一・一パーセントと四割を突破、二〇一二年には五二・五パーセントと全体の半数以上となっている。

奨学金利用者の二割台から五割台への変化は、量的増加であると同時に質的変化をともなっている。この一五年間に、大学生における奨学金の位置づけは大きく変わった。奨学金は少数の「経済的に厳しい家庭の出身者」が利用するものから、過半数の大学生が利用するものになったのである。

同時期に奨学金制度の悪化も進んだ。一九八四年の日本育英会法の全面改定によって、奨学金の有利子枠が創設された。有利子貸与奨学金の増加に拍車をかけたのが、一九九九年四月の「きぼう21プラン」であった。ここで有利子貸与奨学金の採用基準が緩和されるとともに貸与人数の大幅な拡大が図られ、二〇〇三年には有利子貸与が無利子貸与の貸与人数を上回った。そして二〇〇四年に日本育英会は廃止され、日本学生支援機構への組織改編が行なわれた。

独立行政法人である日本学生支援機構は、奨学金制度を「金融事業」と位置づけ、その中身をさらに変えていった。二〇〇七年度以降は民間資金の導入も始まった。この過程で、一九九八年から二〇一三年度の一五年間に、有利子の貸与人員は九・三倍、事業費は一四倍にも膨れ上がった。無利子の貸与人員は約一・六倍、事業費は約一・七倍であるから、この間に奨学金制度の中心は無利子から有利子へと移行したことになる。

有利子貸与中心の奨学金制度の成立は、学生生活やアルバイトにも大きな影響を与えた。有利子貸与の奨学金は、卒業後に「借りた以上の金を返す」必要があるため、経済的に余裕がない家庭の出身者であっても一定数の学生は、奨学金利用額を抑制するか、あるいは奨学金利用そのものを拒絶する。彼らの多くは大学在学中に「バイト漬け」生活を強いられる。

また、多額の奨学金利用を行なっている学生も、卒業後の返済が大変なことを認識している場合には、在学中にアルバイトを行なって貯金を行ない、卒業後の返済にそなえようとする者も少なくない。彼らも「バイト漬け」生活を強いられる。

現在の有利子貸与中心の奨学金制度は、学生に「学業中心の生活」を保障する機能を果たしていない。学生の多くは「バイト漬け」生活を強いられ、安価な労働力が労働市場に大量供給されることで、ブラックバイト化が促進されることとなる。

三番目に、非正規雇用の急増による雇用の劣化である。一九九〇年代前半のバブル経済崩壊による経済不況に続き、一九九五年に労働力差別政策を明言した日経連の『新時代の「日本的経営」』が出された。一九九九年の労働者派遣法改定によって派遣業務の拡大がなされた。これらによって一九九〇年代以降、非正規雇用労働者が急増した。

総務省の『就業構造基本調査』によれば、非正規雇用労働者数は一九九二年の一〇五三万人から、二〇一二年には二〇四二万人へとほぼ倍増した。非正規雇用労働者数が全体の労働者数に占める割合も、一九九二年の二一・七パーセントから二〇一二年の三八・二パーセントまで上昇した。

非正規雇用労働者数の比率が上昇したことは、非正規雇用労働者の増加と正規雇用労働者数の減少を意味する。非正規雇用労働者比率の大幅な上昇は、職場における正規と非正規の位置づけを変化させることとなった。かつて比較的責任の重くない「補助」労働に従事していた非正規雇用労働者は、以前は正規雇用労働者が行なっていた、責任の重い「基幹」労働を担わざるを得なくなった。

試験前や試験期間でもアルバイトの仕事を休めなかったり、希望してもアルバイトを辞めることが困難となっているのは、学生バイトが職場で「基幹」労働を担うようになり、職場への組み込みが強化されたからである。職場によってはバイトリーダーやバイトマネージャーなど、アルバイトが責任者となることすら生じている。ブラックバイトは非正規雇用の急増による雇用の劣化からも促進されているのだ。

ブラックバイトと並んで学生を追い詰めているのが、就職活動の過酷化である。私は竹信三恵子との対談で、全身全霊をかけて学生たちが取り組む就職活動のことを「全身就活」と名付けた。

二〇〇〇年代に入って以降、大学生の就職活動は早期化・長期化している。三年生になれば就職活動が開始され、それが四年生の終わりまで続くことも珍しくない。つまり、大学生活の約半分を就職活動に費やす学生が存在するということである。

卒業時の就職率アップを目指す大学のキャリア教育が、全身就活にさらに拍車をかける。職場や仕事への「適応」を重視するキャリア教育は、心構えや自己分析を通じて学生生活を就活中心のものへと動員する役割を果たしている。入学時の就職ガイダンスや資格講座の整備もあって、一年生の初めから就活の成功へ向けて学生生活をデザインすることが、キャリア教育を通じて推奨される。就職に役立つ資格講座の受講だけでなく、講義やゼミ、サークル、留学などが、就活に役立つか否かによって選択される傾向は以前と比べてとても強くなった。

全身就活の悪影響は大学内での学びや諸活動にとどまらない。就活に有利になることを意識してボランティアを行なう学生は少なくない。「自発性」に基づくものであるはずのボランティアが、就活に「役立つ」経験とされてしまっている。

お金を稼ぐための学生アルバイトも、全身就活と無縁ではない。余りにも過酷なアルバイトを耐え続ける学生に、我慢する理由を学生に尋ねると、「アルバイトに耐えた経験を就活の面接で話そうと思った」とか「アルバイトを辞めてしまったら就活に不利になると思った」と答えることが多い。ブラックバイトが就活に役立つ「社会経験」として位置づけられていることが分かる。アルバイトを始める時から就活を意識し、過酷な労働条件に耐えた経験が意義あるものとして認識される。

終身雇用や年功序列型賃金などの「日本型雇用」は大きく揺らいでいるものの、新規学卒一括採用のシステムは依然として堅持されている。正規雇用と非正規雇用の巨大な格差が継続している以上、学生の多くは卒業時に正規雇用に就くことに必死にならざるを得ない。このことが全身就活を蔓延させている背景にある。

＊

ブラックバイトと全身就活は、学生にとってかけがえのない「自由な時間」と「学ぶ権利」を奪っている。彼らの多くは高い授業料を払っているにもかかわらず、自分のしたい勉強をすることもできない。

また、これだけの犠牲を払っても大学卒業後の就職は容易ではない。一九九〇年代前半以降、大学卒業後の就職は極めて困難となった。「景気回復」が叫ばれても、正規雇用の減少は止まらない。ブラックバイトに見られる非正規雇用の増加や基幹労働化は、正規雇用が増加しない労働市場の構造を生み出している。

近年では非正規雇用の増加に加えて、正規労働者の待遇悪化が本格化している。正規であっても昇給やボーナスのない周辺的正規労働者が増加している。大学を卒業しても従来の正規雇用労働者並みの賃金を得ることは極めて困難となった。

これでは借りた奨学金を返済することは容易ではない。日本学生支援機構の奨学金延滞者の数は二〇〇二年の約二〇万人から二〇一二年の約三三万人に増加している。延滞者の個人情報機関への登録や債権回収専門会社の導入などの回収強化が行なわれていることからすると、経済的理由によって「返したくても返せない」人々が増加していると見ることができる。当面は何とか返せたとしても、約一五年〜二〇年かかる奨学金返済は大学卒業後の生活に甚大な悪影響を与える。奨学金返済の重さは未婚化や少子化、そして子育ての困難をもたらす。

奨学金延滞者の増加は、経済的徴兵制の議論にリアリティを与えている。「日本学生支援機構」の運営評議会委員で、経済同友会・前副代表幹事の前原金一は、二〇一四年五月に開かれた文科省の「学生への経済的支援の在り方に関する検討会」で、「返還の滞納者が誰なのか教えてほしい（中略）防衛省などに頼み一年とか二年とかインターンシップをやってもらえば就職は良くなる。防衛省は考えてもいいと言っている」と発言した。

堤未果の『ルポ　貧困大国アメリカ』では、アメリカにおける経済的徴兵制の実態が報告されている。アメリカでは軍のリクルーターによる高校生の勧誘が行なわれている。勧誘条件で最も有効なのが「大学の学費免除」や「学資ローン免除プログラム」である。徴兵制を廃止し、志願兵制を採用しているアメリカにおいて、深まる貧困と高い学費負担が、軍への入隊を余儀なくさせている。それは「志願」といっても事実上の「強制」を意味する。

二〇一五年の通常国会では、安保法制成立後の自衛隊員の「高まるリスク」について議論となった。政府・与党は否定しているが、世論の多くは「高まるリスク」を認識している。集団的自衛権の行使を支える安保法制が成立すれば、自衛隊入隊者の確保が困難となる可能性がある。その時、アメリカ同様の「学費免除」や「奨学金返還免除」と自衛隊入隊とを結びつける経済的徴兵制が、選択肢の一つとして浮上することだろう。

貧困は深刻化している。すでに日本社会の相対的貧困率は一六・一パーセント（二〇一二年）、子どもの貧困率は一六・三パーセントに達している（二〇一二年）。高卒・大卒の就職難や雇用の不安定化は、急速な「中間層の解体」をもたらしている。「貧困の深刻化」と「中間層の解体」は経済的徴兵制を可能とする社会的条件を生み出しつつある。

経済的徴兵制とは、本人が望んでいないにもかかわらず戦争動員される体制である。これからの反戦平和運動は戦争体験の継承や軍国主義への批判に加えて、「貧困の深刻化」や「中間層の解体」をもたらしている新自由主義グローバリズムへの批判を視野に収める必要があるだろう。憲法九条（戦争放棄）の実現のためには、憲法二五条（生存権）の実現が不可欠となっている。

捉え返されなければならないのは若年層の日常である。若年層の多くが奨学金という名の借金をかかえ、ブラックバイトによって学ぶ権利が奪われている。もはや学生の多くが、学生であることを許されていない。全身就活やブラック企業は多くの若者を身体的・精神的に疲弊させ、うつ病などの精神疾患や自殺に追い込んでいる。彼らの日常そのものが戦場となっているのだ。

「平和な日常」を前提として戦争を拒否するのではなく、生存権の実現へ向けて「戦場となっている日常」そのものをつくり替えるメッセージを送ることができるようになった時、反戦平和運動は日本社会における深刻な「世代間断層」[4]を乗り越え、現状を変革する新しい力を持つこととなるだろう。

註

（1）ブラックバイトについては（大内 二〇一六）を参照。
（2）全国大学生活協同組合連合会「第五〇回学生生活実態調査の概要報告」を参照。
（3）日本学生支援機構「学生生活調査」各年度を参照。
（4）「世代間断層」については（大内・竹信 二〇一四）を参照。

教育の危機を問い直す

現代思想 2018 年 4 月号「特集＊現代思想の 316 冊」

「教育の危機を問いなおす」

雑誌『現代思想』の臨時増刊号「総特集＊現代思想の三一六冊」の「教育学」コーナーに掲載された文章。新自由主義グローバリズムによる教育格差の拡大、近代教育の両義性を捉えた本を計一〇冊紹介。

社会のより良い発展を目指して、近代教育は急速な量的発展を遂げた。先進諸国においては、一九世紀の国民国家形成期に初等教育が普及し、二〇世紀に入って以降、二つの世界大戦と経済成長を媒介として、中等教育の普遍化と高等教育の大衆化が進行した。

一九世紀～二〇世紀にかけての近代教育の量的発展は、「教育の機会均等」と社会的平等の実現を目指す理念によって支えられていた。特にヨーロッパ諸国において発達した福祉国家は、すべての国民に一定レベルの教育と福祉を保障する制度として大きな役割を果たした。

第二次世界体戦以降の先進資本主義諸国においては、二つの世界大戦期に導入された累進所得税、法人税、相続税によって財の再分配を行ない、その財源によって社会保障制度を整備した。また、政府は財政政策によって需要を喚起することによって、経済のマクロ成長を誘導した。こうしたケインズ主義的政策によって資本主義レジームは安定した。

しかし、一九七〇年代後半以降の新自由主義グローバリズムの進行は、戦後の世界資本主義体制を大きく変容させた。国境を越えてヒト・モノ・カネが移動する経済活動が活発となり、第二次世界大戦後における日本やドイツの経済成長を支えた製造業から、米国を中心とする金融・保険部門が優位となる金融中心の資本主義への移行が進んだ。

一九七五年以降、地球全体の南北格差は拡大する一方であり、また南側諸国内部においても格差と貧困は深刻化している。北側の先進資本主義諸国においても福祉国家レジームの揺らぎ、社会保障のカット、雇用の非正規化や不安定化が引き起こされ、貧困の増大と格差の拡大が進んでいる。

このことをマクロデータの分析から明確に示したのが、トマ・ピケティ『21世紀の資本』(山形浩生・守岡桜・森本正史訳、みすず書房、二〇一四年)である。ピケティがこの本で考察しているのが資本収益率(r)と経済成長率(g)との関係である。過去二〇〇年以上のデータを分析すると、資本収益率(r)が経済成長率(g)を上回っている時期が圧倒的に長い。資本主義においてはr>gという力が働いているというのが、ピケティの考察である。

このr>gによる格差拡大が引き起こされなかった例外的な時期が、一九三〇年〜一九七五年である。二つの世界大戦と世界恐慌によって上流階級の富が失われ、戦費調達のための累進所得税や相続税によって富裕層課税が強化された。また第二次世界大戦後の高度成長率(g)によって、r>gという不等号がこの時期だけは成立しなかった。しかし、一九七〇年代半ば以降、富裕層や大企業への減税などによってr>gによる格差拡大が進んでいる。

『21世紀の資本』では、バルザック『ゴリオ爺さん』で登場人物が裁判官や弁護士、検事として働くのと、銀行家の娘と結婚するのとでは、どちらが早く富を得られるかについて語る場面が紹介されている。ピケティはその時代のデータを分析し、銀行家の娘と結婚した方が早く富を得られることを実証している。

一九七五年以降における「世襲制資本主義」への回帰という指摘は、教育にとって重要である。社会全体の豊かさの向上のなかで、一九七〇年代までの教育政策や教育への大衆意識を支えてきた「学歴獲得による社会的地位の向上」や、「教育の普及による中間層の形成」が危機に陥っていることを示しているからである。

現在では先進諸国内部においても、子育て・教育における「格差と貧困」が重要な社会問題となっている。ブレイディみかこ『子どもたちの階級闘争――ブロークン・ブリテンの無料託児所から』(みすず書房、二〇一七年)は、イギリスで保育士として働く著者が無料託児所の現場から、子育てにおける「格差と貧困」という現実とそこで苦闘する人々の生きざまを、優れた文章で浮き彫りにしている。

同じ託児所が「底辺託児所」から「緊縮託児所」に変貌していく様子は、イギリスの保守党政権が行なっている「緊縮政策」が、子どもたちや地域社会に様々な「分断」と「排除」をもたらしていることを示している。近年、労働党のジェレミー・コービンの登場によってイギリスで「反緊縮」の運動が広がっている社会的背景を知ることもできる。

日本において、新自由主義による「格差と不平等」の問題をいち早く発見し、社会への警鐘を鳴らしたのが、斎藤貴男『機会不平等』(文藝春秋、二〇〇〇年/岩波現代文庫、二〇一六年)である。ゆとり教育、雇用の規制緩和、福祉や子育ての市場化、優生思想の広がりなどを取り上げながら、日本社会における格差拡大の実態を粘り強い現場取材によって明らかにしている。

一九八〇年代に、中曽根政権による国鉄の分割・民営化をはじめ、規制緩和や民営化を推進する新自由主義政策は日本でも実施されていた。しかし、一九八〇年代〜九〇年代前半にかけて経済成長が維持されたこともあって、新自由主義がもたらす問題性への認識は出遅れることとなった。

『機会不平等』の単行本の発売は二〇〇〇年であり、新自由主義や構造改革を批判的に考察した極めて先駆的な仕事である。この本はその後、数多くの教育研究者に強い影響を与えた。私もその一人である。教育改革や新自由主義についての優れた研究が、この後続々と行なわれることとなった。この本は教育分野において、すでに古典の位置を占めていると言えるだろう。

『機会不平等』の鋭い問題提起を受けて、私は教育における新自由主義を研究の主要テーマとして設定した。大内裕和『ブラック化する教育』（青土社、二〇一五年）は、『機会不平等』の著者であるジャーナリストの斎藤貴男、元定時制教員の佐々木賢、教育学者の児美川孝一郎、NPO法人POSSE代表の今野晴貴の各氏と、教育改革、労働市場と教育、教育とブラック企業などのテーマを取り上げ、「教育の現在」を新自由主義批判という視点から考察している。

「教育の現在」を捉えると同時に、教育への原理的考察を行なうことも重要である。カント『啓蒙とは何か』（篠田英雄訳、岩波文庫、一九五〇年）に掲載された論文「啓蒙とは何か」は、近代の教育思想の本格的な展開を準備した内容を含んでいる。論文「啓蒙とは何か」は「啓蒙とは、人間が自分の未成年状態から抜けでることである」という文章から始まる。未成年（子ども）と大人が区別され、未成年（子ども）から大人になることが「啓蒙」であると捉えられている点が重要である。

啓蒙思想は宗教的な価値や権威を批判し、教会主導から近代公教育への移行を支える役割を果たした。近代になって身分制によって支えられていた秩序とそれに基づく共同体が崩壊し、将来について決定されていない「自由」な存在となった人間にとって、「いかにして大人になるか」は困難かつ重要な問いとなった。この問いに「啓蒙とは自らの理性を使用する勇気と意思を持つことである」と答えたカントはその後、人間の理性と意志についての批判的考察、『純粋理性批判』と『実践理性批判』を執筆した。カントの思想は、ペスタロッチやヘルバルトなど近代教育思想の担い手となった思想家たちに絶大な影響を与えた。

『啓蒙とは何か』によって切り開かれた近代教育に、異なったアプローチを行なったのがミシェル・フーコー『監獄の誕生——監視と処罰』（田村俶訳、新潮社、一九七七年）である。

フーコーがここで扱ったのは監獄と刑罰制度の変化のプロセスである。一八世紀半ばから一九世紀前半にかけての監獄における「身体刑から監禁刑へ」の移行が人々の身体を対象とする政治技術のいかなる変化を意味したのかを考察し、近代社会における権力のあり方を分析している。罪人を「規律・訓練」し、社会に有用な存在へと「主体化」する「一望監視方式」が、学校、病院、工場などへ波及するとフーコーは指摘する。

この研究は、自由な「主体」を育成する近代教育を規律・訓練型権力として批判的に捉える視点を提供し、教育研究に巨大なインパクトを与えた。言説的秩序にとどまらず、身体を扱う政治技術や建築的装置といった非言説的な領域まで分析の焦点を広げたことによって、教育における身体管理や装置としての学校を批判的に捉える視点が提供された。

また規律・訓練型権力は抑圧ではなく、生産・活用と結びつくという権力観の転換が重要である。このことによって、一九世紀の教育によって促進された規律・訓練的な知・技術の発展が、資本主義経済の成長と結びつくという見方が可能となった。

二〇世紀には先進諸国で福祉国家が成立し、学校、病院、福祉施設などの充実が図られた。福祉国家は国民の権利の平等や社会的弱者の救済を実現する一方で、官僚制の肥大化や管理社会化をもたらす危険性を持っている。『監獄の誕生』はこうした両義性を捉える視座をも提供している。近代教育の権力性をミクロな視点からだけでなく、資本主義や福祉国家といったマクロな領域との関連で認識することを可能にするところに、この研究の優れた意義がある。

新自由主義グローバリズムの進行によって、二〇世紀型の福祉国家は大きく揺らいでいる。福祉国家を支え、規律・訓練型権力を構成していた諸制度――家族、学校、工場、病院、監獄など――がいずれも危機に瀕している。これらの諸制度の枠が崩れている状況を、ジル・ドゥルーズは「規律社会」から「管理社会」への移行と考察した。

しかし、管理社会への移行は、規律・訓練型権力の消失を意味するわけではない。新自由主義グローバリズムによる諸制度の枠の崩壊は、市場原理と結びついた規律・訓練型権力の社会全体への浸透をもたらした。かつては市場の外にあった生活領域、身体領域、公教育制度、社会保障制度などに企業システムが導入される。これらの分野で評価と説明責任が常に問われ、その結果は自己責任として甘受すべきものというイデオロギーが強力に作動する。こうした管理社会における規律・訓練型権力の全領域化にいかに抵抗しうるか。『監獄の誕生』やその他のフーコーの仕事は、こうした視点から改めて読み直される必要があるだろう。

フーコーによる近代教育の権力性という問題意識を引き継ぎつつ、教育による支配階級の再生産のシステムを考察したのが、ピエール・ブルデュー『国家貴族Ⅰ・Ⅱ』（立花英裕訳、藤原書店、二〇一二年）である。

ここではフランスの高等教育、特にエリート高等教育機関であるグランドゼコールが取り上げられる。文献資料や統計データを活用し、一九六〇年～一九八〇年代のフランスにおける支配階級再生産のメカニズムを分析している。エリート集団への帰属がもたらす聖別効果に着目しつつ、第Ⅲ部の「グランドゼコールの〈界〉とその変容」ではグランドゼコールの〈界〉内部の構造が、優れたエコールと弱小エコールとの対立、卓越化の戦略、歴史的変動などを通して明らかにされている。

国立行政学院や高等商業学校が「はったり」をまじえた象徴戦略によって次第に優勢になって

いき、共和主義的な秀才を育てる高等師範学校や理工科学校が「絶望」の戦略によって衰微していく過程は、一九七〇年代後半以降の新自由主義グローバリズムとそれを支える知識人の増加と深く関わっており、興味深い記述となっている。

さらに、第Ⅳ部「権力〈界〉とその変容」では支配層としての経営層までをも対象とし、現代エリートが再生産されるメカニズムが考察されている。経済〈界〉の内部においても最重要の地位に就けるのは、財産よりもむしろ学歴に依拠した権威や権力をもつ経営者へと移行していることが明らかにされている。

ブルデューは、学歴とは「国家の魔術」であるとし、学校制度を国家が合法的な象徴的暴力を独占的に行使する機構の一つであると位置づけている。学校制度を通してその地位を「正統化」されている「国家貴族」の再生産や支配の構造を、経済資本、文化資本、社会関係資本という概念を巧みに用いることによって分析している。この本では教育システムという視座から、現代社会や現代国家についての卓越した考察がなされている。

カントの『啓蒙とは何か』では、未成年（子ども）と大人の区別を前提として「啓蒙」の位置づけがなされていた。しかし、この前提自体の揺らぎや解体を見出す議論も登場している。ニール・ポストマン『子どもはもういない』（小柴一訳、新樹社、一九九五年）では、「子ども」期の消滅という問題提起がなされている。

ポストマンは近代教育の基盤の一つであった子ども期と成人期の成立は、印刷技術と結びついた活字文化によるものと分析している。活字によって「知識・情報の格差」が生まれ、子どもは「大人になる」ことを要請された。学校教育の必要性はここから導き出されたというのである。

この状況を変化させたのが電信に代表される電気コミュニケーションの発達である。アメリカの家庭にテレビが普及した一九五〇年代に、ポストマンはその画期を見出している。テレビの普及は情報収集をそれまでよりも格段に容易とし、子どもと大人の知識差を抹消してしまう。

子ども期の維持は、管理された情報と発達段階別の学業という原理に依存しているが、電気コミュニケーションの発達は家庭と学校からそれらの機能を奪っていく。これは秘密に依存していた大人の権威と子どもの好奇心をともに、重大な危機にさらすこととなった。教育コミュニケーションの危機はここに由来している。

大人向けの情報や市場からそれまで保護されていた子どもは、消費主体または性的主体としてふるまうことを強いられるようになり、子ども期は消滅しつつあるというのがポストマンの見解である。子ども期が消滅する要因を活字文化から電気コミュニケーションに求めるというアプローチは、現代にさまざまな示唆を与えてくれる。

新自由主義グローバリズムによって、教育の市場化・民営化は加速度を上げて進んでいる。インターネットが社会のなかで大きな役割を果たすようになり、SNSが急速に普及するなかで、子どもたちの情報取得のあり方や周囲とのコミュニケーションは激変している。情報コミュニケーションの力の増大によって、教育コミュニケーションが追い込まれている今日、ポストマンの考察から得られるものは多い。

また、近代教育の学習観が前提としてきた「教える」教員と「教わる」生徒との関係を問いなおす教育学を構想したのが、ジョン・デューイであった。一八九六年にシカゴ大学附属の小学校が開設され、それは「実験学校」と呼ばれた。この「実験学校」での教育実践によって、デューイの教育思想は深められることとなる。

実験学校における仕事（occupation）中心のカリキュラムは、伝統社会のなかに埋め込まれていた教育機能を、学校教育のなかにいかに取り戻すかという試みであった。また学習活動を共同生活への参加として再定義したことは、教材を媒介として「教える」教員と「教わる」生徒との関係を前提とする近代的な学習観への批判となっている。この「実験学校」での試みによって、デューイは新教育運動の理論家として世界的に著名となった。

ジョン・デューイ『民主主義と教育』（松野安男訳、岩波文庫、一九七五年）は、彼の代表作である。ここでデューイは「社会がいっそう複雑な構造や資産をもつようになるにしたがって、制度的なつまり意図的な教授や学習の必要性が増大する。制度的な教授や訓練の範囲が拡大するにつれて、直接的な共同生活において獲得される経験と学校において獲得されるものとの間に好ましからざる裂け目が産み出される危険が生ずる」と述べ、近代教育の発展によって学校で獲得する知識と共同生活において獲得される経験とに「裂け目」が産み出されること、つまり「抽象的知識と具体的経験との分裂」という問題提起を行なう。

これに対して、子どもたちが共同生活で活動する経験や連帯的活動の機会を増やし、自らの習得した内容の社会的意義を理解することの意義を強調している。デューイは「経験の絶え間ない改造」を自らの教育観として唱え、将来の準備のための教育、教育の外部である社会からの要請に直接対応する教育、過去の反復としての教育などとは明確に区別している。「経験の絶え間ない改造」によって、「抽象的知識と具体的経験との分裂」という問題を乗り越えようとしているのである。

また、自然に従う個人の発達、社会的に有為な能力、人格を豊かにする教養という現代でも互いに対立して位置づけられることの多い三つの教育目的論についても、個人の発達が他者との相互行為によって行なわれる共同性、社会的に有為な能力を発揮する際の教養の重要性を見出すことで、三者の対立を乗り越える議論を行なっている。

新教育運動は児童中心主義として捉えられることが多いが、デューイ自身はそれへの批判的姿勢をもっていた。『民主主義と教育』の第二二章「個人と世界」では次のように述べられている。「進歩的な社会は、個人的変異の中にそれ自体の成長の手段を見出すから、それらの変異を大事なものと考える。それゆえ、民主的な社会は、その理想に従って、知的自由および多様な才能や興味の発揮を考慮に入れて教育政策を立てなければならないのである」。

デューイは個人と社会の二元論に立たなかった。子どもの経験を成長のプロセスにおいて捉えるならば、個人的経験に影響を与える社会的要因を無視することはできない。また、民主主義社会を成り立たせるためには、それを担うだけの個々人の資質を必要とする。デューイは児童中心主義ではなく、発達した産業社会や民主主義社会において、個人の成長と社会的価値の実現を調和させる教育を構想したのである。デューイの教育思想は、近代教育が生み出したさまざまな分裂や葛藤を乗り越える試みであり、現代でも再読に値する論点を数多く持っている。

ハンナ・アーレント『過去と未来の間――政治思想への8試論』（引田隆也・齋藤純一訳、みすず書房、一九九四年）には、さまざまなテーマについて、私たちの思考を促す優れたエッセイが集められている。そのなかの「教育の危機」という文章は、デューイも関わった新教育運動期のアメリカの教育を批判的に取り上げている。

アーレントは教育の危機が最も深刻な状況を迎えているのは、近代的な教育理論が、進歩的教育を旗印にして教育制度全体に最もラディカルな革命を成就した二〇世紀のアメリカであるという。アメリカの教育の危機は進歩的教育の破産と、大衆社会の要請に応えることによって生じたと論じる。

教育を荒廃させる原因としてアーレントは三点を挙げる。第一に、子どもの世界の自立性を認め、子どもの世界や社会をできる限り子ども自身に任せるという考え方である。大人の権威からの解放を唱えるこの考え方は、子どもに自由をもたらすのではなく、子ども同士の集団圧力に服従させられる状況を生み出してしまう。

第二に、近代心理学とプラグマティズムの影響によって、教育学は教授法一般の科学になってしまい、本来学ばれるべき内容から完全に遊離した。それは教師が自分の専門科目に習熟することを妨げ、生徒に対する自らの権威の源泉を失ってしまった。

第三に、近代の学習理論によって、人間が認識しかつ理解できるのは、自分自身が実行したことだけであるという考えを前提として、「学習を実行に代えよ」という教育が広がることになった。教育は知識を教えるのではなく、技能を身につけさせることが主たる役割となる。第一の場合と同様、これでは子どもの世界が絶対化され、子どもが大人への準備をすることを不可能としてしまう。

これらは現代教育の批判としても十分に有効であると同時に、デューイが関わった新教育運動や進歩的教育、プラグマティズムへの強い批判となっている。ただし、新教育運動のなかの有力な思想であった児童中心主義については、すでに述べたようにデューイは批判的であったから、この点については留保が必要だろう。また、第三の「学習を実行に代えよ」への批判も、デューイの「経験」概念や教育における「経験」の位置づけへの批判として妥当であるかどうかについて、慎重な比較検討が求められる。これらの点から、アーレントとデューイの教育思想の比較は重要かつ興味深い課題である。

「教育の危機」のなかで二〇世紀のアメリカの教育を論じた後、アーレントは教育への根源的な思考を実践する。アーレントは、新しい人間の到来によって絶えず自らを更新する人間社会にとって、教育は最も基本的で不可欠な活動様式の一つであると言う。子どもは世界において新たな存在であるとともに、生成の過程に存在する二重の側面を持っている。

生成の過程に存在する子どもは、世界から保護されなければならず、世界の公的側面に対する家族という私的領域の防護壁を必要とする。しかし、近代社会は、現世を豊かにすることに関わる一切の活動様式を私的領域の隠蔽性から解放し、それらを公的世界の光にさらした。労働者や女性にとっては解放を意味した事柄が、子どもにとっては、妨げられることなく成熟するための安全な隠れ場所が奪われることを意味した。

親や教員は「世界の存続」のための共同責任を負っている。子どもが成熟し、大人として「新たな存在」として世界にあらわれることによって初めて「世界の存続」は可能となる。新しく若いものが到来するか否かが、破滅を運命づけられている世界を救うかどうかの分岐点である。

この点から世界の公的側面から子どもを防御することが教育において必要であり、親や教員はそのための責任を負っているということになる。進歩主義教育や大衆社会のありようが、子どもが成熟するための「安全な隠れ場所」を奪っていることをアーレントは批判したのである。

「教育の危機」をアーレントが書いた一九五八年よりも事態は一層深刻化している。一九七〇年代後半以降の新自由主義グローバリズムは、利潤率の低下に危機感を抱いた資本家たちの「階級権力の回復」(デヴィッド・ハーヴェイ)を目指す動きであった。ローザ・ルクセンブルクが『資本蓄積論』において明らかにしたように資本主義世界経済はつねにその外部(南半球、自然、女性など)を原始的蓄積によって収奪することによって、そのシステムの拡大的安定をはかってきた。具体的には、地球大での経済活動の活発化、東ヨーロッパ、ソ連の崩壊後の資本主義システムへの再編入、中国の市場経済化など新たな「外部」を見出し、利潤を拡大してきた。また、新自由主義グローバリズムは、各国内部の非市場領域の市場化を進めた。教育、福祉、医療といった公共部門の規制緩和や民営化を進め、それぞれの市場化・商品化を推し進めた。

新自由主義グローバリズムはミクロの領域にも市場を拡張する。個々の人間の身体や感情、コミュニケーションも例外ではない。それらの領域でも資本蓄積を最大化する方向での誘導がなされる。人々の生の営みのなかにまで、資本蓄積の論理が作動している。

マクロなレベルでもミクロなレベルでも、世界の危機は深まりつつある。マクロなレベルでは、資本主義世界経済は地球大に市場を拡大したものの、システムの拡大再生産の「可能性の条件」とする外部をほぼ使い果たしている。また、気候変動や生物多様性の急速な縮減は、地球生態系そのものの危機をもたらしている。

ミクロなレベルでの危機も、ポストマンの『子どもはもういない』の提起を踏まえれば明確に見えてくる。インターネットを含む情報コミュニケーションの発達は、子どもと大人の区別を解体しつつある。資本蓄積のために、大人だけでなく子どもの身体や感情、コミュニケーションが商品化・市場化の対象とされる。子どもの生の営みや日常が、市場の暴力にさらされることになる。「教育の危機」を書いたアーレントであれば、これでは教育は不可能であり、世界は破滅へと向かうと論じるだろう。

危機を脱するために必要なのは、社会全体からミクロの領域までを貫いている「資本蓄積」最大化の公理そのものへの批判である。アーレントの「教育の危機」というテクストは、子どもと教育が現在置かれている苦境を認識し、その出口を探るヒントに満ちている。

奨学金問題の現状と今後の課題

現代思想 2018 年 8 月臨時増刊号「特集＊大学の不条理」

「奨学金問題の現状と今後の課題」

奨学金問題の現状と近年の改善の動きを説明した上で、今後の改善の方向性を論じる。給付型奨学金の拡充に加えて学費の引き下げをセットで行なうこと、アンケート調査の分析から大学院生にも給付型奨学金の導入が必要であること、奨学金返済負担の軽減、それらを実現するための財源のあり方について考察した。

一　奨学金を借りなければ大学進学ができない――奨学金利用者の急増

奨学金問題が社会の焦点となっている。このことは奨学金制度の変化に加えて、社会の急速な貧困化と雇用の劣化を背景としている。

現在、話題となっている奨学金をめぐる状況は、かつてとは大きく異なっている。奨学金の問題がここまで深刻化するまで、大きな話題となってこなかったのは、何よりも奨学金についての世代間ギャップが大きいことにその原因がある。日本育英会時代の奨学金と現在の日本学生支援機構の奨学金の間には大きな違いがあり、日本育英会時代のイメージでは、現在の状況を理解することはほとんどできない。

一九七〇年代から国立大学の授業料が急激に上昇し[1]、私立大学の授業料も高騰した[2]。それにもかかわらず、終身雇用と年功序列型賃金を特徴とする日本型雇用が維持されていた一九九〇年代半ばまでは、大学進学者の家庭の多くは子どもの学費を支払うことが可能であり、奨学金利用者は全学生のなかでは少数派であった。

しかし、バブル経済崩壊後の経済状況の悪化、新自由主義的グローバリズムの進行は日本型雇用を解体し、非正規雇用の増加と正規雇用労働者の待遇悪化という事態をもたらした。全世帯の平均所得は、一九九六年の六六一万円から二〇一二年には五四八万二〇〇〇円に減少している（厚労省「国民生活基礎調査」）。

「子どもが成長する頃には賃金が上がる」年功序列型賃金制度の解体によって、奨学金を借りることなしには、子どもを大学に通わせることが困難な家庭が増加した。全大学生（学部生・昼間部）のなかで奨学金を利用している者の割合は、一九九六年の二一・二パーセントから二〇一二年には五二・五パーセントに急上昇している。(3) 世帯の平均所得の減少と奨学金利用率の上昇の時期が、ぴったりと重なっている。

奨学金利用率が全大学生の約二割から約五割へと増加したことは、量的な変化にとどまらず、質的な変化を意味している。かつて大学に通っていた世代は奨学金と聞くと、経済的に厳しい家庭の出身者のみが利用するものというイメージをもっている人が多い。

しかし、現在の奨学金は、経済的に厳しい状況に置かれた少数派の学生に限られた問題ではなく、大学生の約半数に関わる問題となった。現在では、奨学金を利用することなしには大学進学できない学生が約半数を占めるようになったのである。

二　奨学金制度の金融事業化

奨学金利用者が増加したことに加えて、奨学金制度も大きく変化した。無利子奨学金から有利子奨学金への移行が進んだのである。一九八三年まで、日本育英会の奨学金には利子がつかなかった。一九八四年の日本育英会法の全面改定によって、奨学金に有利子枠がつくられた。

有利子貸与奨学金の増加に拍車をかけたのが、一九九九年四月に出された「きぼう21プラン」であった。ここで有利子貸与奨学金の採用基準が緩和されるとともに、貸与人数の大幅な拡大が図られた。財政投融資から日本育英会への支出は一九九八年の四九八億円から一九九九年の一二六二億円へと一年間で約二・五倍に増加し、二〇〇一年には有利子貸与が無利子貸与の貸与人数を上回った。

そして、二〇〇四年に日本育英会は廃止され、日本学生支援機構への組織改編が行なわれた。独立行政法人である日本学生支援機構は、奨学金制度を「金融事業」と位置づけ、その中身をさらに変えていった。二〇〇七年以降は、民間資金の導入も始まった。この過程で、一九九八年から二〇一三年の間に有利子の貸与人員は約九・三倍、事業費は約一四倍にも膨れ上がった。同時期に無利子の貸与人員は約一・六倍、事業費は約一・七倍しか増加せず、この間に奨学金制度の中心は無利子から有利子へと移行したことになる（図表1、図表2）。

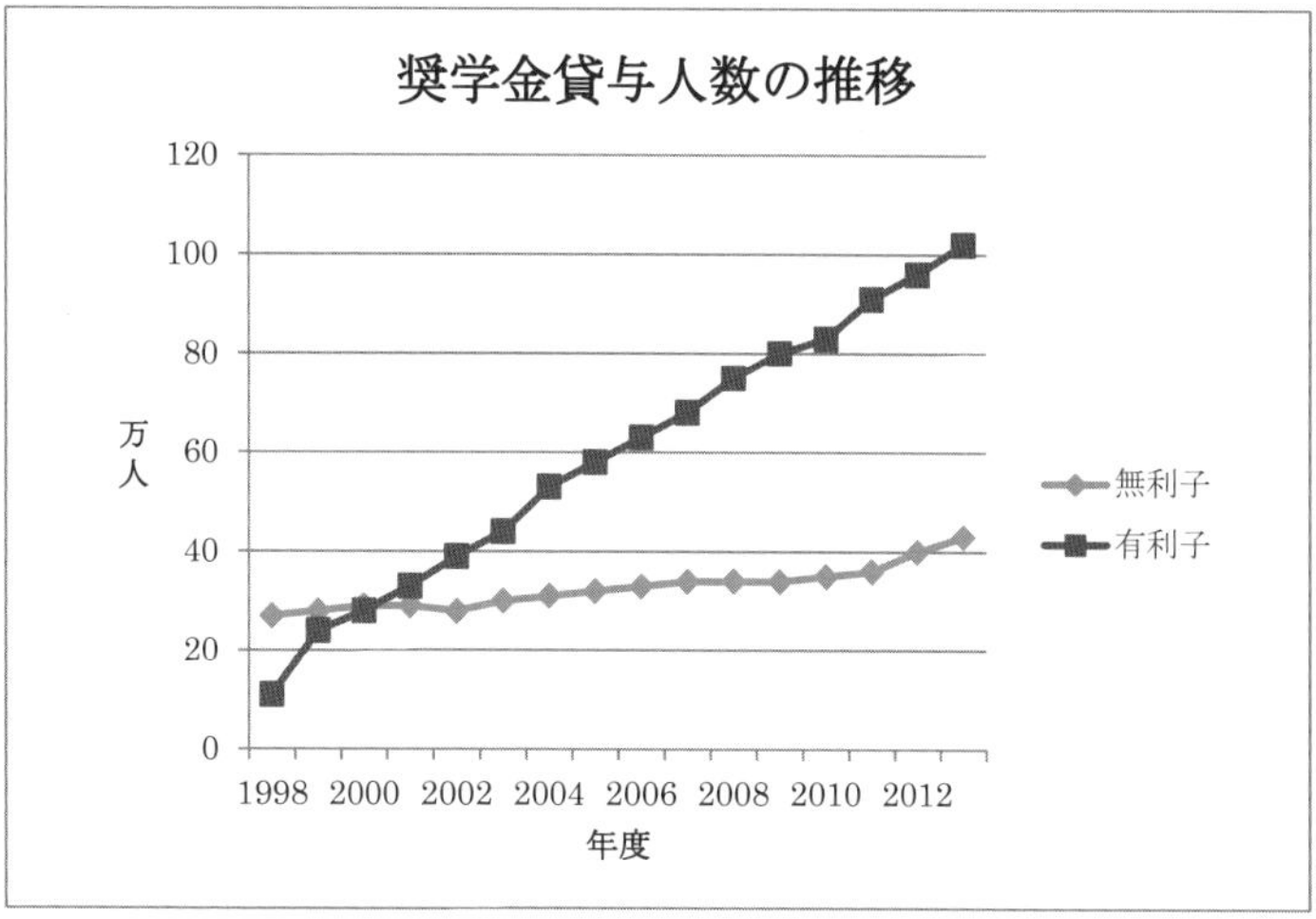

図表1　文部科学省「奨学金事業関係資料」から

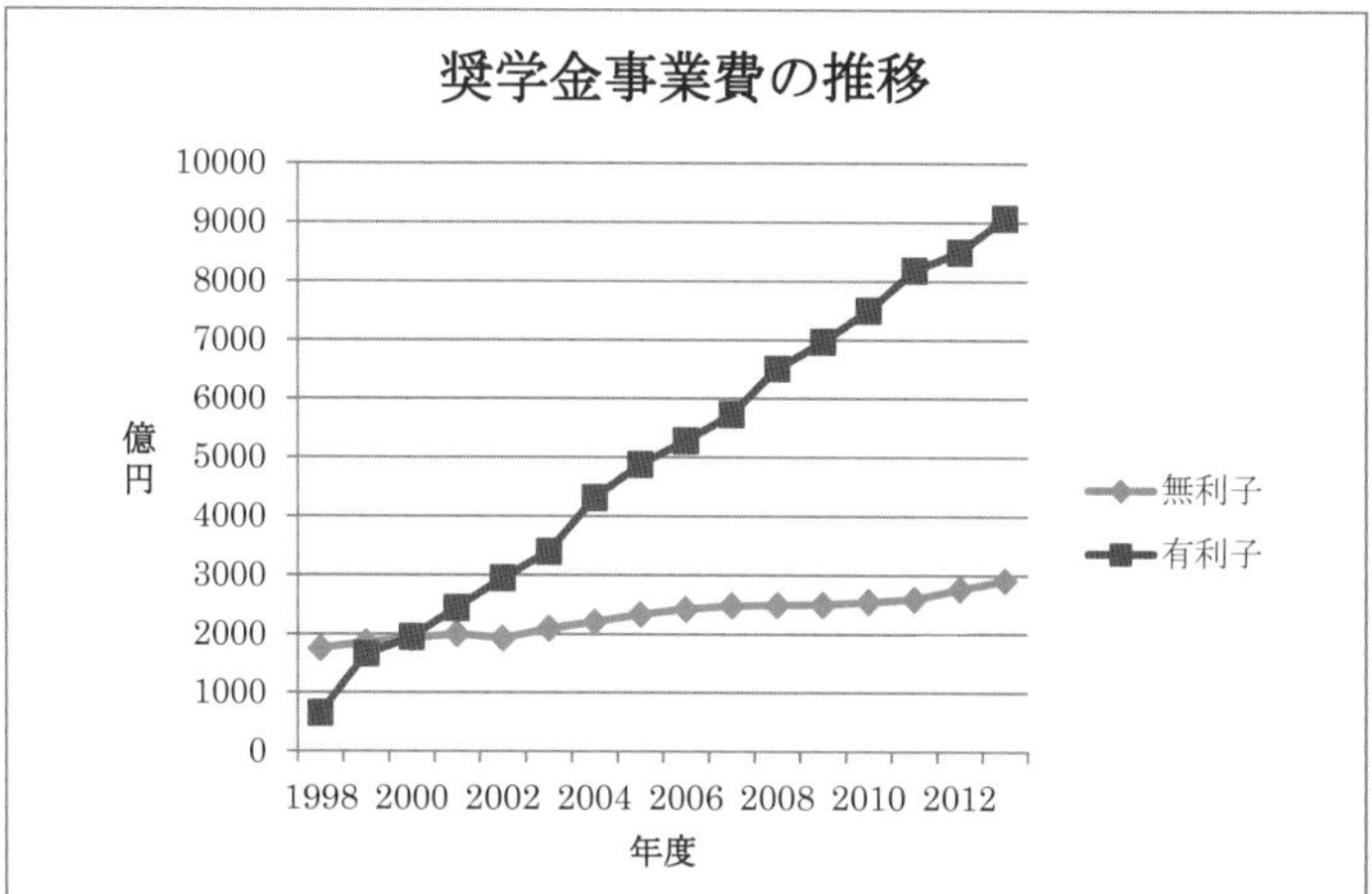

図表2　文部科学省「奨学金事業関係資料」から

三　奨学金制度改善への動き

二〇一二年九月一日に、愛知県の大学生が有利子奨学金の無利子化や給付型奨学金の導入を目指して、「愛知県　学費と奨学金を考える会」（ホームページ http://syougakukin2012.web.fc2.com/ フェイスブック http://www.facebook.com/aichi.ATS）を立ち上げた。

学生たちの活動に触発されたかたちで、二〇一三年三月三一日に奨学金返済困難者の救済と奨学金制度の改善を目指す全国組織として、「奨学金問題対策全国会議」（ホームページ http://syogakukin.zenkokukaigi.net/ フェイスブック https://www.facebook.com/syougakukin）が結成された。

また、奨学金問題に関わるなかで、思わぬ副産物を私は発見した。ブラックバイト問題である。大学生のアルバイトの変化に大学教員として関心をもっていたが、二〇一〇年以降になると、アルバイトのために試験勉強ができなかったり、アルバイトのためにサークル活動ができないなど、学生生活に支障をきたす学生が急増していることが、よく見えてきた。

奨学金制度を改善する活動との関係で言えば、活動のために大学生同士が一緒に集まることがあまりにも困難であることが、ブラックバイトの発見につながった。アルバイトの労働時間の増加に加えて、アルバイト先職場の学生に対する拘束力が強化されたことで、アルバイトを休んだり、シフトを変更することがとても困難となったからである。

二〇一三年の六月に私が「学生であることを尊重しないアルバイト」のことを「ブラックバイ

ト」と名づけてから、この問題への関心は一気に広がった。新聞やテレビなど、マスコミからの取材も殺到した。

二〇一四年には、私もメンバーの一員として参加しているブラック企業対策プロジェクトが、「学生アルバイト全国調査」を実施した。全国二七の国公立・私立大学に在籍する学生を調査対象とし、有効回収票は四七〇二票であった。この調査結果から、全体の六六・九パーセントもの学生がアルバイト先で何らかの不当な扱いを受けた経験を持つことが分かった。ブラックバイトが社会全体に蔓延していることを示す調査結果が出たのである。

二〇一五年には厚生労働省も、全国の大学生、大学院生、短大生、専門学校生に対し、「アルバイトに関する意識等調査」を行なった。ここでも労働条件等で何らかのトラブルがあったとする回答は六〇・五パーセントに達した。これらの調査などによって、学生たちの間にブラックバイトが広がっている現実が、多くの人に知られるようになった。

ブラックバイトの登場には、親の経済的困窮による学生の貧困化や、正規雇用労働の減少と非正規労働の増加による学生バイトの基幹労働化など、さまざまな社会的背景がある。

そのうちの一つとして、日本学生支援機構の奨学金が貸与のみで、有利子が中心であることが大きな影響を与えている。有利子貸与型奨学金が中心であることによって、卒業後の返済を心配して奨学金を借りる額を抑制したり、あるいは利用すること自体をやめる学生が大勢いる。

奨学金を借りる学生を抑制したり、奨学金そのものを利用しない学生は、親から十分な経済的サポートを受けられれば別だが、そうでない場合は大学在学中に「バイト漬け」生活を強いられる。この「バイト漬け」生活こそが、ブラックバイトを生み出している要因の一つである。

バイトによって稼ぐお金がなければ大学生活が続けられないとなれば、当然学生のバイト職場に対する立場は弱くなる。シフトを勝手に変更されたり、無理なノルマを課されたとしても、それを我慢して働き続けることを選びがちだ。

また、奨学金を借りている学生もブラックバイトにはまる傾向にある。奨学金を借りている学生は、借りたお金を卒業後に返さなければならない。しかし、現在の大学卒業後の雇用状況はとても悪化している。多額の奨学金を卒業後に返済することが困難であることを心配している学生は大勢いる。

そうした学生のなかで、在学中にアルバイトでお金を貯めて、卒業後の奨学金返済を少しでも楽にしようという学生が出てくる。彼らの多くはやはり、大学在学中に「バイト漬け」生活を強いられる。そのことによって、ブラックバイトに陥ってしまうことが少なくない。

奨学金制度を改善する活動に学生が集まりにくかったことが、ブラックバイトを発見するきっかけとなった。その後、ブラックバイトが社会的に注目されることによって、学生の貧困化や奨学金制度の問題点に気がつく人々が増加した。ブラックバイトの発見は、奨学金制度改善の重要性を多くの人々に知らせる役割を果たすこととなった。

奨学金制度改善へ向けての活動やブラックバイトの発見によって、奨学金問題が社会問題とし

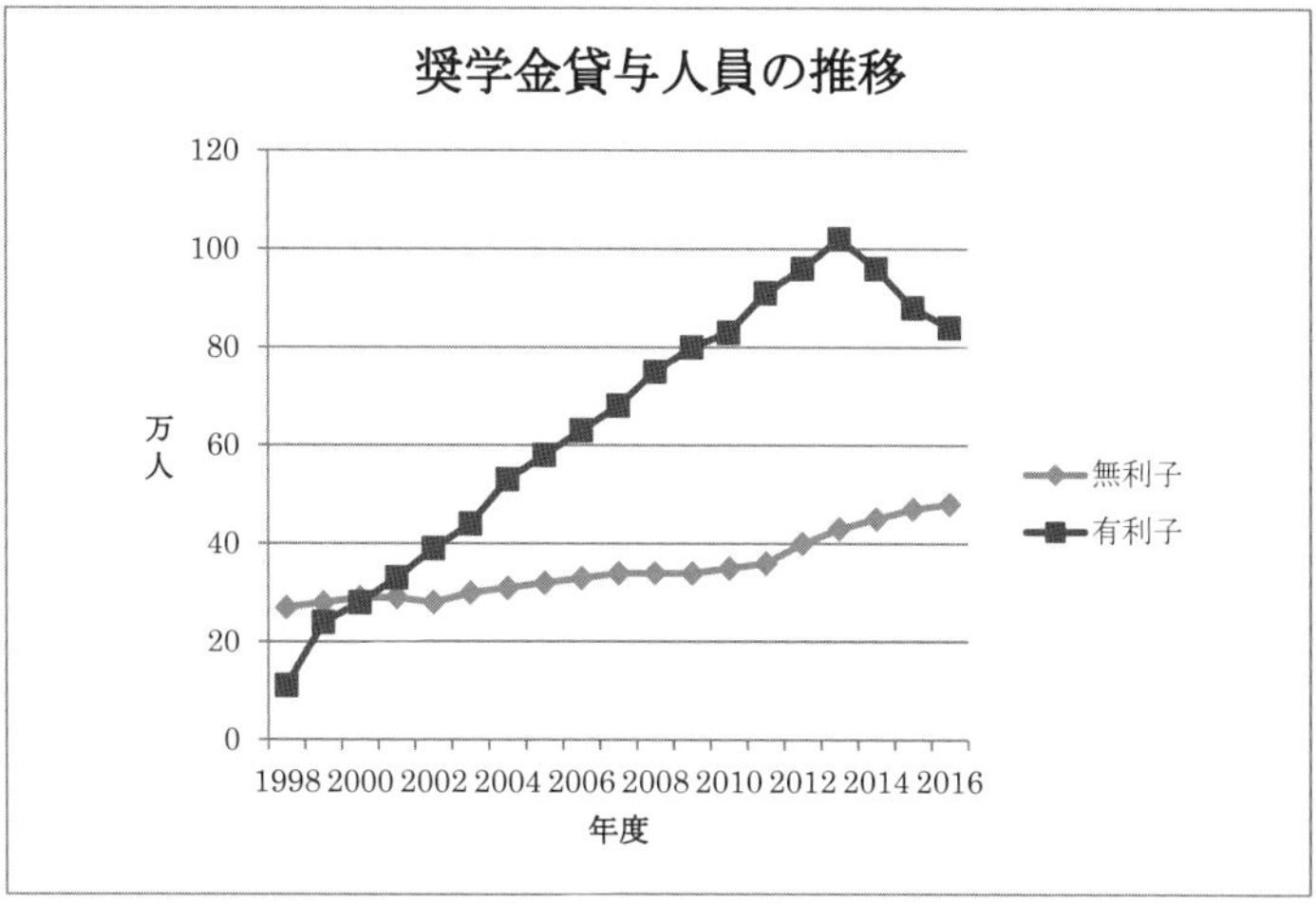

図表3　文部科学省「奨学金事業関係資料」から

て「可視化」された。新聞やテレビなどでの報道が増加し、奨学金返済に苦しむ当事者の声がメディアを通して伝えられた。当事者の声や奨学金制度の実情が報道されるにつれ、奨学金問題の焦点が「返さない」個人のモラルの問題から、奨学金制度の問題や「返せない」若年層の貧困問題へと徐々に移動していった。

二〇一四年度において延滞金賦課率一〇パーセントから五パーセントへの引き下げ、奨学金返還猶予期限の五年から一〇年への延長、無利子の第一種奨学金利用者枠の増加などの制度改善が行なわれた。

図表3と**図表4**を見れば、二〇一三年までは、有利子が無利子をはるかに上回るペースで増加していたのに対して、二〇一四年以降は有利子が減少し、無利子が増加することで、

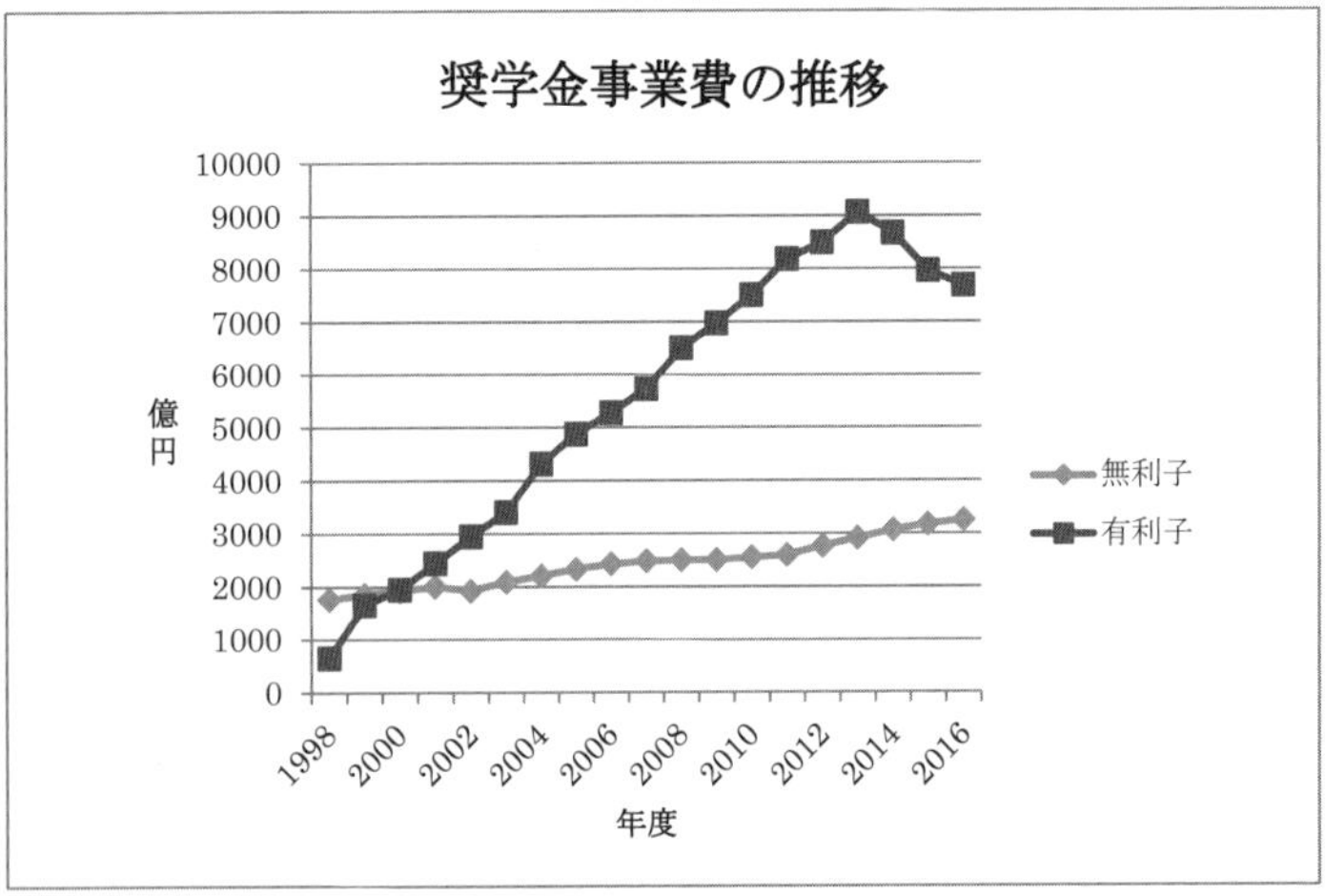

図表４　文部科学省「奨学金事業関係資料」から

全体に占める無利子の比率が上昇するようになったことが分かる。延滞金賦課率の引き下げや返還猶予期限の延長に加えて、無利子貸与型奨学金の比率増加は、二〇一三年までの流れを変えたことから重要な転換点であったと言えるだろう。

二〇一四年の一定の制度改善の後も、奨学金制度を改善する運動は広がっていった。二〇一五年に入ると、奨学金運動が大きく前進した。それは奨学金問題対策全国会議と中央労福協との連携が開始されたことによる。二〇一三年に奨学金制度改善を目指して結成された奨学金問題対策全国会議と、労働者の生活と福祉を向上する観点から奨学金問題への関心を深めていた中央労福協が、連携して活動を開始するようになった。

二〇一五年一〇月から中央労福協は「給付

型奨学金制度の導入・拡充と教育費負担の軽減を求める署名」を開始し、奨学金問題対策全国会議もそれに協力した。この署名は、全国各地から大きな反響があった。二〇一六年三月には署名は三〇〇万筆を超え、三月二二日に奨学金問題対策全国会議と中央労福協は共同で総理官邸に行き、世耕弘成官房副長官（当時）に署名簿の提出と要請を行なった。また、三月三〇日は馳浩文部科学大臣（当時）に署名簿の提出と要請を行なった。二〇一六年の参議院選挙では第一回の一八歳選挙権選挙ということもあって、給付型奨学金制度の導入を多くの政党が訴えた。

二〇一五年から始まった奨学金問題対策全国会議と中央労福協の連携は、奨学金運動に大きな力を与え、給付型奨学金制度導入への動きをつくりだしたと言える。そして「給付型奨学金の導入」が二〇一六年末に決定された。

四　奨学金制度改善の方向

日本の奨学金制度を今後改善していく際の重要なポイントは三点ある。第一は「貸与」中心の奨学金制度を、これから「給付」中心の奨学金制度に変え、それを学費の引き下げとセットで進めていくこと、第二に給付型奨学金制度を大学院にも導入すること、第三にすでに奨学金を借りている人々の返済負担を軽減する制度を導入することである。

（一）貸与中心から給付中心の奨学金制度への移行

第一の貸与中心から給付中心の奨学金制度への移行については、近年大きな前進があった。世論や「奨学金問題対策全国会議」をはじめとする社会運動の高まりを受けて、政府は二〇一六年一二月に返済不要の給付型奨学金導入を決定した。住民税非課税世帯の一学年約二万人が対象で、二〇一八年度から開始されることとなった。私立大学の下宿生や児童養護施設出身者ら約二五〇〇人については、二〇一七年度から先行実施された。

この給付型奨学金の導入は、従来「貸与のみ」であった日本の奨学金制度を改善していく重要な一歩である。しかし、今回の政府案は対象人数、給付額も極めて限定されたものにとどまっている。たとえば給付される一学年約二万人という数は、二〇一六年度の日本学生支援機構の貸与者数約一三二万に対して、ごく少数である。

現在では奨学金利用者は、大学進学者の約半数となっている。日本型雇用の解体による親の所得低下によって、中間層を含む多くの世帯が子どもの学費を負担することが困難になっていることを見逃してはならない。ごく一部の貧困層のみを救うという視点だけでは、現在の教育問題を解決することはできないのである。

重要なことは、今回の給付型奨学金の導入をきっかけとして、対象人数の増加や給付型奨学金の増額を実現していくことである。さらに、それに加えて給付中心の奨学金制度を実現できるかどうかが、今後の重要な課題である。

しかし、給付型奨学金の拡充だけでは十分ではない。なぜなら、現在の貸与型奨学金の利用急増の背景には、親の所得減に加えて「高い大学の学費」が大きな要因になっているからである。本来であれば奨学金は、学生の勉学や学生生活を援助することが目的であり、授業料などの学費ではなく、学生の日々の生活費や勉学のために使われるべきである。

しかし、一九九〇年代後半以降の奨学金利用者の急増は、親の所得減にもかかわらず、大学の授業料高騰が続いたことから生み出されている。ということは、奨学金のかなりの部分が授業料をはじめとする学費の支払いに使われていると予想できる。

奨学金が学費の支払いのために使われている比率を示す緻密なデータは、私の知る限り見当たらない。しかし、学生から聞き取りをしてみると、学費の支払いに充てられている比率はとても高いと見ることができる。学生の親が奨学金の銀行口座を管理する場合が少なくないという事実も、それを示す一つの証拠として挙げられるだろう。

逆に考えれば、奨学金が学費の支払いに充てられたことによって、高い授業料や学費の問題、そしてその学費を支払うことが困難となっている経済状況が、覆い隠されてきたとも見ることができる。親が学費の支払いができなくなっていることがその時点では問題にならず、卒業後に奨学金返済が困難となるというかたちで、社会に露呈してきたというのが実情だろう。奨学金問題への認識を深めるということは、高額の学費を親が負担することが困難になっているという現実を見つめることであり、大学の学費引き下げを社会的課題にする必要がある。

学費の引き下げを課題にするもう一つの理由は、給付型奨学金のみによる教育の機会均等実現の困難である。給付型奨学金の拡充には大きな可能性がある。一定の規模以上になれば、経済的に厳しい家庭出身者の大学進学の可能性を大いに高めることになる。「将来の債務」とならない点からも、不安なく利用することができる。

しかし、給付型奨学金は大学進学者全員に支給するという選択をしない限り、何らかのかたちで、利用者を選抜することになる。本人の経済状況や成績という基準が持ち込まれれば、一定の経済状況や成績を満たさない学生は利用することができない。選抜による給付型奨学金はそういう限界を持っている。また、給付型奨学金が選抜をともなうということは、それを支える財源をどこから調達し、納税者の納得をいかに得るのかという課題と直面する。

給付型奨学金を得られる人と得られない人が出る場合、得られる人は良いが、得られない人にとっては給付型奨学金の意義を見出せず、不公平感を持つということも出てくるだろう。特に給付型奨学金の財源が、自分の払っている税金から賄われるということになれば、反発する人も出てくることが予想される。

それに対して、学費の引き下げは、大学に通うすべての学生に利益をもたらす。大学に通っていない人との合意形成をいかに行なうかという課題はあるが、大学に通っている学生の間の対立は生まれない。学費の引き下げは通っている学生すべてに利益をもたらす普遍主義に基づくことから、その意義が理解されれば幅広い人々からの合意をより得やすいという利点もある。

	授業料		志願倍率	
	公立化前年度	公立化初年度	公立化前年度	公立化初年度
高知工科大学	940,000	535,800	2.01	19.55
名桜大学	900,000	535,800	1.21	4.48
公立鳥取環境大学	800,000	535,800	2.73	14.54
長岡造形大学	975,000	535,800	4.71	7.03
福知山公立大学	690,000	535,800	1.8	37.36
山口東京理科大学	804,000	535,800	9.96	33.19

図表5　公立化された私立大学の状況

学費負担軽減の社会的ニーズは極めて高い。図表5には近年、公立化された私立大学のリストを掲げている。私立大学の閉鎖や撤退によって、地域に高等教育機関がなくなることや若者人口が減少することに危機感をもって、私立大学を公立化する自治体が増加している。(4) 図表5にあるように、公立化することによって志願倍率がどこも急上昇している。公立化によって威信や評価が上昇したこともあるだろうが、それに加えて学費の引き下げが受験生を集めた要因の一つだろう。普遍主義の観点や社会的ニーズの点からも、給付型奨学金の拡充だけではなく、学費の引き下げとセットで進めていくことが大切だと考える。

(二) 大学院への給付型奨学金制度導入の重要性

大学院生の多くは、経済的にとても厳しい状況に置かれている。全国大学院生協議会が行なった「二〇一七年度大学院生の研究・生活実態に関するアンケート調査」は、そのことを明確に示している。

まず、多くの大学院生がアルバイトに追われ、自分の研究に専念することが難しいという結果が出ている。大学院生のうちアルバイトに従事している割合は八一・五パーセントにも達している。二〇一五年の六九・〇パーセント、二〇一六年の七九・二パーセントを上回り、全体の八割以上の大学院生が何らかのアルバイトをしていることになる。

アルバイトに従事する時間が長い点も重大である。アルバイトに従事している大学院生の五六・三パーセントが週に一〇時間以上働いていると回答した。週に二〇時間以上働いている大学院生も二八・四パーセントに達している。学外のアルバイトの目的については八九・四パーセントが「生活費をまかなうため」、七〇・五パーセントが「学費・研究費をまかなうため」と回答している。多くの大学院生が大学院での研究を継続するために、長時間のアルバイト労働を強いられていることが分かる。

また、収入の不足や学費の負担が研究に与える影響について「影響はない」は三三・六パーセントにとどまっており、六六・四パーセントの大学院生は何らかの影響を受けていると回答している。具体的な内容としては「アルバイトやTAなどをしなくてはならない」が四五・九パーセント、「研究の資料・書籍を購入できない」が三三・四パーセント、「学会・研究会に行けない」が二四・九パーセント、「調査・フィールドワークに行けない」が一六・四パーセントと続く。「授業料が払えない・滞納したことがある」という回答も七・五パーセントあった。多くの大学院生が、「アルバイトをすれば研究時間を失い、アルバイトをしなければ研究生活の資金が不足する」という悩みに引き裂かれていることが分かる。

研究を支えるための奨学金制度の不備も、大学院生を追い込んでいる。日本学生支援機構の行なった「二〇一四年度学生生活調査」によれば、大学院生の奨学金利用者の割合は修士課程五五・四パーセント、博士課程では六二・七パーセントに達している。そのなかで多くを占めている日本学生支援機構の奨学金はそのすべてが返済を要する貸与型で、半数以上が有利子のローンとなっている。

全国大学院生協議会の「二〇一七年度大学院生の研究・生活実態に関するアンケート調査」によれば、全体の六一・三パーセントが奨学金の利用経験があり、また全体の四九・二パーセントが「貸与型奨学金を利用している・利用したことがあり、今後奨学金の返済をする必要がある」と回答している。奨学金を借りている大学院生の借入総額は半数以上の五三・一パーセントが三〇〇万円以上、二六・〇パーセントが五〇〇万円以上、一一・六パーセントが七〇〇万円以上に達している。多くの大学院生が多額の借金を背負っていることが分かる。

多額の奨学金を借りている大学院生が多いと同時に、将来の返済を心配して奨学金を借りることを抑制する大学院生も少なくない。奨学金を利用しない理由を尋ねた質問に対して、四七・〇パーセントが「借金をしたくないため・返済が不安であるため」と回答している。「利用する必要が無いため」という回答は、わずか八・一パーセントに過ぎない。利用する必要があるにもかかわらず、約半数の大学院生が将来の返済に不安を感じて、奨学金を借りない選択をしている。

授業料・研究費・生活費の負担主体を尋ねた質問（複数回答可）に対する答えは、授業料については奨学金（二一・六パーセント）がアルバイト（一四・九パーセント）を上回っていたものの、研究費についてはアルバイト（三三・九パーセント）が奨学金（一九・一パーセント）を大きく上回り、生活費についてもアルバイト（四五・〇パーセント）が奨学金（二八・〇パーセント）に大差をつけている。

これは多くの大学院生が研究時間を削ってでも、奨学金を借りることを避ける傾向を示している。大学院生への経済支援として、貸与型奨学金制度が十分な役割を果たしていないことは明らかである。大学院での給付型奨学金の導入が強く求められる。

（三）奨学金返済負担の軽減

第三の点、すでに奨学金を借りている人々の返済負担軽減についても、「奨学金問題対策全国会議」は二〇一三年三月の発足当初から、重要な課題として取り組んできた。奨学金を返すことができず、多くの延滞者が生み出されるなど、大きな問題を生み出していることが明らかであったからである。

二〇一四年四月から、すでに奨学金を借りている人々に対してもいくつかの制度改善が行なわれた。特に大きな改善としては、すでに述べたように延滞金賦課率が一〇パーセントから五パーセントに削減されたこと、返還猶予期限が五年から一〇年に延長されたことが挙げられる。

しかし、これらの改善だけではあまりにも不十分である。なぜなら、若年層全体の貧困化に

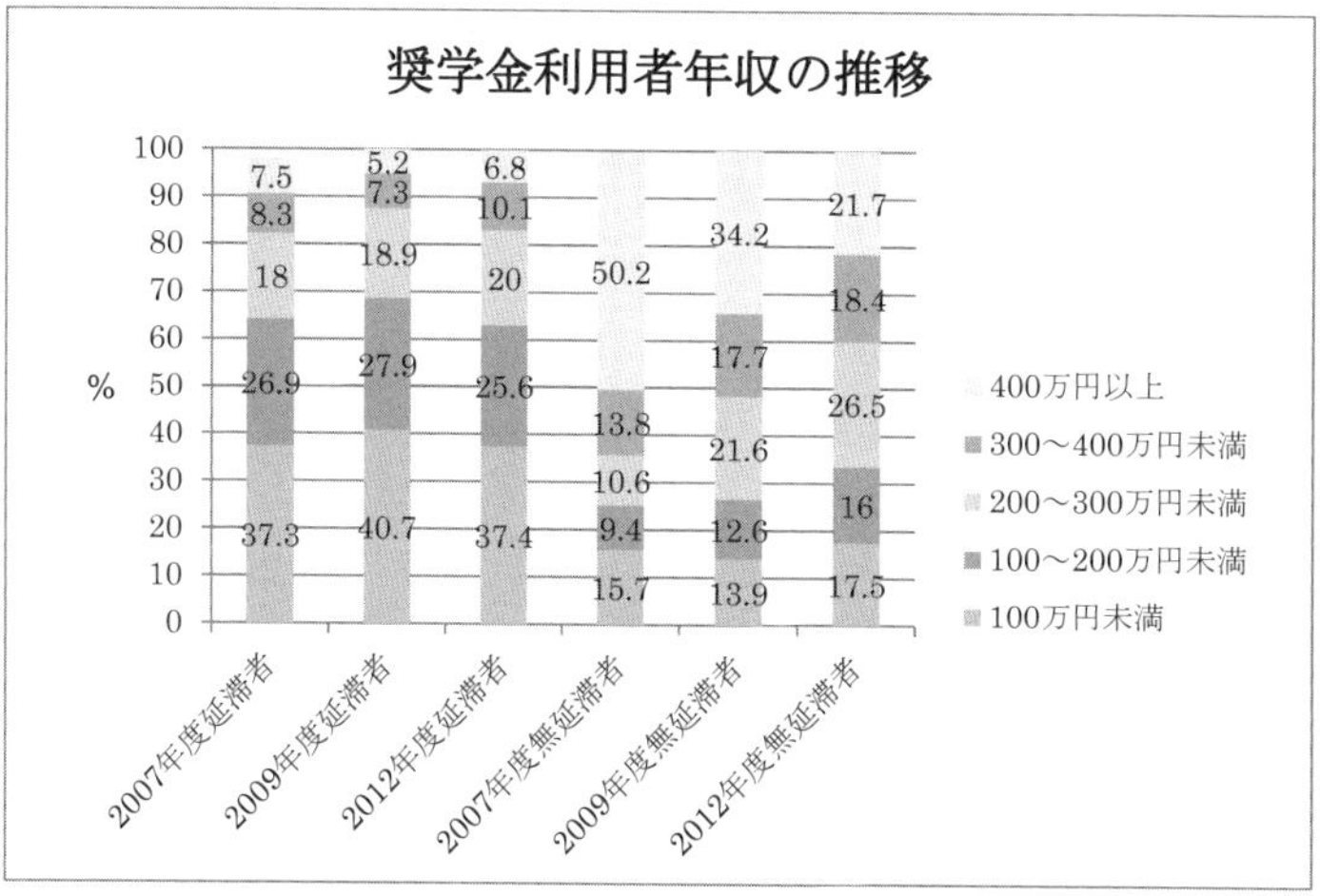

図表6　日本学生支援機構「奨学金の延滞者に関する属性調査」から

よって、奨学金返済が延滞者を生み出すばかりでなく、社会の持続可能性自体を危機に追い込んでいるからである。

図表6は、延滞者と予定通り返済している無延滞者それぞれについて、奨学金利用者の年収の推移を比較したものである。二〇〇七年度から二〇一二年度にかけて、延滞者の年収構造にはそれほど大きな変化がないのに対して、無延滞者においては年収の急速な悪化が進んでいることが分かる。

これは若年労働者全体の貧困化が進んだことで、予定通り返済している人の多くが厳しい経済状況の下で、奨学金返済を余儀なくされている状況を示している。このことから、奨学金を「返せない」問題だけではなく、「返す」ことによる問題も重要となってきていることが分かる。

奨学金を返済している人々の間で急速に広がっているのが、「結婚できない」「出産できない」「子育てできない」問題である。労働者福祉中央協議会（中央労福協）は二〇一五年、奨学金制度利用者の三四歳以下の男女を対象に、奨学金返済による生活設計への影響について調査を行なった。奨学金返済が結婚に「影響している」と回答した人が三一・六パーセント、出産に「影響している」と回答した人が二一・〇パーセント、子育てに「影響している」と回答した人が二三・九パーセントとかなりの比率に達している。しかも、いずれも正規よりも非正規の方が高い比率になっており、より所得の低い非正規ほど、奨学金返済が結婚や出産、子育てに影響が出ていることも分かった。

また、奨学金借入総額別に見ると、正規労働者については、奨学金の借入総額が上がれば上がるほど、結婚に「影響している」という回答比率は高まり、奨学金の借入総額が五〇〇万円以上となると、五〇・〇パーセントもの人が結婚に「影響している」と回答している（図表7）。

非正規労働者についても奨学金の借入総額による差は大きく、二〇〇万円未満だと結婚に「影響している」という回答は二一・一パーセントにとどまるが、二〇〇万円以上だと「影響している」という回答が四八・五パーセントに跳ね上がる。ここでも約半分の利用者が、結婚に「影響している」と回答している（図表8）。

奨学金を利用する割合は近年、学生の約半数に達している。今後は、奨学金返済によって、本人が望んだとしても「結婚できない」「出産できない」「子育てできない」若者が、これまで以上に増加する危険性が高いということになる。それは現在でも大きな問題となっている未婚化や少

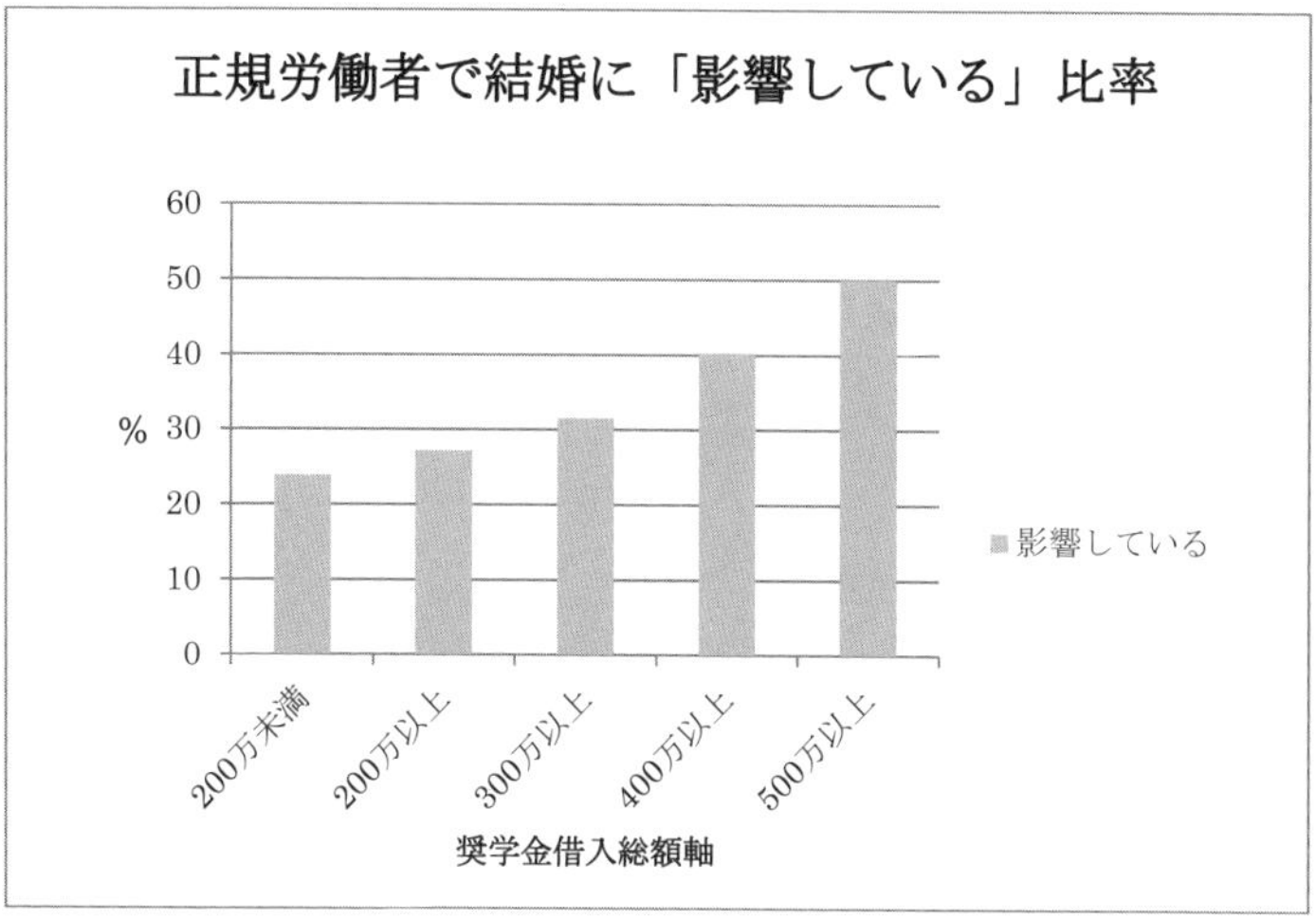

図表7　労働者福祉中央協議会「奨学金に関するアンケート調査」から

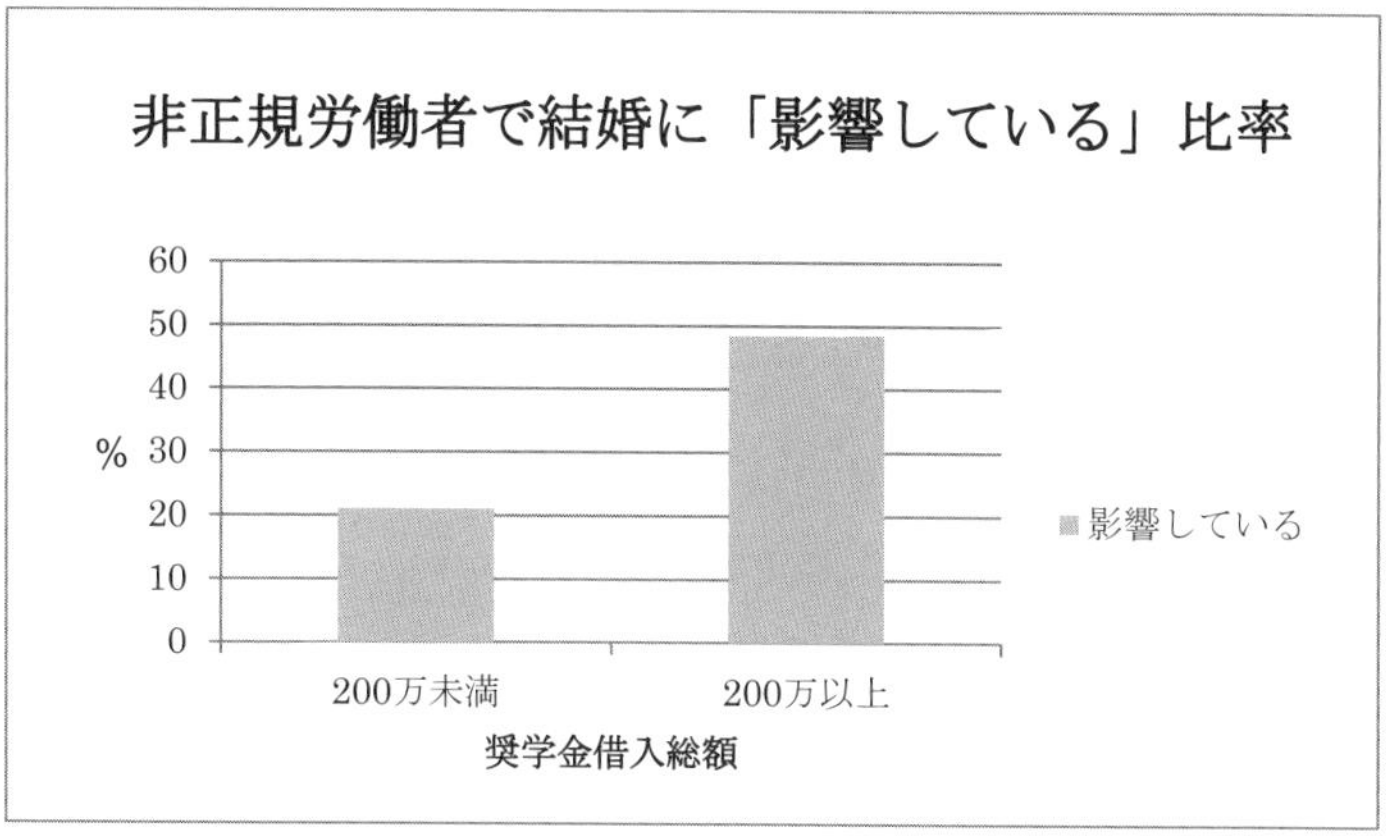

図表8　労働者福祉中央協議会「奨学金に関するアンケート調査」から

子化が、さらに深刻化することを意味している。

すでに出生数は減り続けている。一九七三年に年間二〇九万人を超えていた出生数は二〇一六年には九七万六九七九人と、一八九九年に統計をとり始めて以来初めて一〇〇万人を割り込んだ。これは少子化どころか「再生産不可能社会」の到来とも呼べる深刻な状況である。このままでは日本社会自体が持続不可能となってしまう。

「結婚できない」「出産できない」「子育てできない」再生産不可能社会を変えていくためには、奨学金制度の抜本的な改善が必要だ。延滞金の廃止、一〇年という返還猶予期限の撤廃に加えて、本人の年収に応じて奨学金返済の負担を軽減したり、奨学金返済を免除する制度を拡充することが強く求められる。それは二〇一七年度から導入された所得連動返還型奨学金制度(5)の改善とセットで進められるべきである。

給付型奨学金の対象人数を増やし、貸与中心から給付中心の奨学金制度を学費の引き下げとセットで実現すること、大学院にも給付型奨学金を導入すること、すでに奨学金を借りている人々の返済負担を軽減する制度を導入すること、この三点が奨学金制度改善の重要なポイントであると考える。

(四) 給付型奨学金拡充や学費引き下げ、奨学金返済負担軽減のための財源

これから給付中心の奨学金制度と学費引き下げ、大学院生への給付型奨学金の導入、奨学金返

済負担の軽減を実現するためには、そのための財源が必要である。財源はどこに求めたらよいだろうか。私は富裕層への課税によって行なうことが最も望ましいと考えている。

富裕層は近年、日本社会で急増している。図表9は野村総合研究所が発表した日本の富裕層のデータである。

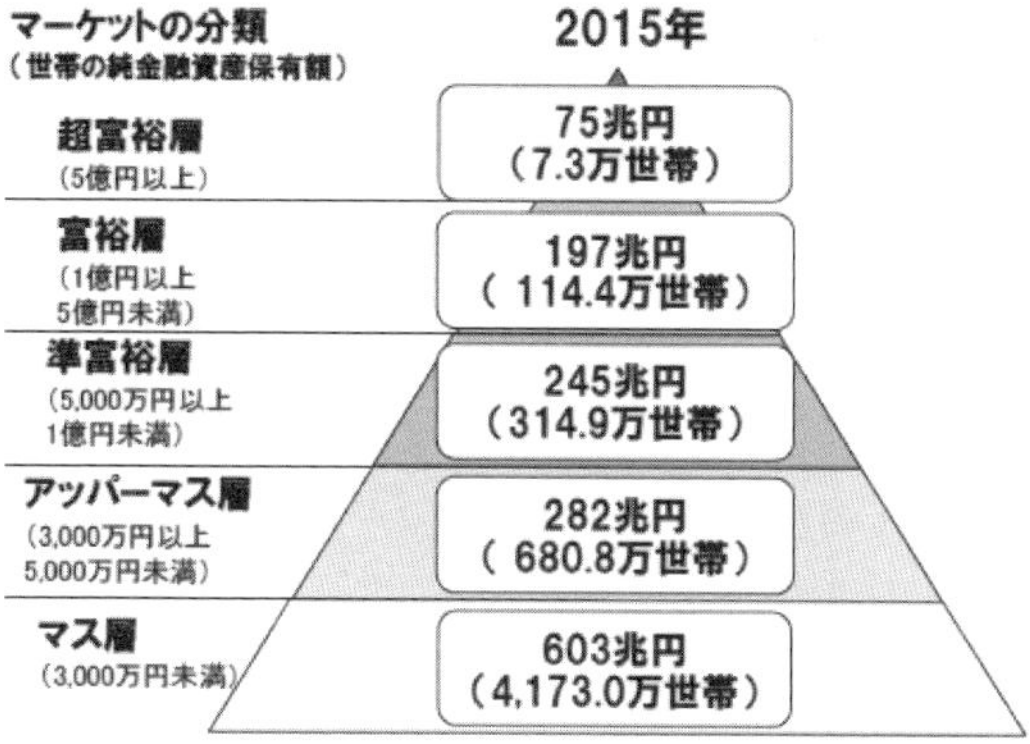

<分類>		2000年	2003年	2005年	2007年	2009年	2011年	2013年	2015年
超富裕層	金融資産（兆円）	43	38	46	65	45	44	73	75
	世帯数（万世帯）	6.6	5.6	5.2	6.1	5.0	5.0	5.4	7.3
富裕層	金融資産（兆円）	128	125	167	189	150	144	168	197
	世帯数（万世帯）	76.9	72.0	81.3	84.2	79.5	76.0	95.3	114.4
準富裕層	金融資産（兆円）	166	160	182	195	181	196	242	245
	世帯数（万世帯）	256.0	245.5	280.4	271.1	269.8	268.7	315.2	314.9
アッパーマス層	金融資産（兆円）	201	215	246	254	225	254	264	282
	世帯数（万世帯）	575.1	614.0	701.9	659.8	639.2	638.4	651.7	680.8
マス層	金融資産（兆円）	503	519	512	470	480	500	539	603
	世帯数（万世帯）	3,760.5	3,881.5	3,831.5	3,940.0	4,015.8	4,048.2	4,182.7	4,173.0

図表 9　日本の富裕層

野村総合研究所 News Release（2016 年 11 月 28 日）「日本の富裕層は 122 万世帯、純金融資産総額は 272 兆円」から

日本学生支援機構の奨学金は、無利子貸与と有利子貸与を合わせて約一・一兆円である。給付型奨学金は、「生まれによる格差」を是正することが重要な目的であるから、富裕層に対する課税によってその財源をまかなうというのが、最も理にかなっている。

図表9から純金融資産一億円以上の富裕層（超富裕層＋富裕層）の金融資産を計算すると、二〇〇〇年の一七一兆円から二〇一五年に二七二兆円まで一〇一兆円増加している。一年間で平均すると約六・七兆円増加していることになる。

一年間で平均約六・七兆円も増加しているのであるから、現在の年間一・一兆円分の貸与型奨学金を給付型奨学金にすることは、富裕層に対する適正な課税を行なうことで十分に可能である。さらに、この財源で学費の引き下げや奨学金返済負担の軽減を行なうこともできる。

五　負債からの解放に向けて

日本の大学生が利用する奨学金の大半は返済が必要であり、実質的には「学生ローン」であると言える。多くの学生が、奨学金という名の「学生ローン」という負債を抱え込まされている。多額の負債を抱え込むことによって、現代の学生は自分の被雇用能力を最大化するための絶えざる努力を要請される。彼らは労働市場に本格的に入る前から、雇用市場に組み入れられるために自分を活性化し、常に自分を動員することを求められるのだ。学生たちは大学在学中から「自分自身を企業にする」（ミシェル・フーコー）ように要請されている。

負債を負っていることによる就活のプレッシャーの高まり、生活費や学費を稼いだり、卒業後の奨学金返済負担減のためのブラックバイトなどによって、学生たちは知性を獲得したり、自分の未来を構想する時間を徹底的に搾取されている。「借りた金を返さなければならない」という論理は、奨学金を借りている学生たちの責任感と罪悪感を誘発する。負債による「道徳的主体化」が、学生たちの自由な想像力や批判性を奪い取る役割を果たしている。

今回実現した給付型奨学金の導入によって、微小ながらもこの負債の構造に穴を空けることができた。返済不要の奨学金と奨学金返済免除を拡充することによって、学生を負債から解放することが重要である。負債からの解放が、学生たち一人ひとりの学ぶ時間と意志を生み出すサポートにつながるだろう。「学問の自由」を実践する大学を実現するためには、奨学金問題の解決が必要不可欠だ。

註

（1） たとえば、一九六九年の国立大学の授業料は年間一万二〇〇〇円である。二〇一六年の国立大学の授業料（標準額）は年間五三万五八〇〇円であり、大幅に上昇している。

（2） 文部科学省「私立大学等の平成二七年度の入学者に係る学生納付金等調査結果について」によれば、私立大学初年度納付金の文科系平均が一一四万三二二九円、理科系の平均が一五〇万七一二一円、医歯系の平均が四七八万九七三六円である。

（3）日本学生支援機構「学生生活調査結果」。なお、奨学金の利用率はその後、二〇一四年には五一・三パーセント、二〇一六年には四八・九パーセントと減少傾向となっている。理由の一つとして奨学金問題が可視化されたことにより、多くの利用者（学生と保護者）が奨学金を借りることのリスクを強く意識するようになったことが予測される。この変化については今後も調査と分析を行なう必要があるだろう。

（4）公立大学の大学数・学生数はともに増加している。一九八九年の三九大学、学生数約六万人から、二〇一七年には八九大学、学生数約一五万人となっている。学費の安い大学の社会的ニーズが高まっていることを示している。

（5）所得連動返還型奨学金制度の現状については（大内 二〇一七）を参照。

長めの〈あとがき〉 2019—2020

一　二〇一九年臨時国会——大学入学共通テスト・「英語民間試験の活用」問題の浮上

二〇一九年一〇月四日に召集された臨時国会において、二〇二〇年度から実施される予定の大学入学共通テストが大きな議論となった。大学入学共通テストは、センター試験とは二つの点で異なっている。一つが英語民間試験の活用、そしてもう一つが国語・数学の記述式問題の導入である。

大学入学共通テストの実施に危機感を感じた私は、吉田弘幸（予備校講師）と中村高康（東京大学大学院教授）らと八月三〇日に会合を開き、その後二〇一九年一〇月一三日に「新共通テストの二〇二〇年度からの実施をとめよう！　一〇・一三緊急シンポジウム」（以下：「一〇・一三緊急シンポジウム」と略）の開催を呼びかけた。[1]

「一〇・一三緊急シンポジウム」では、各分野の専門家に登壇していただいた。国語分野では紅野謙介（日本大学教授）、英語分野では阿部公彦（東京大学大学院教授）、数学分野では大澤裕一（予備校講師）にそれぞれの専門分野から発言していただき、パネルディスカッションで議論を深めた。台風一九号直後であったにもかかわらず、会場の東京大学本郷キャンパス国際学術総合研究棟第五教室には約三〇〇名の人々が集まり、参加者の人々と大学入学共通テストの数多くの問題点を共有することができた。特に当事者である高校生の参加と鋭い発言は、シンポジウムを盛り上げた。またこのシンポジウムをきっかけとして、「入試改革を考える会」（代表：大内裕和）が結成された。

八月三〇日の会合後に、一〇月一三日のシンポジウム実施を呼びかける過程で、すでに大学入学共通テストについての言論状況に明示的な変化が始まっていた。九月に入ってから大学入学共通テスト、特に英語民間試験に関わるマスコミ報道が急速に増加した。大学入学共通テストの実施に反対するさまざまな分野のメンバーが一同に会する「一〇・一三緊急シンポジウム」開催への気運が、効果的な触媒の役割を果たした。「一〇・一三緊急シンポジウム」にはマスコミ関係者も多数参加し、シンポジウムについても数多くの報道が行なわれた。

一〇月一三日のシンポジウムでは大学入学共通テストのさまざまな問題点が議論されたが、最も切迫していたのが英語民間試験の活用についてだった。なぜなら英語民間試験の点数を大学に提供する大学入試英語成績提供システムを利用するためには、大学入試センターが発行する個人を特定するためのコード「共通ＩＤ」が必要となる。共通ＩＤを入手するには、大学入試センターへの事前申込が必要となり、その申込開始日が二〇一九年の一一月一日に迫っていた。申込が開始されれば、英語民間試験の活用をストップさせることが困難なことは明らかだった。「入試改革を考える会」は、一〇月二〇日に「新共通テストの二〇二〇年度からの実施延期を求める緊急声明」を発表し、賛同署名を集め始めた。一一月一日に文部科学大臣にこの声明を提出し、声明についての記者会見を行なうスケジュールを組んだ。

一一月一日までの短期間に英語民間試験活用の問題点を広く知らせるためには、問題点を絞って明確に伝える必要があった。

問題点は第一に、試験の実施体制の不備と高校生活に与える影響である。二〇一九年九月になっても、英語民間試験の実施については、文部科学省が設置したポータルサイトを見ても、実施日や試験会場の詳細が明らかとなっていない試験が、多数存在していた。実施期間である二〇二〇年四月～一二月は、現在の高校二年生にとっては高校三年生の期間である。学校行事や部活動の予定もあるなか、試験準備にも困るし、高校生活への悪影響も避けられない状況だ。

第二に、英語民間試験の公平性への疑問である。英語民間試験は、英検やGTEC、TOEFLなど七種類の異なる試験を活用するとしているが、違う試験の成績を公平に比較できるのかという根源的な疑問が存在する。異なる民間試験の成績を比べるために、「各資格・検定試験とCEFR（ヨーロッパ言語共通参照枠）との対照表」を文部科学省は作成した。しかし、各テストのスコアとCEFRとの対応づけは、そのテストを実施する団体が独自に行なっていて、文部科学省や第三者機関による検証は行なわれていない。七種類の試験によって有利不利が生まれれば、受験生はどの試験を選ぶかで右往左往することを強いられる。何よりも、この対照表の客観性や公平性に疑問が生じれば、それは入学試験自体の正当性を失わせることとなる。

第三に、英語民間試験の経済的負担による地域格差・経済格差の拡大である。英語民間試験は経済的負担も重くなる。英検二級が七〇〇〇円、TEAPが一万五〇〇〇円、TOEFLだと二三五ドル＝約二万五〇〇〇円近くかかる。これを二回受験することが求められている。それに加えて、これまでのセンター試験よりも試験会場数が限られることから、かなりの数の受験生が高額の交通費を支払うことになる。離島や遠隔地の高校生の場合には一泊二日、あるいは二泊三日となり、宿泊費も必要である。地域格差や経済格差が深刻化することは「試験の公平」原則を崩すこととなる。この三点の論点はマスコミ報道を通して、二〇一九年九月以降、多くの人々に共有されるようになっていった(3)。

国会内でも野党の側から英語民間試験の活用への反対が強まり、一〇月二四日に立憲民主、国民民主両党などの合流会派と共産党は、英語民間試験の導入を延期する大学入試センター法改正案を衆議院に提出した。

二　萩生田「身の丈」発言の問題性

野党が英語民間試験の実施を延期する法案を提出した一〇月二四日に、英語民間試験の活用に大きな影響を与える事件が起こった。テレビ番組での萩生田光一文部科学大臣の発言である。萩生田文科相が出演したBSフジの番組で、二〇二〇年度に始まる大学入学共通テストで導入される英語民間試験が話題[4]となった。司会者から「お金や地理的に恵まれた生徒が有利になるのではないか」と質問されたのに対し、萩生田文科相は「それを言ったら『あいつ、予備校通っていてずるいよな』と言うのと同じ。裕福な家庭の子が回数を受けてウォーミングアップできるようなことはあるかもしれないが、そこは自分の身の丈に合わせて二回を選んで勝負してもらえれば」と答えた。

この萩生田文科相の発言に対して、さまざまな反応があった。なかでも私が一〇月二五日に発信したツイートには、とても大きな反響があった。

　萩生田文科大臣の「身の丈に合った受験を」発言は、経済格差による教育格差の容認。ここでの「身の丈」とは「本人の努力」ではなく「出身家庭の財力」を意味する。「教育の機会均等」を定めた教育基本法にも違反する問題発言である。

このツイートに対してリツイートが一万三〇〇〇以上、いいねが二万一〇〇〇以上という反響があった。また今回のツイートへのリプライは、その圧倒的多数が肯定的な内容であった。私のツイートにこれだけ大きな反響があり、そのほとんどが肯定的であったのは、萩生田文科相の発言が、日本社会にひたひたと進行している「格差」を肌で感じている多くの人々の怒りを買ったからだろう。

総務省の「労働力調査」によれば、二〇一八年の非正規雇用労働者の数は二一二〇万人に達している。一九九〇年は八八一万人だから、当時の二倍を大きく上回っている。非正規雇用労働者の多くは正規雇用労働者よりも雇用が不安定で賃金は安く、その格差は明確である。

教育への公的予算が少なく、私費負担額が大きい日本社会では親の所得格差は子どもの教育格差へと直結する。英語民間試験の活用によって費用負担が増えれば、教育費にお金をかけられる家庭出身の子どもが有利に、それが不可能な家庭出身の子どもが不利となる。格差社会化が進むなかで、その有利不利はさらに明確となる。萩生田文科相の「身の丈」発言は「経済格差」による「教育格差」の拡大を容認したものであり、そのことが格差社会の「理不尽さ」を肌で感じる多くの人々を憤激させることになった。

これは文部科学大臣として重大な問題発言である。「教育の機会均等」を定めた教育基本法第四条は次のようになっている。

第四条　すべて国民は、ひとしく、その能力に応じた教育を受ける機会を与えられなければならず、人種、信条、性別、社会的身分、経済的地位又は門地によって、教育上差別されない。

2　国及び地方公共団体は、障害のある者が、その障害の状態に応じ、十分な教育を受けられるよう、教育上必要な支援を講じなければならない。

3 国及び地方公共団体は、能力があるにもかかわらず、経済的理由によって修学が困難な者に対して、奨学の措置を講じなければならない。

教育基本法は最高法規である憲法に準じる重要な法律である。萩生田文科相にはこれを遵守する義務がある。しかし、萩生田文科相の「身の丈」発言は「教育の機会均等」を守るどころか、それと完全に逆行する内容であった。

萩生田文科相発言を少し細かく検討してみよう。「『あいつ、予備校通っていてずるいよな』と言うのと同じ」という発言は、予備校にかかる費用と英語民間試験にかかる費用を同様のものとして扱っている。

これは大きな誤りである。予備校という「個人の選択」でかかる費用と英語民間試験という公の制度でかかる費用とは、同様のものとして扱うことはできない。予備校に通わなくても大学に合格することはできるが、英語民間試験を受けなければ大学に合格しないという強制性をもっているからである。

そして予備校に通えるかどうかが「経済格差」によって決まることを「仕方のないもの」として容認した上で、それと英語民間試験が「同じ」であるということは、萩生田文科相は英語民間試験における「経済格差」も容認したことを意味する。

「教育の機会均等」を定めた教育基本法を遵守すべき萩生田文科相には、大学入試に関わって公的制度として導入する英語民間試験にかかる費用は、予備校にかかる費用とは「全く別」であり、「経済格差」による「教育格差」を絶対に生み出さない制度設計をする責任がある。しかし、テレビ番組では英語民間試験において「経済格差」による「教育格差」が引き起こされることを「仕方のないもの」として認めるばかりか、「身の丈に合わせて」受けろと受験生に「自助努力」を強いている。悪しき「自己責任論」の典型であると同時に、教育行政トップとしての責任を自ら放棄したも同然の発言である。社会的批判が強まるのも当然だった。

萩生田文科相の「身の丈」発言以降、英語民間試験導入への批判が一挙に強まった。萩生田文科相は「身の丈」発言を謝罪し、撤回した。しかし、この発言をきっかけとした英語民間試験導入への批判はおさまらなかった。一一月一日に萩生田文科相は、英語民間試験の二〇二〇年度からの実施「延期」を決定し、記者会見を行なった。一一月一日は英語民間試験の成績を大学に提供するための「共通ＩＤ」の受付開始日であり、まさにギリギリのタイミングでの「延期」決定だった。

一一月一日に「入試改革を考える会」は「新共通テストの二〇二〇年度からの実施延期を求める緊急声明」(個人賛同七七四人、団体賛同一八)を文部科学大臣に提出した。その後の記者会見では、午前中の萩生田文科相の英語民間試験実施「延期」決定を受けて、英語民間試験は大学入学共通テストの「ごく一部」であること、次の課題は「国語・数学の記述式問題」であることを強調した。英語民間試験の実施「延期」によって、大学入学共通テストについて「幕引き」の雰囲気が生まれることを警戒しての行動だった。

三　国語・数学の記述式問題への批判

「入試改革を考える会」は一一月七日に、国語・数学の記述式問題への批判を中心とする「大学入学共通テストの二〇二〇年度からの実施延期と大学入試センター試験の継続を求める緊急声明」を発表し、一一月一五日の提出へ向けて賛同署名を集め始めた。一一月一五日には参議院議員会館講堂での「入試改革を考える会」主催の院内集会も設定し、一一月二四日には東京大学での第二弾シンポジウム「第二弾　新共通テストの二〇二〇年度からの実施をとめよう！一一・二四緊急シンポジウム」を企画した。

一一月一日の「入試改革を考える会」の記者会見以後、国語・数学の記述式問題についてのマスコミ報道が増加した。ここでも必要であったのは、明確な問題点の指摘であった。「入試改革を考える会」による声明、院内集会、シンポジウムも国語・数学の記述式問題の問題点を分かりやすく、明確に伝えることを狙いとしていた。

国語・数学の記述式問題に関わる問題としては、第一に公平・公正な採点の困難さを挙げることができる。五〇万人以上もの受験生が参加する大学入学共通テストで、記述式問題を採点することの困難ははかり知れない。この記述式問題の採点を「学力評価研究機構」（ベネッセコーポレーションのグループ会社）が行なうことが、すでに決定していた。採点スタッフの人数は一万人程度必要と報道されていたが、新共通テスト実施直後の一月中旬から後半にかけて、国語と数学の記述式問題を採点できる能力のある人を実際に集めることができるのだろうか。

これまでの大学入試では、通常は大学教員による採点が行なわれてきた。大学入学共通テストにおいて、十分に信頼することのできない採点者によって採点が行なわれれば、大学入試の根幹が揺らぐことになる。また、大学入学共通テストは受験生がとても多いため、莫大な量の答案を短期間に採点することを強いられる。正確かつ公平な採点をすることはとても困難である。

何よりも重大なのは、民間企業が集める採点者の質や採点の質を公的にチェックする仕組みが存在しないことである。英語民間試験においては文部科学省が各試験団体に指示する権限がなかったことが運営上の混乱を生んだが、大学入学共通テストの採点を行なう民間企業との関係についても、同様の問題点を指摘することができる。また、採点業務を民間企業に委託することによる問題漏洩や情報の目的外使用も懸念される。

第二に自己採点の困難がある。記述式問題は試験実施後に行なう自己採点を正確に行なうことが難しいという問題がある。プレテストでは国語の自己採点と採点結果の一致率が七割程度にとどまっていた。本番で受験生は、採点結果が通知される前に出願する大学を決めなければならない。実際の得点と自己採点の不一致は、受験する大学の選択や合否の予測に甚大な悪影響を及ぼすことになり、深刻な問題である。また、試験終了後の成績通知（得点開示）によって、さまざまな混乱が起こる可能性も危惧される。

こうした問題点の指摘がマスコミ報道を通して、多くの人々に伝わった。国会内でも立憲民主党と国民民主党、衆院会派「社会保障を立て直す国民会議」、社会民主党、共産党は一一月一四日、「独立行政法人大学入試センター法の一部を改正する法律案」(通称:記述式試験中止法案)を衆院に提出した。一一月一五日に、入試改革を考える会は「大学入学共通テストの二〇二〇年度からの実施延期と大学入試センター試験の継続を求める緊急声明」(個人賛同一〇六二人、団体賛同六)を文部科学大臣に提出し、記者会見を行なった。同日の院内集会には、記述式試験中止法案提出直後ということもあって国会議員や秘書の参加も多く、国語・数学の記述式問題の問題点を多くの国会議員や秘書に伝えることができた。一一月二四日の「第二弾 新共通テストの二〇二〇年度からの実施をとめよう! 一一・二四緊急シンポジウム」でも、国語・数学の記述式問題の問題点をさまざまな観点から取り上げた。

こうした活動によって国語・数学の記述式問題の問題点は多くの人々に伝わった。しかし、国語・数学の記述式問題について政府・与党の側から延期・中止の動きがなかなか見えてこない。一二月九日の臨時国会会期末が近づくなかで、「入試改革を考える会」のなかにも「国語・数学の記述式問題実施は強行されてしまうのでは」という危惧が広がっていた。「入試改革を考える会」は、「大学入学共通テストの二〇二〇年度からの実施延期と大学入試センター試験の継続を求める緊急声明」の賛同署名継続と、一二月六日にその賛同署名を文部科学大臣に再提出することを決め、国会会期末へ向けて運動の継続を呼びかけた。

一一月後半には国語と数学の専門家からも声が上がった。一一月二八日には「数学研究者有志一同」による「共通テストへの記述問題導入の中止を求める緊急声明」(5)と「国語教育に関わる教員・研究者等有志一同」による「共通テスト『国語』における記述問題の導入中止を求める緊急声明」(6)が出され、「入試改革を考える会」の声明と同時に一二月六日に文部科学大臣に提出することとなった。数学と国語の専門家からの声明はそれぞれ説得力がある内容であり、国語・数学の記述式問題の問題点を広く知らせることにつながった。

臨時国会会期末近くになって、与党側がついに動いた。一二月五日、記述式試験の導入をめぐり、公明党は萩生田文科相に対して見直しと延期を申し入れた。一二月六日、自民党文部科学部会も大学入学共通テストへの記述式問題の導入について、必要な見直しを行ない予定どおり実施できるか検討し、早急に方針を表明するよう求める決議を、萩生田文部科学大臣に提出した。「入試改革を考える会」も同日、「大学入学共通テストの二〇二〇年度からの実施延期と大学入試センター試験の継続を求める緊急声明」(個人賛同一三五四人、団体賛同七)を提出し、記者会見を行なった。一二月六日の時点では萩生田文科相は「延期」を否定していたが、臨時国会会期後の一二月一七日に、国語・数学の記述式問題実施「見送り」を発表した。

一二月九日のNHK世論調査では国語・数学の記述式問題について「予定どおり実施すべき」が一七パーセント、「中止すべき」が五九パーセントであった。世論の圧倒的多数の反対が、与党の公明党や自民党の動きを生み出す一因であったことは間違いないだろう。

四　破綻した大学入試の「民営化」＝「私企業化」と残された課題

二〇一九年臨時国会で、英語民間試験の活用「見送り」と国語・数学の記述式問題実施「見送り」が決まったことは、大学入学共通テストの二本柱が失われたことを意味する。

英語民間試験の活用と国語・数学の記述式問題の実施は、大学入学試験の実施や採点の業務を民間企業が行なうことが前提となっていた点で、大学入試の「民営化」＝「私企業化」を進めるものであった。しかし、大学入試の「私企業化」は費用負担の増加や地域格差・経済格差の拡大、公平・公正な採点の困難を伴っており、それらの問題を明確に開示する社会運動の登場によって破綻することとなった。

しかし、残された課題は少なくない。英語民間試験の活用「延期」と国語・数学の記述式問題実施「見送り」は決まったものの、どちらも「中止」にはなっていない。二〇二〇年度入試ではどちらも実施されないものの、復活する可能性はなくなっていない。特に、英語は英語民間試験の実施を前提としたリーディング一〇〇点、リスニング一〇〇点という当初の配点と問題構成を維持することを政府は明言している。(7) これは将来の英語民間試験の活用を前提としていることが予測される。

また、国語・数学の問題についても記述式問題の実施が「見送り」となったものの、センター試験の内容と形式に戻すとは発表されていない。このままではセンター試験よりも劣化した質の問題が出題される危険性が高い。(8) 二〇二〇年に入ってからも、「入試改革を考える会」は英語民間試験の活用「中止」と国語・数学の記述式問題実施「中止」に加えて、大学入学共通テストそのものの実施を中止し、当面の措置としてセンター試験の継続を求めることになるだろう。(9)

今回の大学入学共通テストに見られる教育の「民営化」＝「私企業化」は教育のさまざまな領域で進行しており、厳しい情勢は続いている。(10) しかし、二〇一九年臨時国会での英語民間試験の活用「延期」と国語・数学記述式問題実施「見送り」は、教育の「私企業化」に対して的確な批判を行ない、国会内の野党や幅広い世論と結びつけば、それを阻止することができる可能性を示したと言える。

註

（1） 八月一六日に柴山昌彦元文科相が二〇二〇年度からの大学入試改革について「サイレントマジョリティーは賛成です」とツイッターで発言をした。八月二四日に、埼玉県知事選で応援演説に立った柴山昌彦文部科学相に対し、大学入試改革への反対を訴えた大学生が警官に取り囲まれ、現場から遠ざけられるという事態が発生した。大学入試改革の問題点だけでなく、「言論の自由」や「民主主義」への危機感も強まっていた。

（2） 英語民間試験の問題点について詳しくは、（南風原編 二〇一八）を参照。

（3） 詳しくは（大内 二〇一九）を参照。
（4） この質問が出されたのは、すでに地域格差や経済格差が社会問題化していた背景がある。
（5） 声明では致命的な欠陥を七点挙げ、「共通テストへの記述問題導入は、それにより得られるメリットがまったく存在しません。一方、公平・公正な採点は期待できず、さらに、問題漏洩、情報漏洩、利益相反の危険性が高まります」と述べている。
（6） 大学入学共通テストの国語記述式問題について、「制度的な不備とともに、記述問題の長所を損なう悪しきモデルを掲げることで、若い世代の自由な発想力や思考力、表現力をむしろ規制してしまう」と批判している。わずか七日間で二一三九人の賛同署名が集まった。
（7） 従来のセンター試験では英語は筆記二〇〇点、リスニング五〇点の計二五〇点の配点で、発音、アクセント、語句整序問題を単独で問う問題を出題していた。大学入学共通テストでは、発音、アクセント、語句整序問題を単独で問う問題を出題しない。
（8） 国語の大学入学共通テストの「試行調査」の問題点については、（紅野 二〇一八）を参照。二〇一九年一二月二三日に出された「数学講師有志一同」による「新共通テストの数学の問題形式に関する要望書」では、大学入学共通テストの「試行調査」の問題の構成、出題形式、問題文などへの批判が行なわれている。
（9） すでに二〇一九年一二月二三日、「入試改革を考える会」は「大学入学共通テストの実施延期とセンター試験の継続を求める声明」を文部科学大臣に提出した。声明では英語民間試験の導入を中止すること、国語・数学の記述式問題の出題を中止することに加えて、大学入学共通テストの二〇二〇年度からの実施延期とセンター試験の継続を求めている。
（10） 高校在学中に受ける共通テスト「高校生のための学びの基礎診断」は民間委託されている。また、高校での学習や部活動の記録を生徒自身が入力し、電子データにまとめるeポートフォリオについても大学入試への導入が進められているが、ここにも民間事業者が関わっている。

参考文献

Arendt, H. 1961 *Between Past and Future*, The Viking Press.＝1994『過去と未来の間』引田隆也・齋藤純一訳，みすず書房

Ball, S. J. 2008 *The Education Debate*, Policy.

Bourdieu, P. 1998 *Acts of Resistance : Against the New Myths of Our Time*, Polity.＝2000『市場独裁主義批判』加藤晴久訳，藤原書店

Bourdieu, P. & Passeron, J. C. 1970 *La Reproduction*, Les Éditions de Minuit.＝1991『再生産』宮島喬訳，藤原書店

Foucault, M. 1975 *Surveiller et punir*, Gallimard.＝1977『監獄の誕生——監視と処罰』田村俶訳，新潮社

Foucault, M. 2004 *Naissance de la biopolitique*, Seuil.＝2008『生政治の誕生（ミシェル・フーコー講義集成８）』慎改康之訳，筑摩書房

Giddens, A. 1998 *The Third Way : The Renewal of Social Democracy*, Polity.＝1999『第三の道——効率と公正の新たな同盟』佐和隆光訳，日本経済新聞社

Giddens, A. 2000 *The Third Way and Its Critics*, Polity.＝2003『第三の道とその批判』今枝法之・干川剛史訳，晃洋書房

Graeber, D. 2011 *Debt : The First 5000 Years*, Melville House.＝2016『負債論——貨幣と暴力の５０００年』酒井隆史監訳，以文社

Green, A. 1991 The reform of post-16 education and training and the lessons from Europe, in *Journal of Education Policy*, vol. 6.

Green, A. 1992 *Education and State Formation : The Rise of Education Systems in England, France and the USA,* Palgrave Macmillan.

Harvey, D. 2007 *A Brief History of Neoliberalism*, Oxford University Press. = 2007『新自由主義——その歴史的展開と現在』渡辺治監訳、作品社

Lazzarato, M. 2012 *The Making of the Indebted Man*, Semiotext(e). = 2012『〈借金人間〉製造工場——〝負債〟の政治経済学』杉村昌昭訳、作品社

Lebaron, F. 1998 La "révolution néo-libérale" comme restauration intellectuelle, in *Congrès Marx Internation 2*. = 2001「知的復古としての『新自由主義革命』」今野晃訳、『ブルデューを読む』情況出版

Melucci, A. 1989 *Nomads of the Present : Social Movements and Individual Needs in Contemporary Society*, Temple University Press. = 1997『現在に生きる遊牧民（ノマド）——新しい公共空間の創出に向けて』山之内靖訳、岩波書店

Postman, N. 1982 *The Disappearance of Childhood*, Delacorte Press. = 2001『子どもはもういない』小柴一訳、新樹社

Rose, N. 1999 *Powers of Freedom : Reframing Political Thought*, Cambridge University Press.

Sassen, S 1996 *Losing control? : Sovereignty in An Age of Globalization*, Columbia University Press. = 1999『グローバリゼーションの時代——国家主権のゆくえ』伊豫谷登士翁訳、平凡社

赤田圭亮 一九九八『サバイバル教師術』時事通信社

赤田圭亮 二〇〇三『不適格教員宣言』日本評論社

赤田圭亮 二〇一一『教育改革とは何だったのか』日本評論社

阿部公彦 二〇一七『史上最悪の英語政策——ウソだらけの「4技能」看板』ひつじ書房

安倍晋三 二〇〇六『美しい国へ』文春新書

天野郁夫 二〇〇八『国立大学・法人化の行方——自立と格差のはざまで』東信堂

市川昭午 二〇〇九『教育基本法改正論争史——改正で教育はどうなる』教育開発研究所

市川昭午 二〇一二『大阪維新の会「教育基本条例案」何が問題か？』教育開発研究所

今田高俊・原純輔　一九七九「社会的地位の一貫性と非一貫性」富永健一編『日本の階層構造』東京大学出版会
今津孝二郎　二〇〇九『教員免許更新制を問う』岩波ブックレット No. 753
岩重佳治　二〇一七『「奨学金」地獄』小学館新書
内橋克人　二〇〇九『新版　悪夢のサイクル――ネオリベラリズム循環』文春文庫
大内裕和　一九九五「教育における戦前・戦時・戦後――阿部重孝の思想と行動」山之内靖・ヴィクター・コシュマン・成田龍一編『総力戦と現代化』柏書房
大内裕和　二〇〇三『教育基本法改正論批判――新自由主義・国家主義を越えて』白澤社
大内裕和　二〇〇五「現代教育の基礎講座――教育と社会を理解するために」『現代思想』二〇〇五年四月号、青土社
大内裕和　二〇一〇『民主党は日本の教育をどう変える』岩波ブックレット No. 774
大内裕和　二〇一一「橋下『独裁』は何を奪うか――大阪府教育基本条例・職員基本条例批判」『世界』二〇一一年一一月号、岩波書店
大内裕和　二〇一五『ブラック化する教育』青土社
大内裕和　二〇一六『ブラックバイトに騙されるな！』集英社クリエイティブ
大内裕和　二〇一七『奨学金が日本を滅ぼす』朝日新書
大内裕和　二〇一八『ブラック化する教育２０１４―２０１８』青土社
大内裕和　二〇一九「新共通テストの２０２０年度実施は見送るべきだ」『論座』朝日新聞社
大内裕和編　二〇〇七『愛国心と教育（日本の教育と社会５）』日本図書センター
大内裕和・今野晴貴　二〇一七『ブラックバイト　増補版――体育会経済が日本を滅ぼす』堀之内出版
大内裕和・高橋哲也　二〇〇六『教育基本法「改正」を問う――愛国心・格差社会・憲法』白澤社
大内裕和・竹信三恵子　二〇一四『「全身〇活」時代』青土社
大嶽秀夫　一九九七『「行革」の発想』ＴＢＳブリタニカ
岡崎勝　二〇〇六『学校再発見！――子どもの生活の場をつくる』岩波書店
岡部恒治・戸瀬信之・西村和雄　二〇一〇『新版　分数ができない大学生』ちくま文庫

小熊英二 二〇〇二『〈民主〉と〈愛国〉――戦後日本のナショナリズムと公共性』新曜社
小沢牧子 二〇〇二『「心の専門家」はいらない』洋泉社
小沢雅子 一九八五『新「階層消費」の時代――消費市場をとらえるニューコンセプト』日本経済新聞社
加藤周一 二〇〇九『私にとっての20世紀』岩波現代文庫
金子勝 一九九九『市場（思考のフロンティア）』岩波書店
金子勝 一九九九『セーフティーネットの政治経済学』ちくま新書
金子勝 一九九九『反経済学――市場主義的リベラリズムの限界』新書館
苅谷剛彦 一九九五『大衆教育社会のゆくえ――学歴主義と平等神話の戦後史』中公文庫
苅谷剛彦 二〇〇一『階層化日本と教育危機――不平等再生産から意欲格差社会へ』有信堂
苅谷剛彦・志水宏吉・清水睦美・諸田裕子 二〇〇二『調査報告「学力低下」の実態』岩波ブックレット No. 578
河上亮一 二〇〇〇『教育改革国民会議で何が論じられたか』草思社
木下ちがや 二〇一七『ポピュリズムと「民意」の政治学――3・11以後の民主主義』大月書店
憲法再生フォーラム編 二〇〇三『有事法制批判』岩波新書
紅野謙介 二〇一八『国語教育の危機――大学入学共通テストと新学習指導要領』ちくま新書
後藤道夫 二〇〇二『反「構造改革」』青木書店
後藤道夫 二〇〇六『戦後思想ヘゲモニーの終焉と新福祉国家構想』旬報社
後藤道夫・吉崎祥司・竹内章郎・中西新太郎・渡辺憲正 二〇〇七『格差社会とたたかう――〈努力・チャンス・自立〉論批判』青木書店
今野晴貴 二〇一二『ブラック企業――日本を食いつぶす妖怪』文春新書
今野晴貴 二〇一六『ブラックバイト――学生が危ない』岩波新書
斎藤貴男 二〇〇二『小泉改革と監視社会』岩波ブックレット No. 573
斎藤貴男 二〇〇四『教育改革と新自由主義』子どもの未来社
斎藤貴男 二〇一六『機会不平等』岩波現代文庫
酒井隆史 二〇一九『完全版　自由論――現在性の系譜学』河出文庫

佐々木賢　一九九一『怠学の研究――新資格社会と若者たち』三一書房
佐々木賢　二〇〇七『教育と格差社会』青土社
佐々木賢　二〇一一『教育×原発――操作される子どもたち』青土社
佐藤俊樹　二〇〇〇『不平等社会日本――さよなら総中流』中公新書
佐藤学　二〇〇〇『「学び」から逃走する子どもたち』岩波ブックレット No. 524
渋谷望　二〇〇三『魂の労働――ネオリベラリズムの権力論』青土社
奨学金問題対策全国会議編　二〇一三『日本の奨学金はこれでいいのか!――奨学金という名の貧困ビジネス』あけび書房
神保哲生　二〇〇九『民主党が約束する99の政策で日本はどう変わるか?』ダイヤモンド社
芹沢俊介　一九九七『現代「子ども」暴力論　増補版』春秋社
高橋哲哉　二〇〇三『「心」と戦争』晶文社
高橋哲哉　二〇〇四『教育と国家』講談社現代新書
橘木俊詔　一九九八『日本の経済格差――所得と資産から考える』岩波新書
田中伸尚　二〇〇〇『日の丸・君が代の戦後史』岩波新書
塚本有美　二〇〇〇「フリーター防止教育の実際」『高校教育展望』二〇〇〇年一二月号、小学館
堤清二・佐和隆光　一九九四『ポスト産業社会への提言』岩波ブックレット No. 358
堤清二・橋爪大三郎　一九九九『選択・責任・連帯の教育改革　完全版――学校の機能回復をめざして』勁草書房
堤未果　二〇〇八『ルポ　貧困大国アメリカ』岩波新書
堤未果　二〇一〇『ルポ　貧困大国アメリカII』岩波新書
南風原朝和編　二〇一八『検証　迷走する英語入試――スピーキング導入と民間委託』岩波ブックレット No. 984
永井憲一・暉峻淑子編　二〇〇二『教育基本法の「見直し」に反論する』かもがわブックレット No. 144
中嶋哲彦　二〇一二a「大阪府教育基本条例の悪夢――政治支配に抗し、教育自治を」『世界』二〇一二年四月号、岩波書店
中嶋哲彦　二〇一二b「収奪と排除の教育改革――大阪府における私立高校無償化の本質」『世界』二〇一二年五

月号、岩波書店
中西新太郎・乾彰夫 一九九七「九〇年代における学校教育改変と教育運動の課題」渡辺治・後藤道夫編『日本社会の対抗と構想（講座現代日本4）』大槻書店
中野三敏 一九九八『読切講談大学改革――文系基礎学の運命や如何に』岩波ブックレット No. 449
中村高康 二〇一八『暴走する能力主義』ちくま新書
原純輔 二〇〇〇「近代産業社会日本の階層システム」原純輔編『近代化と社会階層（日本の階層システム1）』東京大学出版会
原純輔・盛山和夫 一九九九『社会階層――豊かさの中の不平等』東京大学出版会
日高六郎 一九八〇『戦後思想を考える』岩波新書
広田照幸 一九九九『日本人のしつけは衰退したか――「教育する家族」のゆくえ』講談社現代新書
広田照幸 二〇〇三『教育には何ができないか――教育神話の解体と再生の試み』春秋社
広田照幸 二〇〇九『格差・秩序不安と教育』世織書房
藤田英典 一九九三「教育の公共性と共同性」森田尚人他編『教育学年報2　学校＝規範と文化』世織書房
藤田英典 一九九七『教育改革――共生時代の学校づくり』岩波新書
藤田英典 二〇〇一『新時代の教育をどう構想するか――教育改革国民会議の残した課題』岩波ブックレット No. 533
藤田英典 二〇〇五『義務教育を問いなおす』ちくま新書
藤田英典 二〇〇六『教育改革のゆくえ――格差社会か共生社会か』岩波ブックレット No. 688
藤田英典編 二〇〇七『誰のための「教育再生」か』岩波新書
布施哲也 二〇〇七『官製ワーキングプア――自治体の非正規雇用と民間委託』七つ森書館
本田由紀 二〇〇五『多元化する「能力」と日本社会――ハイパー・メリトクラシー化のなかで』NTT出版
本田由紀・内藤朝雄・後藤和智 二〇〇六『「ニート」って言うな！』光文社新書
松本剛 二〇一〇「日本で違いすぎる『普天間』の重さ」『世界』二〇一〇年二月号、岩波書店
水月昭道 二〇〇七『高学歴ワーキングプア――「フリーター生産工場」としての大学院』光文社新書

三宅晶子　二〇〇三『「心のノート」を考える』岩波ブックレットNo. 595
三宅芳夫　二〇〇〇『知識人と社会――J＝P・サルトルにおける政治と実存』岩波書店
三宅芳夫・菊池恵介編　二〇一四『近代世界システムと新自由主義グローバリズム――資本主義は持続可能か？』作品社
森岡孝二　二〇一三「悪化する若者の雇用環境と大学生の就活自殺」『現代思想』二〇一三年四月号、青土社
森田洋司・清永賢二　一九九四『新訂版　いじめ――教室の病い』金子書房
山口二郎　二〇〇七『ポスト戦後政治への対抗軸』岩波書店
山口二郎　二〇〇九『政権交代論』岩波新書
山崎正和　一九八四『柔らかい個人主義の誕生――消費社会の美学』中央公論社
山之内靖　二〇一一『システム社会の現代的位相』岩波書店
山之内靖・ヴィクター・コシュマン・成田龍一編　一九九五『総力戦と現代化』柏書房
湯浅誠　二〇〇七『貧困襲来』山吹書店
湯浅誠　二〇〇九『反貧困――「すべり台社会」からの脱出』岩波新書
湯浅誠・河添誠編　二〇〇八『「生きづらさ」の臨界――〝溜め〟のある社会へ』旬報社
世取山洋介　二〇〇七「『教育改革』の背景」田中孝彦・世取山洋介編『安倍流「教育改革」で学校はどうなる』大月書店
渡辺治　二〇〇一『日本の大国化とネオ・ナショナリズムの形成――天皇制ナショナリズムの模索と隘路』桜井書店
臨時教育審議会　一九八五「教育改革に関する第一次答申」
渡辺治　二〇〇二「いまなぜ教育基本法改正か？」『ポリティーク』第五巻、旬報社
渡辺治　二〇〇五『構造改革政治の時代――小泉政権論』花伝社
渡辺治　二〇〇七『安倍政権論――新自由主義から新保守主義へ』旬報社
NHKスペシャル『ワーキングプア』取材班編　二〇〇八『ワーキングプア解決への道』ポプラ社
OECD教育調査団　一九七二『日本の教育政策』朝日新聞社

大内裕和（おおうち・ひろかず）
1967年神奈川県生まれ。東京大学大学院教育学研究科博士課程をへて、現在は中京大学教授。専門は教育学・教育社会学。奨学金問題対策全国会議共同代表。「入試改革を考える会」代表。「学生であることを尊重しないアルバイト」のことを「ブラックバイト」と名づけて、社会問題として提起する。主な著書に『ブラック化する教育』（青土社、2015年）、『ブラック化する教育2014-2018』（青土社、2018年）、『奨学金が日本を滅ぼす』（朝日新書、2017年）、『ブラックバイトに騙されるな！』（集英社、2016年）などがある。

教育《きょういく》・権力《けんりょく》・社会《しゃかい》　ゆとり教育《きょういく》から入試改革問題《にゅうしかいかくもんだい》まで

2020年1月20日　第1刷印刷
2020年1月30日　第1刷発行

著　者　大内裕和《おおうちひろかず》

発行者　清水一人
発行所　青土社
〒101-0051　東京都千代田区神田神保町1-29　市瀬ビル
電話　03-3291-9831（編集部）　03-3294-7829（営業部）
振替　00190-7-192955

印　刷　双文社印刷
製　本　双文社印刷

装　幀　竹中尚史

ISBN978-4-7917-7244-5　C0037